飯山仏壇(飯山市)

内山紙(飯山市・下高井郡木島平村)

農民美術(上田市中村 実制作)

佐久鯉料理(佐久市)

住民参加の地域づくり

中町通りのあめ市（松本市）

小学生の大鹿歌舞伎（下伊那郡大鹿村）

妻籠の町並み
（木曽郡南木曽町）

いいだ人形劇フェスタ
（飯田市）

小布施の町並み(上高井郡小布施町)

長野俊英高校の
松代大本営保存活動(長野市)

病院祭
(佐久市佐久総合病院)

海野宿の町並み
(東御市)

今に伝わる伝統芸能

穂高のお船祭り(安曇野市穂高神社)

安曇野の道祖神
(1858〈安政5〉年,
安曇野市豊科高家)

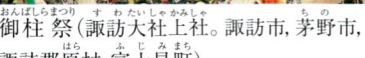

御柱祭(諏訪大社上社。諏訪市,茅野市,
諏訪郡原村・富士見町)

新野の雪祭
(下伊那郡阿南町)

野沢の道祖神祭り（下高井郡野沢温泉村）

跡部の踊り念仏（佐久市）

岳の幟（上田市）

遠山の霜月祭（飯田市）

和合の念仏踊（下伊那郡阿南町）

「歴史を語る文物」

仁科神明宮（大町市）

旧開智学校
（松本市）

松本城（松本市）

富本銭
（下伊那郡高森町
武陵地1号古墳出土）

仮面の女神
（茅野市中ッ原遺跡
出土土偶）

縄文のビーナス
（茅野市棚畑遺跡
出土土偶）

ぜんこうじほんどう
善光寺本堂
ながの
(長野市)

もりしょうぐんづかこふん
森将軍塚古墳
ちくま
(千曲市)

あんらくじはっかくさんじゅうのとう
安楽寺八角三重塔
うえだ
(上田市)

だいほうじさんじゅうのとう
大法寺三重塔
ちいさがたあおき
(小県郡青木村)

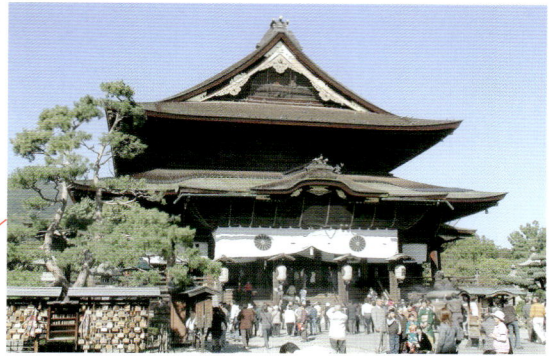

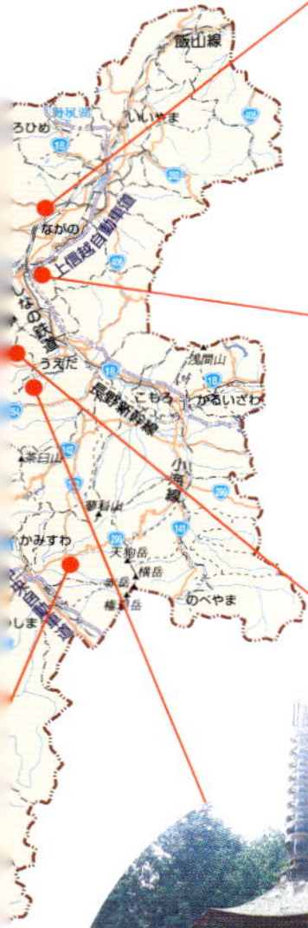

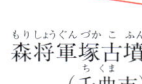

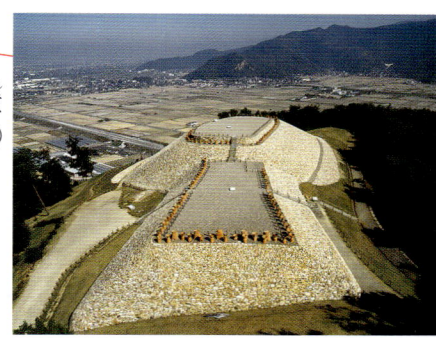

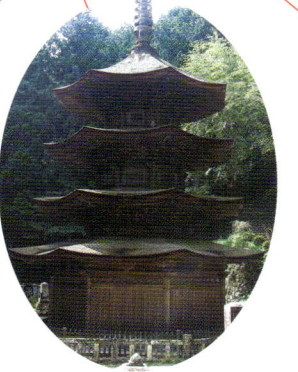

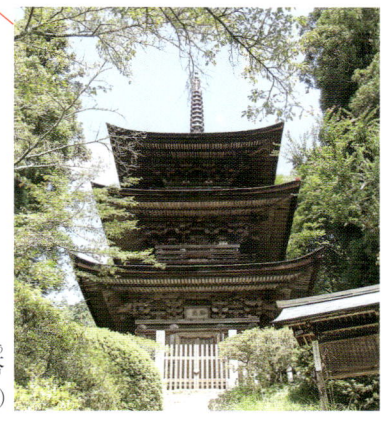

もくじ　赤字はコラム
浅間山麓と千曲川流域

❶ 浅間山麓と軽井沢-- 4
　旧軽井沢駅舎記念館／軽井沢ショー記念礼拝堂とショーハウス記念館／旧碓氷峠と熊野皇大神社／旧三笠ホテル／浅間山大噴火と天明の大飢饉／軽井沢町歴史民俗資料館／雨宮御殿跡と市村記念館／大日向開拓と浅間山米軍演習地反対闘争／星野温泉／草越の「寒の水」／追分分去れ

❷ 佐久平の史跡-- 13
　龍雲寺／家畜改良センター長野牧場／旧中込学校校舎／金台寺／龍岡城跡／新海三社神社／跡部の踊り念仏

❸ 源流千曲川の語らい-- 20
　龍興寺／大深山遺跡／原のおかたぶち／野辺山高原／戦争と満州開拓碑

❹ 小諸から望月・立科へ-- 27
　小諸義塾記念館／小諸城址懐古園／旧小諸宿本陣跡／大原幽学と小諸／石塚重平碑／藤村旧栖地／高浜虚子記念館と虚子庵／五郎兵衛記念館／望月宿／義民慰霊之碑／偽官軍事件と桜井常五郎

❺ 蚕都上田と周縁文化-- 34
　上田城跡／自由教育と自由大学／信濃国分寺跡／北国街道海野宿／長谷寺／戸沢のねじ行事／丸子郷土博物館／和田宿

❻ 信州の鎌倉――塩田平-- 44
　別所温泉／北向観音／別所温泉の岳の幟行事／安楽寺／常楽寺／中禅寺／前山寺／戦没画学生慰霊美術館「無言館」／生島足島神社／大法寺

もくじ

善光寺平と北信濃

❶ 更級・埴科の里-- 54
　村上氏城館跡／智識寺大御堂から水上布奈山神社／姨捨（田毎の月）／芦ノ尻の道祖神祭り／武水別神社と稲荷山宿／森将軍塚古墳と長野県立歴史館／あんずの里と雨宮

❷ 城下町松代とその周辺-- 64
　八幡原史跡公園／松代城／真田邸（新御殿）／象山神社／維新の先覚者佐久間象山／松代の新しい町づくり／松代大本営／長国寺／大室古墳群

❸ 高井を歩く-- 80
　田中本家博物館／蔵の町須坂／井上氏城跡／福島正則屋敷跡／北斎館／中野県庁（中野陣屋）跡／江戸時代の文人ネットワーク／七瀬双子塚古墳／渋の地獄谷噴泉／志賀高原

❹ 寺の町飯山と北信濃-- 91
　高野辰之記念館／飯山城跡／小菅神社／野沢温泉の道祖神祭り／秋山郷／古代北信濃と朝鮮

❺ 信仰の地──善光寺と戸隠神社---------------------------------- 99
　善光寺参道界隈／善光寺／幻の善白鉄道／ダニエル・ノルマン邸と旧長野県師範学校教師館／戸隠三社

❻ 小林一茶と野尻湖-- 107
　一茶記念館／小林一茶旧宅／野尻湖／野尻湖ナウマンゾウ博物館／蓮香寺荒神堂・忠恩寺・観音寺／高山寺三重塔

もくじ

松本・安曇野・木曽路

❶ 城下町松本と山辺の里 ------ 116
　松本城／松本市立博物館／旧開智学校／旧制松本高等学校／サンクロウ／松本民芸館／旧山辺学校校舎／ダンボ／須々岐水神社と兎川寺

❷ 松本市南部・西部 ------ 129
　筑摩神社／弘法山古墳／馬場家住宅／牛伏寺／松本市歴史の里

❸ 塩尻市とその西部 ------ 136
　塩尻宿／平出遺跡／本洗馬歴史の里／若沢寺跡

❹ 水郷と街道と曼陀羅の里 ------ 142
　官営明科製材所跡／会田宿／松本市四賀化石館／福満寺／麻績神明宮／修那羅峠の石仏群／岩殿寺大日堂

❺ 北アルプスにいだかれた里々をいく ------ 149
　大宮熱田神社／上高地／野麦峠／多田加助宅跡／穂高神社／碌山美術館／安曇野水祭り／松尾寺／満願寺の仏迎え／仁科神明宮／若一王子神社／神明社／大宮諏訪神社

❻ 木曽十一宿と御嶽山 ------ 164
　贄川宿／漆器の里平沢／奈良井宿／鳥居峠から藪原宿へ／宮ノ越宿／木曽福島／木曽踊り／木曽ヒノキの集散地上松／駒ヶ岳神社の太々神楽／須原宿から野尻宿／須原ばねそ／三留野宿／妻籠宿／田立の花馬祭り／馬籠宿／信仰の山御嶽山／王滝村と木曽町三岳／木曽馬のふるさと開田

文化の十字路伊那谷

❶ 神々の里――下伊那南部 ------ 188
　上村程野の八幡神社／天白様／下栗の里／旧南信濃村和田／天龍村坂部／坂部の冬祭／小宇宙新野とその周辺／かけ踊り・念仏踊り・樽木踊り／街道を訪ねる――古東山道

❷ 小京都飯田 ------ 196
　風越山と白山社奥社本殿／飯田城跡／文永寺／よみがえった集落――大平宿／神之峰城跡／旧小笠原家書院と立石寺／開善寺／飯田の地

場産業—水引と菓子／松尾城跡と鈴岡城跡／元善光寺／伊那谷の花火／座光寺古墳群／本学霊社／サクラの下で獅子が舞う／宗良親王史跡／街道を訪ねる—伊那街道（三州街道）

❸ 光前寺と上伊那南部の史跡-------------------------------------- 210
西岸寺／飯島陣屋跡／JR飯田線のあゆみ／光前寺／駒ヶ根シルクミュージアム／伊那市創造館（旧伊那図書館）／伊那部宿／旧陸軍伊那飛行場跡／仲仙寺／伊那谷の珍味—ザザ虫と蜂の子

❹ 桜の町高遠とその周辺-- 216
高遠城跡／江戸時代各地で活躍した高遠の石工／遠照寺／熱田神社／街道を訪ねる—秋葉街道／復活した中尾歌舞伎

❺ 伊那北部を訪ねる-- 224
箕輪町郷土博物館／おさんやりと盆正月／松島王墓古墳／福与城跡と上ノ平城跡／戦後復活した古田人形芝居／無量寺／辰野美術館／蛍の町—辰野町／上島観音堂／神明神社の天狗祭り／小野宿問屋／矢彦神社・小野神社

諏訪のくに

❶ 縄文の王国と諏訪国への道-------------------------------------- 236
岡谷美術考古館／茅野市尖石縄文考古館／井戸尻考古館

❷ 諏訪大社をめぐって-- 242
諏訪大社下社／諏訪大社上社／天下の奇祭「御柱」／御射山遺跡／どじょう流しの神事

❸ 高島藩と下諏訪宿-- 249
高島城とその周辺／下諏訪宿／蔦木宿

❹ 製糸の繁栄と諏訪の近代-- 255
旧林家住宅／柿蔭山房

あとがき／長野県のあゆみ／地域の概観／文化財公開施設／無形民俗文化財／おもな祭り／有形民俗文化財／散歩便利帳／参考文献／年表／索引

もくじ

[本書の利用にあたって]

1. 散歩モデルコースで使われているおもな記号は，つぎのとおりです。なお，数字は所要時間(分)をあらわします。

   ・・・・・・・・・・・・・・・・・ 電車　　　　　　━━━━━━ 地下鉄
   ──────── バス　　　　　　••••••••••••••••••• 車
   ------------- 徒歩　　　　　　～～～～～～～ 船

2. 本文で使われているおもな記号は，つぎのとおりです。

   | 🚶 | 徒歩 | 🚌 | バス | 🅿 | 駐車場あり |
   | 🚗 | 車 | ⛴ | 船 | ✈ | 飛行機 |

   〈M▶P.○○〉は，地図の該当ページを示します。

3. 各項目の後ろにある丸数字は，章の地図上の丸数字に対応します。

4. 本文中のおもな文化財の区別は，つぎのとおりです。

   国指定重要文化財＝(国重文)，国指定史跡＝(国史跡)，国指定天然記念物＝(国天然)，国指定名勝＝(国名勝)，国指定重要有形民俗文化財・国指定重要無形民俗文化財＝(国民俗)，国登録有形文化財＝(国登録)

   都道府県もこれに準じています。

5. コラムのマークは，つぎのとおりです。

泊	歴史的な宿	憩	名湯	食	飲む・食べる
み	土産	作	作る	体	体験する
祭	祭り	行	民俗行事	芸	民俗芸能
人	人物	伝	伝説	産	伝統産業
‼	そのほか				

6. 本書掲載のデータは，2011年9月末日現在のものです。今後変更になる場合もありますので，事前にお確かめください。

Tōshin 浅間山麓と千曲川流域

浅間山

旧三笠ホテル(軽井沢)

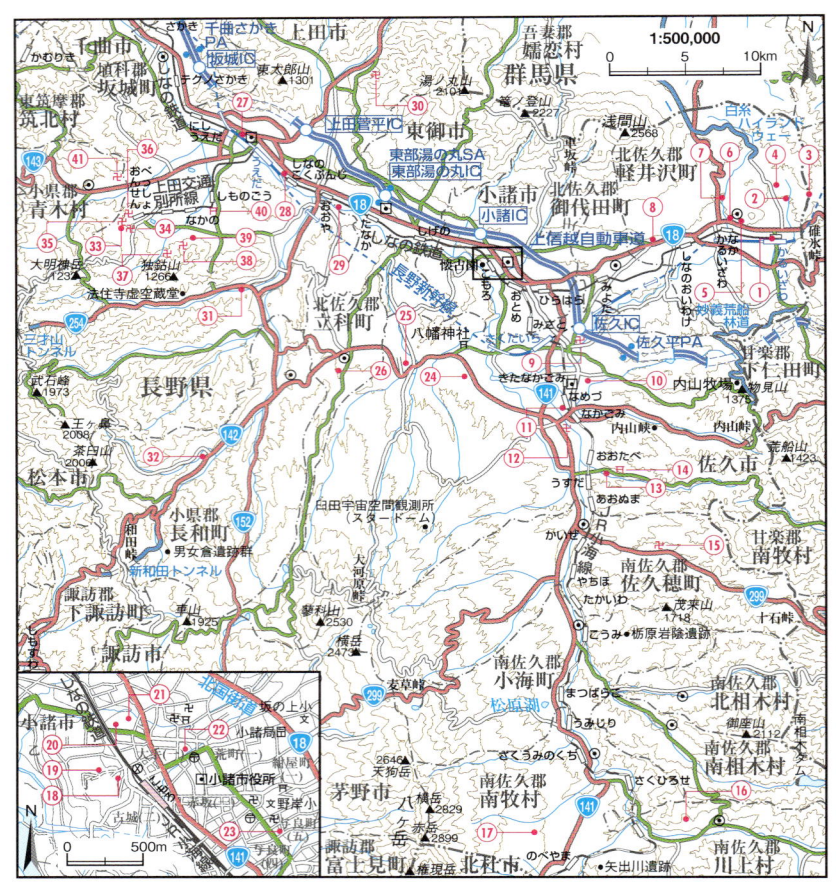

①旧軽井沢駅舎記念館	⑨龍雲寺	⑳旧小諸宿本陣跡	㉛丸子郷土博物館
②ショー記念礼拝堂・ショーハウス記念館	⑩家畜改良センター長野牧場	㉑石塚重平碑	㉜和田宿
③旧碓氷峠・熊野皇大神社	⑪旧中込学校校舎	㉒藤村旧栖地	㉝別所温泉
④旧三笠ホテル	⑫金台寺	㉓高浜虚子記念館・虚子庵	㉞北向観音
⑤軽井沢町歴史民俗資料館	⑬龍岡城跡	㉔五郎兵衛記念館	㉟安楽寺
⑥雨宮御殿跡・市村記念館	⑭新海三社神社	㉕望月宿	㊱常楽寺
⑦星野温泉	⑮龍興寺	㉖義民慰霊之碑	㊲中禅寺
⑧追分分去れ	⑯大深山遺跡	㉗上田城跡	㊳前山寺
	⑰野辺山高原	㉘信濃国分寺跡	㊴戦没画学生慰霊美術館「無言館」
	⑱小諸義塾記念館	㉙北国街道海野宿	㊵生島足島神社
	⑲小諸城址懐古園	㉚長谷寺	㊶大法寺

2　浅間山麓と千曲川流域

◎東信散歩モデルコース

軽井沢コース　　JR長野新幹線・しなの鉄道軽井沢駅_1_旧軽井沢駅舎記念館_5_旧軽銀座_5_ショーハウス記念館・ショー記念礼拝堂_25_旧碓氷峠_30_旧軽銀座_5_旧三笠ホテル_15_軽井沢町歴史民俗資料館_1_雨宮御殿跡・市村記念館_10_星野温泉_15_追分分かれ_1_追分入口バス停_21_軽井沢駅

小諸モデルコース　　JR小海線・しなの鉄道小諸駅_5_小諸義塾記念館_1_小諸城址懐古園_3_旧小諸宿本陣跡_5_石塚重平碑_7_藤村旧栖地_15_高浜虚子記念館・虚子庵_20_五郎兵衛記念館_20_望月宿_15_義民慰霊之碑_30_小諸駅

佐久コース　　JR長野新幹線・小海線佐久平駅_10_龍雲寺_5_西念寺_15_鼻顔稲荷神社_5_岩村田ヒカリゴケ自生地_15_JR小海線岩村田駅_3_JR小海線北中込駅_20_家畜改良センター長野牧場_15_旧中込学校校舎_25_金台寺_25_貞祥寺_20_龍岡城跡_10_新海三社神社_30_JR小海線臼田駅

佐久秩父事件地を訪ねるコース　　1.JR小海線八千穂駅_2_奥村土牛記念美術館_40_高岩(秩父事件激戦地)_15_秩父困民党散華之地碑_15_井出直太郎宅(最後の本陣)_10_東馬流の諏訪神社(秩父暴徒戦死者之墓・秩父事件百十周年顕彰碑)_5_JR小海線馬流駅

2.JR小海線小海駅_20_栃原岩陰遺跡_40_宮ノ平の諏訪神社(自由の雄叫びの碑)_7_菊池貫平宅_3_北相木村考古博物館_3_井出為吉宅・墓_30_JR小海駅

蚕地を訪ねるコース　　JR長野新幹線・しなの鉄道・上田電鉄別所線上田駅_20_信州大学繊維学部講堂_5_上田蚕種協業組合事務所_3_旧小県蚕業学校(上田東高校)_15_旧国立第十九銀行(八十二銀行上田支店)_3_日本キリスト教会上田教会_15_北国街道筋上塩尻(蚕種製造地蚕種家・小岩井紬工房)_15_しなの鉄道西上田駅

信濃国府と自由教育の足跡を訪ねるコース　　しなの鉄道信濃国分寺駅_3_信濃国分寺跡_1_信濃国分寺資料館_5_信濃国分寺_15_神川小学校_30_伊勢宮神職合議所跡_20_サントミューゼ　上田市立美術館_15_JR長野新幹線・しなの鉄道・上田電鉄別所線上田駅

塩田平めぐりコース　　上田電鉄別所線下之郷駅_5_長福寺夢殿_2_生島足島神社_3_下之郷駅_10_上田電鉄別所線塩田町駅・塩田町駅バス停_10_無言館入口バス停_5_戦没画学生慰霊美術館「無言館」_10_信濃デッサン館_2_前山寺_5_塩田城跡_5_龍光院_10_中禅寺_1_中禅寺バス停_15_上田電鉄別所線別所温泉駅_10_北向観音_5_安楽寺_5_常楽寺_10_別所温泉駅

浅間山麓と軽井沢

避暑地として有名な軽井沢には，中山道の宿場や別荘地開発などの歴史を感じる建築物や史跡が多い。

旧軽井沢駅舎記念館 ❶

0267-42-1398

〈M▶P.2,4〉 北佐久郡軽井沢町軽井沢1178
JR長野新幹線軽井沢駅 🚶 1分

軽井沢の交通の今昔　碓氷峠をこえるアプト式鉄道

軽井沢駅周辺の史跡

旧軽井沢駅舎記念館は，軽井沢駅の北口をおりてすぐ左側にある。新幹線開通による新駅舎建設のため旧駅舎が取りこわされることになったが，104年の信越本線の歴史を語る財産として伝えたいという住民運動がおこり，記念館として保存されることになった。

1910（明治43）年に改築された駅舎の外観と，皇族などの利用にあわせた往時の豪華な内装状態を再現した2階の貴賓室などからなり，取りこわし前に保管された大扉やカーテンなどの調度品もみられる。また，急勾配の碓氷峠をこえるために考案されたアプト式鉄道の信越本線，軽井沢と草津（群馬県）を結んだ草津軽便鉄道（1939〈昭和14〉年から草軽電鉄と変更）の資料も展示されている。

軽井沢ショー記念礼拝堂とショーハウス記念館 ❷

〈M▶P.2,4〉 北佐久郡軽井沢町旧軽井沢645
JR長野新幹線軽井沢駅 🚗 8分

軽井沢駅から北に直進し，旧軽井沢ロータリーから旧軽井沢銀座をとおりぬけてまもなく左手に，カナダ出身の宣教師アレキサンダー・クロフト・ショーを記念する2つの建物がみえる。ショーはイ

ショーの胸像とショー記念礼拝堂

ギリス聖公会に派遣されて、1873(明治6)年に来日した。軽井沢には1886年にはじめて滞在し、2年後に大塚山山頂に別荘をたてた。これが軽井沢の別荘の原点となった。また、1895年に軽井沢最初の教会の献堂式が行われた。礼拝堂が現在の建物に近い形になったのは1922(大正11)年で、ショーが亡くなったあとショー記念礼拝堂とよばれるようになった。

軽井沢の別荘の原点ショーハウス　宣教師たちがもたらした教会と文化

　ショーは軽井沢に10年ほど滞在して東京に去り、1902(明治35)年に56歳の生涯を閉じた。1908年、避暑地軽井沢の恩父として、ショー記念礼拝堂の前に「ショー氏記念の碑」が建立された。ショーの別荘は戦後になって取りこわされたが、1986(昭和61)年、ショー記念礼拝堂横にショーハウス記念館として復元された。

　軽井沢にきたこのほかの宣教師の教会では、旧軽井沢銀座北の裏通りに、チェコ生まれの建築家アントニン・レーモンドの代表的作品で、アメリカの建築学会賞を受賞した聖パウロカトリック教会がある。

　また、旧軽井沢銀座南の通りからはいった森のなかに、ユニオンチャーチ(軽井沢合同基督教会)がある。この教会は、カナダ人宣教師ダニエル・ノーマンらによって1897(明治30)年に創設され、各教派合同の礼拝のほか、集会や社交の場としても活用された。その後、キリスト教伝道のために来日し、近江兄弟社を設立したウィリアム・メレル・ヴォーリズの設計によって、1918(大正7)年にたてかえられた。

旧碓氷峠と熊野皇大神社 ❸

〈M ▶ P.2, 4〉北佐久郡軽井沢町峠町
P
JR長野新幹線軽井沢駅🚗15分

　ショー記念礼拝堂から、さらに北東へ続く山道をのぼりきると、群馬県側を一望する旧碓氷峠(1180m)の見晴台に着く。古代の東山

道は，5km南の入山峠(現在の碓氷バイパス)をとおっており，ここに移ったのは鎌倉時代からである。旧碓氷峠は，近世の中山道では，上州(現，群馬県)側にある碓氷の関所をこえた重要な地点で，難所として知られた。旧国境上にたつ熊野皇大神社は日本武尊ほかをまつった神社で，日本武尊が東征に際し，荒波をしずめるために海中に身を投じた妻弟橘媛をしのび，ここ碓氷峠で「吾嬬はや」と三嘆したとの故事に由来する。境内には，推定樹齢850年といわれるシナノキの巨木がある。

中山道の難所旧碓氷峠　日本武尊ゆかりの神社

旧三笠ホテル ❹
0267-42-7072

〈M ▶ P. 2, 4〉 北佐久郡軽井沢町軽井沢1339-342　P　JR長野新幹線軽井沢駅🚌草津温泉行旧三笠ホテル🚶すぐ

ゴシック風木造西洋建築　戦時中は外国人強制疎開地

旧軽井沢ロータリーへ戻り，三笠通りを北へ2kmほどいくと，右側に大きな洋館がみえる。1905(明治38)年に，日本郵船・明治製菓役員の山本直良がたてた旧三笠ホテル(国重文)である。客室30(定員40人)のゴシック風木造西洋建築で，欧米人の宿泊用にたてられたが，1907年に日本館もできて，渋沢栄一や乃木希典ら著名人も利用するようになった。清朝最後の皇帝溥儀も宿泊している。

1941(昭和16)年にアジア・太平洋戦争がはじまると，軽井沢は外国人強制疎開地に指定された。日本に残留していた約5000人の欧米人は空き別荘に強制収容され，大使館・領事館も軽井沢のホテルや別荘に集められた。三笠ホテルは外務省出張所となり，道路の反対側にある前田郷の深山荘におかれたスイス大使館と接触して，和平への道を探った。敗戦後の占領下には，アメリカ軍の休養所となった。

1972年，64年間のホテル営業を終了したのち，軽井沢町に寄贈された。旧三笠ホテルのすぐ南には，「有島武郎終焉の

旧三笠ホテル

浅間山大噴火と天明の大飢饉

コラム

溶岩流がつくった鬼押出し
今も噴煙たなびく浅間山

　1783(天明3)年の4月から7月にかけて、浅間山の大噴火がおきた。軽井沢宿に積もった火山灰・軽石は1.2mにも達し、またその熱で火事もおきた。当時3軒の本陣・脇本陣のほかに182戸の民家があったが、この火事のため、焼失家屋52軒、つぶれた家屋82軒の損失をこうむった。

　最後の大噴火で吹きでた大量の火砕流は、上州側の北斜面をかけくだり、土砂を大量にまきこみ、約15km下の鎌原村(現、群馬県嬬恋村)を呑みこんで、利根川支流の吾妻川まで到達した。また続いて粘性の濃い溶岩流が流れだした。これがかたまってできたのが、今日の「鬼押出し」である。

　前年の冷害からはじまった飢饉は、この大噴火の影響から数年におよぶ天明の大飢饉となり、とくに大噴火後の3年間では、東北地方を中心に200万人の餓死者をだした。上州の飢えた人びとは碓氷峠などをこえて、軽井沢・追分から佐久一帯の穀倉地帯になだれこみ、穀屋・酒屋ほか富裕な家を打ちこわすなど、大きな騒動に拡大した。

浅間山と鬼押出し

地」の碑がある。

　歴史あるホテルは、このほかに万平ホテルがある。軽井沢駅から旧軽井沢へ徒歩約10分、万平通りを右折するとその突き当りにある。旧道通りの亀屋の当主佐藤国三郎(万平と改名)が、1902(明治35)年に建築したアメリカ式ホテルである。1937(昭和12)年には、ドイツのナチス青少年団員(ヒトラー・ユーゲント)の宿舎となり、戦争中はソ連・スペイン・ポルトガル・フィリピン・トルコの大・公使館が疎開した。戦後は、1951年のサンフランシスコ講和条約締結まで、アメリカ陸軍第8軍の専用ホテルとなった。

軽井沢町歴史民俗資料館 ❺
0267-42-6334

〈M▶P.2, 11〉北佐久郡軽井沢町長倉2112-10 P
JR長野新幹線軽井沢駅🚗10分

　軽井沢駅北口からしなの鉄道に沿って、国道18号線を中軽井沢方

面に進み、南原(みなみはら)信号を右手に少しはいった高台に軽井沢町歴史民俗資料館がある。軽井沢の歴史資料や暮らしの歩みをたどる民俗資料などが集められ、中山道の宿場の歴史、天明の浅間山大噴火(1783〈天明3〉年)の様子、別荘地として開発された近代の軽井沢の歩みを学ぶことができる。

館内は、「道の文化史と軽井沢」をテーマとした第1展示室、当地の別荘で文学活動に取り組んだ文学者らを紹介する「別荘と文学活動」の第2展示室、荒涼とした浅間山麓(さんろく)で、農業を営んできた人びとの努力からうみだされた生産用具などを展示した「高冷地のくらしと民具」の第3展示室から構成されている。

雨宮御殿跡(あめみやごてんあと)と市村記念館(いちむらきねんかん) ❻

0267-46-6103

〈M ▶ P. 2, 11〉北佐久郡軽井沢町長倉2112-21 P
JR長野新幹線軽井沢駅🚗10分

軽井沢町歴史民俗資料館から国道18号線にでてすぐ右手に、長い門塀の屋敷がある。これが軽井沢開発の先駆者である雨宮敬次郎(けいじろう)の別荘、通称「雨宮御殿」である。山梨県出身の雨宮は、江ノ島電鉄(神奈川県)なども創設した鉄道事業家で、1883(明治16)年以来、軽井沢の民有地600ha・官有地500haを買い取った。小麦やブドウの栽培には失敗したが、防風のために植林したカラマツは成功し、1年に30〜50万本、10年間で700万本ものカラマツを軽井沢の地に植栽したといわれる。北原白秋(きたはらはくしゅう)の詩「落葉松(からまつ)」にうたわれるように、カラマツ林は軽井沢の象徴ともなったが、これには、軽井沢の開発に取り組んだ雨宮敬次郎の功績が大きい。

「雨宮御殿」にある市村記念館

雨宮は、甥の政治学者市村今朝蔵(けさぞう)にこの事業をうけつがせ、今朝蔵は妻きよじとともに、南原別荘地の開発に貢献した。1949(昭和24)年、市村夫妻は戦争で中断

大日向開拓と浅間山米軍演習地反対闘争

 コラム

満蒙から帰国し、浅間山麓に入植 米軍演習地を阻止した県民の勝利

　中軽井沢から小諸方面に3kmほどいった借宿の北にある大日向の公民館前には、「開拓の礎」ときざまれた石碑があり、裏に戦後この地に入植した開拓団65戸の人びとの名前がみられる。

　県内でもいち早く大陸に渡った大日向村（現、南佐久郡佐久穂町大日向）の満蒙開拓団の人びとのうち、アジア・太平洋戦争の敗戦での混乱のなか、日本に帰国できたのは半数にすぎなかった。また帰国できた人びとは、出発の際に、土地・家を処分していたため、帰る場所がなく、浅間山麓に入植した。標高1100mの高冷地に、雑木林を開墾し、火山灰土の荒地に、ソバや大豆・ジャガイモなどを育てるなど、大変な苦労を経て、今日に至っている。

　1953（昭和28）年4月、米軍が軽井沢町役場を訪れ、日米安全保障条約の覚書により、浅間山麓を軍事演習地として使用したいと申しいれてきた。群馬県側の松井田付近にキャンプを張り、妙義山から浅間山にかけて、朝鮮での冬期山岳戦を想定した訓練を行うためであった。町は富士山麓の基地の緊急視察を実施し、静かな避暑地としての自然や文化をまもるため、反対を決議した。町民大会をきっかけに、県下の労働組合・農民団体など各種団体も反対運動に立ち上がり、期成同盟を結成、政党・政派をこえた全県的な統一戦線へと発展した。このような反対運動の発展に、7月、米軍はついに地震研究への支障を理由として、演習地化を断念した。

　当時、全国各地でおきた基地・演習地反対運動は、日米安全保障条約の制約により阻止することができなかったが、軽井沢でのこの闘いは、県民200万人の統一と団結の力によって、唯一演習地化反対に勝利した、戦後の特筆すべき民衆運動といえる。

米軍演習地反対のデモ行進（『二百万人の勝利』より）

していた軽井沢夏期大学の再開にも尽力した。雨宮御殿の敷地内に、軽井沢町歴史民俗資料館の分室である市村記念館がある。この建物は、大正時代に別荘地開発のために、六本辻の道路や雲場池周辺を整備した野沢源次郎が野沢原に分譲し、当時人気の高かった「あめりか屋」が設計した西洋建築物である。戦前に首相をつとめた近衛

文麿が第1号別荘として購入した。その後，近衛文麿から市村夫妻がゆずりうけ，1933(昭和8)年に居宅として南原に移築した。夫妻没後の1997(平成9)年，市村家から軽井沢町に寄贈されて，現在地に移された。

星野温泉 ❼
0267-45-6000
〈M▶P.2.11〉北佐久郡軽井沢町星野2148 P
しなの鉄道中軽井沢駅🚌草津温泉行星野温泉🚶すぐ

星野温泉と「成功の秘訣」保温折衷苗代の荻原豊次

　雨宮御殿から西へ国道18号線を約700mいくと，中軽井沢駅前の交差点にでる。そこから北へ国道146号線を2kmほどいくと，星野温泉に着く。星野温泉は，岩村田町(現，佐久市)出身の豪商で，2代目星野嘉助(国次)により開発された。赤岩鉱泉・塩壺の湯を買い取った嘉助は，星野温泉と改名した。掘削により源泉を得て，1914(大正3)年に旅館営業を開始した。3年後には自家用発電所を設置し，旅館のランプを電灯へ切りかえた。

　1921(大正10)年，鈴木三重吉が主宰する雑誌『赤い鳥』のよびかけで，芸術自由教育夏季講習会が開かれたことなどから，大正時代には，北原白秋，若山牧水，与謝野鉄幹・晶子らの文化人が数多く星野温泉を訪れた。とくに，この地に別荘をもったキリスト教徒内村鑑三は星野温泉をこよなく愛し，当主の嘉助に，「誠実によって得たる信用は最大の財産なりと知るべし」「人の目的は金銭を得るにあらず，品性を完成するにあり」など10カ条の「成功の秘訣」を寄せた。この精神は，今も星野家にうけつがれている。

　3代目嘉助(嘉政)は，1937(昭和12)年に日本野鳥の会にはいり，中西悟堂の協力を得て「軽井沢野鳥の森」の実現につとめた。

　星野温泉前の国道146号線を横切って300mほど進んだ丁字路を左折し，国道18号線にでる手前に，平安時代の官営牧場

星野温泉

草越の「寒の水」　　　　　　　コラム

しなの鉄道御代田駅から約5kmにある、北佐久郡御代田町草越の「寒の水」（県民俗）は、大寒にあたる1月20日夜に、新築家屋の安全と集落の無病息災・五穀豊穣を祈願して、若者たちが冷水をかぶってムラの鎮守に参詣する行事である。

新築の家が年番宿の会場となり、神官を先頭に法螺貝を吹き、太鼓を打ち鳴らしながら、先払いの行列が道を浄め、熊野神社に詣でる。

会場に戻った若者たちは、粕汁と御神酒で身体をあたため、褌姿でわらづくりの「トキン」とよばれる冠をかぶっていっせいに飛びだす。あちこちに設けられた大桶から冷水をバケツに汲み、頭からかぶって集落内を走りまわり、熊野神社に参拝し、「トキン」を奉納する。

会場に戻った若者たちは、焚き火で身体をあたため、粕汁と御神酒などがふるまわれて、祝宴となる。

大寒の夜の若者の勇壮な行事 冷水をかぶってムラの鎮守に祈願

中軽井沢周辺の史跡

である長倉の牧跡がある。さらに、国道18号線にでて右手にいくと、古宿バス停の隣に、荻原豊次頌徳碑がある。荻原は、1942年に、高冷地での安定した稲作を可能にした保温折衷苗代を開発した人物である。

浅間山麓と軽井沢　　11

追分分去れ ❽

〈M▶P. 2, 11〉 北佐久郡軽井沢町追分 [P]
しなの鉄道中軽井沢駅🚌10分

中山道と北国街道の分岐点
追分宿の桝形茶屋

追分分去れ

　中軽井沢駅から国道18号線を西に5kmほど進むと，中山道と北国街道の分岐点に差しかかる。ここが追分分去れである。「さらしなは右みよしのは左にて　月と花とを追分の宿」ときざまれた道しるべと常夜灯，森羅亭万象の歌碑がある。

　ここから約50m手前の旧道にはいったところが追分宿で，脇本陣の油屋や桝形の茶屋などに古い宿場の面影を残しており，追分郷土館には，宿場町として繁栄した追分宿の民俗資料が豊富に展示されている。

佐久平の史跡

米どころ佐久平では，鎌倉時代ごろから在地武士が盛衰し，古城跡や古寺が多く，江戸時代には中山道を人や文物が往来した。

龍雲寺 ⑨
0267-67-3632
〈M ► P. 2, 13〉 佐久市岩村田住吉415 P
JR長野新幹線佐久平駅 ⼤ 10分

信玄ゆかりの龍雲寺
中山道22番目の宿岩村田

JR長野新幹線佐久平駅でおりて東へ約1kmほど進み，岩村田本町商店街通りとの交差点を左にまがるとすぐに，龍雲寺（曹洞宗）がある。

龍雲寺は，武田信玄の厚い保護のもとに，北高禅師を中興として繁栄した。本尊は十一面観音で，武田勝頼書状などの古文書のほか，境内に信玄の遺骨をおさめた墓所がある。

龍雲寺のすぐ北には，1143（康治2）年開基という円満寺（真言宗）がある。戦火でたびたび焼失し，1747（延享4）年に再興された。本尊は大日如来。石地蔵の寺・フジの花寺として親しまれている。

龍雲寺から南へ300mほどで，1560（永禄3）年開基の西念寺（浄土宗）に着く。本尊阿弥陀如来坐像（県宝）は，平安時代

龍雲寺

岩村田周辺の史跡

佐久平の史跡　13

鼻顔稲荷

末期の定朝様式の仏像である。同寺には，小諸城主仙石氏の墓所や江戸時代の郷土史家吉沢好謙の墓などがある。

岩村田領は，江戸時代初期は幕府領，1703（元禄16）年から内藤氏が1万6000石で上の城陣屋をおいて支配し，明治時代に至った。岩村田宿は，天保年間（1830～44）に家数350軒，人口1637人と記録されている。

永享年間（1429～41）に，岩村田一帯を支配した大井氏は，千曲川支流の湯川の断崖上に大井城を築いた。龍雲寺から東方へ約300m進み，湯川にかかる昭和橋の手前の左の小高い丘が大井城跡（県史跡）である。

西念寺から東南へ約1.5kmの湯川の断崖には，鼻顔稲荷神社（祭神宇迦之御魂大神ほか）がある。永禄年間（1558～70）に，京都の伏見稲荷から勧請して創建された。社殿は朱塗りの懸崖造で，養蚕と商業の神として信仰を集めてきた。毎年2月の初午の日にはダルマ市がたち，県内外からの参拝客で賑わう。伏見（京都府）・祐徳（佐賀県）・笠間（茨城県）・豊川（愛知県）とともに，日本五大稲荷神社の1つと称される。

鼻顔稲荷神社をでて鼻顔橋を渡ったたもとで左折し，湯川沿いに300mほど進むと，岩村田ヒカリゴケ自生地（国天然）がある。

家畜改良センター長野牧場 ❿　〈M▶P. 2, 13〉佐久市新子田1889　P
0267-67-2501　上信越自動車道佐久IC🚗10分

軍用馬生産の種馬所
北海道を思わせる牧歌的光景

JR小海線北中込駅から東へ20分ほど歩くと長野牧場に着く。日露戦争直後の1906（明治39）年に軍馬の改良を行うため，138町歩（約138ha。2004〈平成16〉年現在104ha）の広大な長野種馬所が設置された。種馬はアングロ・ノルマンなどの西洋種が主であった。戦後，長野種畜牧場になって種場業務を廃止した。2001年に独立行政法人

長野牧場より浅間山をのぞむ

家畜改良センター長野牧場へ移行し、乳牛・ヤギ・ウサギの改良などのほか、飼料作物原種子の生産業務を行っている。広大な牧草地のカラマツ並木から眺める浅間山や八ヶ岳の遠景が美しい。

牧場西方は創造の森駒場公園として整備され、一角に佐久市立近代美術館がある。横山大観・平山郁夫・小山敬三ら、明治時代以降現代に至るわが国の近代美術の巨匠の作品が展示されている。

旧中込学校校舎 ⓫
0267-68-7845
〈M ▶ P. 2, 16〉 佐久市中込1877 P
JR小海線滑津駅 🚶 5分、または上信越自動車道佐久IC 🚗 15分

現存最古の洋風学校 ギヤマン学校の太鼓楼

JR滑津駅から南西へ500mほどいくと、旧中込学校校舎(国重文・国史跡)がある。1872(明治5)年の学制頒布により、下中込村(現、佐久市)は、村内の小林寺を成知学校として仮学校を開校し、同村出身で、アメリカ帰りの市川代治郎に小学校校舎の設計・建築を委託した。1875年末に竣工し、1876年に中込学校として発足した。総工費6098円余り。木造2階建て、西南面1階の玄関ポーチは、欧州ルネッサンス石造建築の手法である。2階中央階段よりのぼる八角形の太鼓楼は、ギヤマン学校とよばれ、洋風建築の、現存小学校建築物としては全国最古である。1973(昭和48)年に復元・修復工事が行われた。資料館が隣接している。

JR小海線中込駅から群馬県下仁田まで続く国道254号線を東に向かうと、内山峡の一帯約9kmがコスモス街道である。毎年秋に、白・ピンク・赤など色

中込学校と太鼓楼

とりどりのコスモスが咲き誇る。コスモスは佐久市の市花で,群馬県境にある内山牧場には大コスモス園もある。コスモス街道沿いの正安寺(曹洞宗)は,1299(正安元)年開基という古刹である。

金台寺 ⑫　〈M▶P. 2, 16〉佐久市野沢居屋敷106　P
0267-62-2514　JR小海線中込駅🚶15分,または上信越自動車道佐久IC🚗15分

伴野館での踊念仏(『一遍上人絵伝』)

　JR中込駅から野沢橋を渡り西方に700mほど進むと,野沢地区のほぼ中央を東西に走る佐久甲州道(現,国道141号線)に面して,金台寺(時宗)がある。同寺には,1279(弘安2)年に一遍上人が善光寺へ向かう途中,佐久郡伴野荘の市庭で踊念仏を行ったことを描いた「紙本著色遊行上人縁起絵　第二巻(一遍上人絵伝)」「紙本墨書他阿上人自筆仮名消息」(ともに国重文)が現存する。金台寺を建立した中世豪族伴野氏の荘園はこの辺り一帯で,金台寺の北裏には伴野城跡(県史跡)があり,土塁や堀などの長方形遺構が残る。

金台寺周辺の史跡

　金台寺から西方へ1.5kmほどいくと,洞源湖畔に貞祥寺(曹洞宗)がある。戦国時代の1521(大永元)年の創建で,本堂は貞享年間(1684〜88)の建立という。

銅板葺き屋根の三重塔は，神光寺（小海町）から明治時代初期の廃仏毀釈後に移築された。境内には，小諸時代の島崎藤村が住んでいた旧宅も移築されている。

龍岡城跡 ⓭
0267-82-0230 〈M ► P. 2, 18〉 佐久市田口3000 Ⓟ
JR小海線臼田駅 🚶 25分

JR臼田駅から県道下仁田臼田線を東へ1.5km，旧田口村集落の南に龍岡城跡（国史跡）がある。1704（宝永元）年に，三河（現，愛知県）4000石，佐久郡1万1722石余りの封地をうけた松平氏は，幕末に11代乗謨が老中格，陸軍総裁などをつとめた。

龍岡城跡

三河から信州への本領移転を機に，1863（文久3）年，フランスの城郭を模した五稜郭の建設に着手し，1866（慶応2）年にほぼ竣工した。全体の形は五角形で，内城に藩主居館，外城に家中屋敷がおかれた。高遠（現，伊那市）の石工が石垣を造営し，砲台下の亀甲積み，布積み（重ね積み）の造形が美しい。現在，当時の建物は台所が1棟残るのみである。敷地内には田口小学校がたっており，その校章は五稜郭を模している。函館とともに国内に2つしかない五稜郭である。

信州にもあった五稜郭

新海三社神社 ⓮
0267-82-9651 〈M ► P. 2, 18〉 佐久市田口2329 Ⓟ
JR小海線臼田駅 🚶 30分

龍岡城跡から東へ200m進むと，うっそうとしたスギ林の社叢のなかに新海三社神社がある。祭神は，興波岐命（東本社）・建御名方命（中本社）・事代主命・誉田別命（西本社）。諏訪明神の命により，佐久地方の開拓にあたった興波岐命が最初にたがやしたのがこの周辺の「田の口」という。東本社（国重文）は，一間社流造・檜皮葺きで，室町時代後期の建造物。三重塔（国重文）は，もと同社神宮寺の塔で，1515（永正12）年建立と伝える。3間3重・柿葺きで和様

佐久の祖神をまつる神社諏訪湖の波音が聞こえる御魂代石

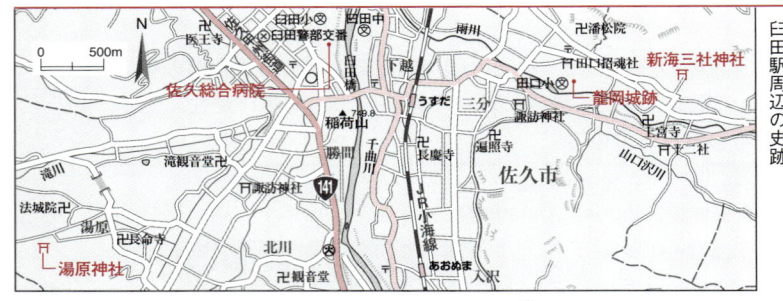

臼田駅周辺の史跡

新海三社神社の三重塔

と禅宗様建築物である。同社は、古来から佐久地方の総社と伝えられ、武神として信仰を集めた。武田信玄が1565(永禄8)年に、戦勝祈願をした願文も残されている。

新海三社神社から、県道下仁田臼田線を車で東にいくと、保養センター湖月荘に着く。そこから南東へ案内板に沿って約2km山中を歩くと、日本で海岸線からいちばん遠い114.858km地点にでる。

また、臼田駅近くの国道141号線下小田切交差点を西方へ車で30分の上小田切地区には、東洋一という直径64mのパラボラアンテナをもつ、宇宙航空研究開発機構臼田宇宙空間観測所が観測を続けている。

臼田商店街には、農村医学のメッカ佐久総合病院がある。1945(昭和20)年に、農業会佐久病院に赴任した若月俊一が、農村巡回診療・保健予防活動を続け、医師188人・本院821床・分院373床(2004〈平成16〉年10月現在)の長野県最大規模のJA長野厚生連佐久総合病院に育てあげた。病院近くにある稲荷神社の小満祭(9月第3日曜日)にあわせて、病院祭も行われる。なお、2014(平成26)年3月、中込に、専門医療と救急・急性期医療に特化した予約・紹介型の病

跡部の踊り念仏

コラム

念仏芸能の総本家

跡部の踊り念仏は、佐久市跡部の西方寺で、現在は4月の第1日曜日に行われている。踊念仏の起源は、時宗の開祖一遍上人によってはじめられた、踊躍念仏(踊念仏)によるものである。

まず、行事にさきだち、西方寺本堂内に2間四方の道場を設ける。四方に鳥居形の門を設けて、板五輪の垣で連ね、屋根は天蓋形につくり、四隅の柱には青・赤・白の幡がかざられる。中央に2基の太鼓がおかれ、1組8人の踊り手が数組入れ替わりにはいり、太鼓の周囲を左まわりに巡り踊る。はじめ和讃をとなえ、ついで念仏をとなえながら太鼓にあわせて鉦をならし踊る。

このように、休みなしに続けられて鉦の音が絶え間ないので、「鉦きらず」とよばれている。一遍上人が佐久郡伴野荘で踊念仏をはじめた、その古い姿をうかがわせる。

2000(平成12)年12月27日に、国の重要無形民俗文化財に指定された。西方寺は、JR佐久平駅から車で15分、上信越自動車道佐久ICから車で20分のところにある。

院である佐久総合病院佐久医療センターを開院した。翌年6月には、佐久医療圏初の地域医療支援病院となった。

臼田商店街から約2km西へいった湯原にある湯原神社(祭神は大山祇神・建御名方命・事代主命)の秋祭り(9月最終日曜日)では、式三番(県民俗)が奉納される。

❸ 源流千曲川の語らい

千曲川源流地の佐久地域は，自由民権運動最大の激化事件，秩父事件の最終地であり，高原野菜の一大産地である。

龍興寺 ⑮　〈M ▶ P. 2, 21〉　南佐久郡佐久穂町大日向本郷220　P
0267-86-2568　JR小海線羽黒下駅🚌白石行龍興寺🚶2分

佐久秩父事件困民軍本陣

　1884(明治17)年11月7日，武州街道(現，国道299号線)十石峠をこえ信州にはいった困民軍は，午後4時すぎ，南佐久郡大日向村(現，佐久穂町)本郷の龍興寺(曹洞宗)に本陣を構えた。佐久秩父事件のはじまりである。

　秩父事件は，松方デフレ政策による負債に悩む，埼玉県秩父の農民たちや自由党員たちで編成された困民軍による大規模な農民蜂起で，群馬・長野両県の農民らと連帯してたたかわれた事件である。

　長野県から，南佐久郡北相木村の自由党員菊池貫平と井出為吉が，十石峠をこえ困民軍に加わり，参謀長と軍用金集方についた。ちなみに，十石峠は，佐久平(佐久市)の米を1日に10石も運んだことからつけられた名称という。

　1884年10月31日に蜂起した困民軍は，同年11月2日大宮郷(現，秩父市)郡役所に，井出の命名といわれる「革命本部」をおき，ほぼ全秩父地域を制圧したが，4日には幹部の逃亡などから四分五裂した。5日，菊池貫平らが率いる120人は，群馬県上野村山中谷(現，神流町)にはいり，7日長野県にはいった。菊池・井出の出身村北相木村を中心に500余人を動員したが，9日未明，南佐久郡穂積村東馬流(現，佐久穂町)で，警察官と高崎鎮台兵の攻撃をうけ，13人の戦死者をだして敗走，午後2時ごろ，八ヶ岳山麓野辺山高原で解体した。

　困民軍蜂起の最後の地となった佐久盆地には，多くの戦跡が残されて

龍興寺

いる。十石峠から散策するのがよいが、ここでは本陣がおかれた龍興寺から、困民軍終焉の地野辺山高原までをたどる。

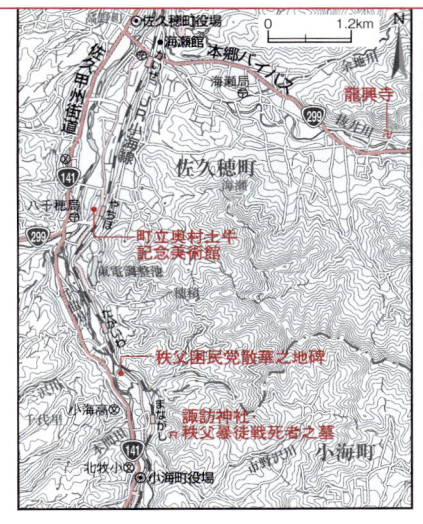

龍興寺周辺の史跡

龍興寺から、十石峠に向かう抜井川の3km上流の矢沢にかけた国道299号線沿いには、8日に困民軍の襲撃をうけた豪農浅川3家がある。愿三郎宅には、刀や斧で傷つけられた跡と修理した柱が、また激しく打ちこわされた源助宅の床柱には、刀傷が残る（見学可）。玉之助宅はすでになく、当時を知ることはできない。

　困民軍本隊は、龍興寺から抜井川沿いに5kmほどくだった海瀬村（現、佐久穂町）四ツ谷の龍福寺（曹洞宗）に本陣をおいた。現在は旅館海瀬館になっている。

　新井寅吉率いる別働隊は、本陣から2kmほど南下した穂積村崎田（現、佐久穂町）の豪農高見沢勝五郎宅や内津忠助宅、菊池貫平が奉公した出浦龍太郎宅を襲撃し、さらに、同村の名門で、豪商・豪農の黒沢利左衛門宅を襲撃した。その舞台になったのは、旧 ⓜ 黒沢呉服店（1853〈嘉永6〉年ごろ建築）である。場所は、日本画家奥村土牛が疎開していた縁からつくられた町立奥村土牛記念美術館（旧、黒沢合名会社。1927〈昭和2〉年建築）より北へ約2分のところにある。美術館は、JR小海線八千穂駅のすぐ南にある。

　8日夜、穂積村東馬流の井出直太郎宅に、困民軍最後の本陣がおかれた。翌9日午前6時ごろ、同村の高岩棚道（現、佐久穂町）で佐久秩父事件最大の闘いにいどんだが、警察と高崎鎮台兵の前に戦死者13人をだし、敗走となった。高岩棚道（小海町、高岩駅の南800mほどの地）から1kmほど離れた馬流駅の南東300m、長野県における困民軍最大の激戦地を見渡せる東馬流の諏訪神社境内には、「明治拾七年十一月九日朝戦没」「昭和八年十一月九日菊池貫平孫共建

源流千曲川の語らい　21

「秩父困民党散華之地」の碑

之」ときざまれた秩父暴徒戦死者之墓がたつ。碑文は，井出直太郎の筆による。その背後に，東日本旅客鉄道労働組合と東馬流区によってたてられた秩父事件百十周年顕彰碑がある。

　キリスト教徒で衆議院議員もつとめ，廃娼運動にも力をそそいだ佐久市出身の早川権弥は戦地をみて，「暴徒」「賊徒」とよばれるが，「昨日ハ即三千余万ノ同胞ナリ」「無謀ノ汚名ヲ承ル者ニ非ルベシ」と『日々雑記　明治十七年』に書いた。困民軍最後の激戦地になった高岩棚道に，1984(昭和59)年，佐久秩父事件百周年顕彰実行委員会によって，秩父困民党散華之地の碑および菊池貫平・井出為吉像がたてられた。また，菊池・井出の誕生地北相木村宮ノ平の諏訪神社境内には，自由の雄叫びの碑をたて，「暴徒」からの復権をはかった。

　諏訪神社から1km上流にあがると久保にはいる。ここには，八那池(小海町)の小池家に生まれて，菊池家の養子にはいった菊池貫平宅があり，相木川をはさんだ高台には，キリスト教徒一家の墓石に抱きかかえられるようにして，「菊池貫平　墓」が，妻さきの墓と並立している。さらに1.5kmほどあがると，坂上にはいる。井出為吉の生家があり，自宅近くの墓所に，戒名「大学院治徳賢雄居士」の井出為吉が眠っている。長野県では，南北佐久・小県・埴科4郡2町25村585人が参加したが，その一部は無罪になったものの，多くは有罪とされた。

大深山遺跡 ⓰
0267-97-2121(大深山考古館)

〈M▶P.2〉南佐久郡川上村大深山西原　P
JR小海線信濃川上駅🚌梓山・川端下行大深山中央
🚶15分

　千曲川上流右岸の天狗山南斜面，標高1300m辺りの河岸段丘上に大深山遺跡(国史跡)がある。遺跡に至る周辺にも，レタスやキャベ

原のおかたぶち

コラム

行

子授けのまじない 新嫁のムラへの加入儀礼

　川上村原には，原のおかたぶち（県民俗）とよばれる行事がある。1月14日の夕方に，ノボリとクダリの2つに分かれて行われる。以前は数えで14歳までの男子によって行われていたが，現在は小学生の男子によって行われている。

　「おかた」は嫁の尊称である。「ぶち」は嫁の座のことである。おかたぶちの対象となる家は，前年の1月15日から本年の1月14日までに嫁入りのあった家と，娘に婿養子をとった家である。家族や親族に不幸があった家は，正月飾りをかざれないためのぞかれる。

　夕方6時ごろ，6年生のオヤカタが紺絣の着物に，羽織・縞の袴・白鉢巻・白襷に草履履きのいでたちで，下級生のたたく太鼓とともに新嫁の家に向かう。

　新嫁の家では，新嫁と付添人が晴着を着て，茶の間で表に向かってすわり，一行を迎える。一番家来が太鼓を打ち，オヤカタは，「オカタブチに参りました」と口上をのべたのち，それぞれ御幣をもち，茶の間にかざられた書初めを御幣でおとしながら，嫁のまわりを3回お祓いして歩く。終了後，祝い膳が用意される。

　子授けのまじないとともに，新嫁のムラへの加入儀礼の意味をもつ。なお，1歳の子どもに対しての「こぶち」も行われる。

地域住民による調査遺跡 川上犬（県天然）の産地

ツを中心とする高原野菜畑が広がる。高原野菜の生産は大型機械化されており，村は，高原野菜の臭いと散布される農薬の臭いとをあわせもち，県内屈指の大規模農場経営で活気づいている。

　1933(昭和8)年4月，入会地の牧場柵構築のおりに，多量の土器片が出土し，それが大深山遺跡発見のきっかけになった。村や地元の人びとが，大深山遺跡保存会を結成し調査した結果，51軒の竪穴住居跡（2軒が復元されている）や積石遺構，多数の遺物が出土した。放射性炭素測定により，13号住居跡の炭化材から，4580年前±60年という年代数値がだされ，縄文時代中期の集落であることがあきらかになり，注目された。多数の出土品は，大深山中央バス停から徒歩3分ほどのところにある大深山考古館に，収蔵・展示されている。

　JR小海線沿線の南佐久郡南部には，このほか2つの国史跡がある。1つは，小海駅より北相木村村営バス約10分で到着する（栃原下車），北相木村の栃原にある栃原岩陰遺跡である。洞窟状の地形

源流千曲川の語らい

に残された遺跡の発見は1965(昭和40)年で，信州大学医学部を中心とした発掘調査により，縄文時代早期の土器片と人骨が採集された。出土人骨は，成人8体・小児2体・新生児2体の計12体。とくに第1号人骨は，縄文時代早期の人の容貌を伝える貴重な資料である。「相木式」土器や砥石，骨角器・貝器，自然遺物などの出土品は，バス停から約4kmのぼった久保にある村役場敷地内の北相木村考古博物館に展示されている。

もう1つは，南牧村野辺山原にある旧石器時代の矢出川遺跡である。1953年に発見され，日本では旧石器時代終末期の細石刃文化を最初に確認できた遺跡である。遺物は，JR小海線野辺山駅前の南牧村歴史民俗資料館にも収蔵されているが，多くの細石刃や細石刃核は，明治大学考古学研究室(東京都)に，それ以外の石片や発掘記録は東北大学考古学研究室(仙台市)に保管されている。

野辺山高原 ⓱

〈M ▶ P. 2, 26〉南佐久郡南牧村・川上村
JR小海線野辺山駅 🚶

JR最高所駅野辺山駅
高原野菜の一大産地

八ヶ岳東部の裾野，標高1300〜1500mに野辺山高原が広がる。玄関口は，標高1345.67mで，JR最高所駅となる野辺山駅。小海線と国道141号線の旧道が交差する踏切横には，JRの最高地点(1375m)を示す高さ6mの標柱がたつ。小淵沢(山梨県北杜市)と小諸間を走る旧国鉄小海線の全線開通は1935(昭和10)年で，この年に野辺山駅が竣工した。駅舎は，1983年に教会風の白い駅舎に改築されている。道路は，国道141号線(佐久甲州街道)が南北に走る。

野辺山高原

野辺山高原の開発は，明治時代中頃にはじまった。最初は，アメリカの種馬を輸入した牧場経営が行われたが失敗。一方，1887(明治20)年，木曽についで海ノ口に開設された馬市は，1955(昭和30)年まで

戦争と満州開拓碑

コラム

満州分村移民創始の村大日向村
戦時色一色になった野辺山高原

　佐久秩父事件の舞台であった佐久地域は，満州（現，中国東北部）開拓送出しの地でもある。秩父事件の史跡を訪ねると，必ず満州開拓碑や戦争慰霊碑に出合う。長野県の満州開拓の送出し数は，開拓団員3万1264人・満蒙開拓青少年義勇軍6595人，合計3万7859人と，いずれも全国1位である。

　十石峠をくだった秩父困民軍がたどり着いた南佐久郡大日向村（現佐久穂町）は，1938（昭和13）年，村の経済更生のために，全村民の総意により，村を2分して半分の人口を満州に送りだした分村創始の村として，注目された。

　大日向村からは，産業組合専務理事の堀川清躬団長のもと，216戸796人が渡満した（1936年末までに406戸，1625人）。敗戦により，ふたたび故郷に戻れたのは395人，堀川団長ほか389人の犠牲者をだした。困民軍本陣がおかれた龍興寺境内には，1956年9月，犠牲者の霊をなぐさめる忠霊碑が，翌年には，「満洲分村関係者犠牲者堀川清躬外三百七十二名之霊」という供養塔がたてられた。

　満州開拓団員たちは，母村に戻ったが身のおきどころがなく，再開拓を決意し，1947年4月，北佐久郡軽井沢町の国有地追分原に入植した。現在，そこには開拓之礎がたっている。

　北相木村宮ノ平の諏訪神社境内には，日露・大東亜戦争戦没者名碑と千曲郷開拓団・戦時殉難者慰霊碑が並ぶ。小海町と北相木・南相木村が接する村境の「別れの松」のもとには，1985年，戦争による犠牲を無にしないために，南相木村が建立した不戦の像（ブロンズ製）があり，日露戦争からの戦死者と，満蒙開拓犠牲者名がきざまれている。

　野辺山高原は，アジア・太平洋戦争期，戦時色一色になった。1942年，野辺山原にある国立天文台野辺山太陽電波・宇宙電波観測所をもつ丸山一帯3000町歩が，東部五十一部隊の鉄砲の演習地として軍に買収され，全国の各連隊による砲兵演習が行われた。1943年には，グライダー滑空訓練所を開校した。

続いた。市場集落の交差点付近に，海ノ口馬市場跡の碑がたつ。
　大正時代は，軍馬の改良生産，キャベツ・馬鈴薯・水稲などの試作がなされ，戦前には，旧国鉄小海線の全線開通により，関西市場向け高原野菜の栽培がはじまった。作物は，板橋（現，南佐久郡南牧村）でハクサイを中心にキャベツ・ダイコンなどが作づけされた。アジア・太平洋戦争の影響で，一時衰退する事態を経て，戦後まも

源流千曲川の語らい

野辺山高原周辺の史跡

なくの1947(昭和22)年，野辺山開拓農業協同組合の誕生により，本格的な開拓がはじまった。高度経済成長期に日本の食文化が洋風化したことも手伝って，高冷地に適したレタスやキャベツなどの生産が増加し，高原野菜の一大産地になった。野辺山駅前の東側にある南牧村歴史民俗資料館でその歴史を知ることができる。また駅から徒歩約15分の丸山にある南牧村農村文化情報交流館では，農業の疑似体験ができる。同地には，直径45mの電波望遠鏡(パラボラアンテナ)や大小6基のミリ波干渉計，84台のアンテナなどをもつ国立天文台野辺山太陽電波・宇宙電波観測所がある。

④ 小諸から望月・立科へ

近代化という新しい時代を求めた人びとを追って、小諸から望月・立科を歩いてみよう。

小諸義塾記念館 ⑱
0267-24-0985
〈M ▶ P. 2, 28〉小諸市古城2-1 P
JR小海線・しなの鉄道小諸駅 🚶 5分

小諸義塾の創立者木村熊二自由主義教育の私学

　小諸駅の改札をでて、左の自由通路を渡ったところに、小諸義塾記念館がある。小諸義塾は、明治女学校創立者の木村熊二によって設立された私塾である。キリスト教伝道のため、佐久の前山に移り住んだ木村は、小諸の青年たちの要請にこたえて、1893(明治26)年、現在の小諸駅構内の場所に小諸義塾を創設した。島崎藤村のほか、丸山晩霞・鮫島晋・三宅克己・佐野寿ら一流の教師陣を招き、生徒の自主性を重んじた自由主義教育をめざして女子部も設けた。

　しかし、日露戦争(1904〜05年)がはじまって教育の国家主義化が進み、義塾の自由主義教育への風当りが強まるなかで、町の補助金が減らされて経営が困難になり、1906(明治39)年、13年間で廃校となった。塾長木村熊二も長野市へ去っていったが、旧宅水明楼は記念館から右にいった古城交差点を右折して、千曲川におりていく途中の中棚温泉に残っている。

小諸義塾記念館

小諸城址懐古園 ⑲
0267-22-0296
〈M ▶ P. 2, 28〉小諸市懐古園311 P
JR小海線・しなの鉄道小諸駅 🚶 5分

小諸城は仙石秀久が完成藤村詩碑「千曲川旅情のうた」

　小諸義塾記念館前のスロープをおりると三の門にでる。ここが懐古園とよばれる小諸城址(国重文)である。17世紀初めに小諸藩初代藩主仙石秀久が完成させた城は、千曲川の河岸段丘上に位置し、深い谷あいを利用した要害の城である。

　江戸時代の小諸は、仙石氏の上田転封後、一時甲府藩領となり、その後松平・青山・酒井・西尾・石川氏が支配し、1702(元禄15)

小諸から望月・立科へ　27

小諸駅周辺の史跡

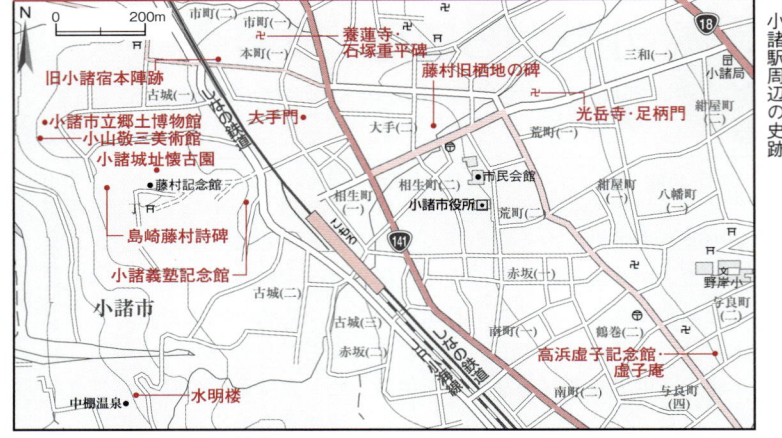

　年から幕末まで，牧野氏1万5000石の小諸藩の領地となった。城内に当時の建物は現存していないが，足柄門が本町の光岳寺（浄土宗）に，銭蔵が与良町に移築され，小諸駅の北には，雄大な大手門が当時の面影を残している。

　千曲川を見下ろす展望台のかたわらには，「小諸なる古城のほとり　雲白く遊子悲しむ……」と詠んだ島崎藤村の詩碑「千曲川旅情のうた」があり，近くに，藤村の小諸時代を中心とした作品が展示されている藤村記念館がある。園内はサクラの名所で，小諸出身の臼田亜浪や旅の文人の句碑も多く，詩情豊かな趣をみせている。懐古園の裏手には，小諸出身の洋画家小山敬三美術館と小諸市立郷土博物館があるが，現在，博物館は研究・教育に活用しており，一般公開は中止している。

　市内の菱平には小諸高原美術館があり，日本画家白鳥映雪や小諸義塾で学んだ水彩画家小山周次らの作品が展示されている。

　小諸駅から西へ約3km，千曲川河畔へくだった御牧ケ原台地東端の崖には，「牛に引かれて善光寺参り」の伝説発祥地で，布引観音として知られる天台宗の釈尊寺観音堂（国重文）がある。

旧小諸宿本陣跡 ❷⓪

〈M▶P.2, 28〉小諸市町1-2
JR小海線・しなの鉄道小諸駅🚶7分

　小諸城址三の門前を左に進み，つぎの懐古園入口交差点を右折した北国街道のすぐ左手に，旧小諸本陣（問屋場，国重文）がある。街

28　浅間山麓と千曲川流域

大原幽学と小諸　コラム

江戸時代末期、大原幽学は下総国（現、千葉県）香取郡の農村に定住し、土地の交換分合・耕地整理・消費物資の共同購入などを指導して、荒廃した農村を復興するなど大きな功績を残した。

幽学が最初に活動したのが、信州の上田と小諸で、小諸では子どもたちを連れて、布引山・浅間山・糠塚山への遠足などをしている。

幽学は下総に去ったのちも小諸の門人たちと手紙の交換をし、また自身も、何度か小諸を訪ねて指導した。小諸の門人は、与良町の商人小山嘉吉を中心とした25人で、毎月3回、それぞれの家を交替に会場とし、町の発展や住民の和を求めて、真剣な学びあいを行った。

大原幽学最初の活動の地　熱心に学ぶ小諸の門人たち

大原幽学画像

道に面している建物は問屋場である。奥にあった本陣主屋は、小諸駅のすぐ西側に移築・復元された。城下町小諸は、城の周囲に武家屋敷を配置し、北国街道沿いに周辺の村を移して、東から与良町・本町・市町などが形成された。江戸時代以降、小諸は佐久一円の商業の中心地として繁栄し、明治時代には製糸業が発展した。現在、本町通りは町屋館を核に、往時をしのぶ町並みが整備されている。

小諸は城下町と宿場町　北国街道沿いに町を形成

石塚重平碑 ㉑　〈M▶P.2, 28〉小諸市市町1-3
JR小海線・しなの鉄道小諸駅 🚶 7分

旧小諸宿本陣から北国街道を東に進み、つぎの角を左折してすぐ左の養蓮寺（浄土真宗）境内に、石塚重平の石碑がたっている。市町の庄屋に生まれた石塚は、自由民権運動が高まる1877（明治10）年、22歳で県内初の政治結社盤鴻社を創立し、民権思想の普及と国会開設を訴えた。1881年、佐久にも自由党が結成され、1884年には本町の光岳寺で、植木枝盛や大井憲太郎ら民権思想家の演説会がもよおされた。石塚重平はこののち、飯田・大阪事件（1885年）に関係して投獄されたが、憲法発布の特赦で出獄し、再び衆議院議員として活動した。

同時期に活躍したのが、与良町出身の小山久之助である。久之助

県内初の民権結社盤鴻社　石塚重平と小山久之助

小諸から望月・立科へ

は民権運動の理論家中江兆民の弟子として，小諸で社会主義研究会をつくるなどの活動を展開し，1898年に衆議院議員に当選したが，43歳の若さで病死した。なお，中江兆民は保安条例(1887年)で東京から追放された際に，久之助の縁で小諸に身を寄せていた。

藤村旧栖地 ㉒

〈M▶P. 2, 28〉小諸市大手2-4
JR小海線・しなの鉄道小諸駅 徒歩7分

島崎藤村が住んだ馬場裏『千曲川のスケッチ』の舞台

北国街道に戻り，左手の本町交差点を直進し，本町のなかほどの長野銀行前を右折すると大手にでる。島崎藤村も使用した古井戸の角を左折して小道を進むと，左に藤村旧栖地の碑がある。

島崎藤村は，1899(明治32)年4月に小諸義塾の教師として赴任し，国語と英語を担当した。また同月，冬子と結婚して馬場裏に新居を構えた。この屋敷は，現在，佐久市前山の貞祥寺(曹洞宗)に移築されている。

藤村ゆかりの古井戸

藤村は小諸の自然を愛し，町の人びととの交流を深めた。その様子がおさめられた『千曲川のスケッチ』に沿って，町を散策するのもよい。この小諸時代に『破戒』などの作品がうまれた。

高浜虚子記念館と虚子庵 ㉓
0267-26-3010

〈M▶P. 2, 28〉小諸市与良町2-3 P
JR小海線・しなの鉄道小諸駅 徒歩15分

近代俳句の巨匠高浜虚子の散歩道を歩く

本町から北国街道を南東に進むと，与良町のなかほどの左手に，高浜虚子記念館がある。近代俳句の巨匠である虚子は，アジア・太平洋戦争の戦火をさけ，1944(昭和19)年，小諸の小山栄一宅に疎開し，1947年までの3年間をすごした。

四季折々の小諸の自然を詠んだ句碑が市内の各所でみられるが，記念館の隣にある虚子旧宅「虚子庵」周辺は，「虚子の散歩道」として整備されているので歩いてみたい。

浅間山麓と千曲川流域

五郎兵衛記念館 ㉔
0267-58-3118

〈M▶P.2〉 佐久市甲14-4 Ｐ
JR小海線・しなの鉄道小諸駅🚌望月行中原🚶15分，
またはJR長野新幹線佐久平駅🚗15分

新田開発者の市川五郎兵衛
箱根用水の二十数年前

　小諸から主要地方道78号線を南へ8kmほどいき，中山道の塩名田宿から千曲川を渡ると，台地上に広大な水田が広がる。ここが「五郎兵衛米」で知られる五郎兵衛新田で，左に進んで国道142号線をこえた丘に，五郎兵衛記念館がある。

　この一帯は矢島原とよばれ，水に恵まれない原野であったが，上野国南牧(現，群馬県甘楽郡南牧村)出身の土豪市川五郎兵衛が，立科山系の鹿曲川から用水を引き，4年の歳月ののち，1631(寛永8)年に全長20kmの灌漑用水路を完成させた。

　五郎兵衛は，山や谷を掘削堰(トンネル)や盛土などの技法を用い，私財を投げうってこの難事業を成功させた。また，用水管理権をいち早く村人に解放した。村人は五郎兵衛新田と命名し，五郎兵衛の業績をたたえた。記念館には当時の文書や工事の様子が展示されている。佐久市春日に用水の取水口がある。

　なお記念館から北へ7kmほどいった蓬田には，室町時代末期の三間社流造の本殿(国重文)をもつ八幡神社がある。

広大な水田が続く五郎兵衛新田

望月宿 ㉕

〈M▶P.2,32〉佐久市望月
JR小海線・しなの鉄道小諸駅🚌望月行望月🚶2分，小諸駅🚗25分，またはJR長野新幹線佐久平駅🚗25分

宿場の趣を残す家並み
「望月の駒」の里

　国道142号線を小諸・佐久方面から望月に進み，望月トンネルをでてすぐの信号を右折した通りが，中山道望月宿である。宿場の趣を残す出桁・出格子造の家並みと看板が目を引く。なかほどの左手にある佐久市望月歴史民俗資料館には，宿場の絵図などの歴史資料が展示されている。

小諸から望月・立科へ　　31

望月宿周辺の史跡

資料館の100mさきの右手にある真山家住宅(国重文)は1765(明和2)年の建築で、旅籠「やまとや」を営んでいた。近くには、近代書道の先駆者比田井天来の作品を展示する天来記念館、約2km西にいった協和の福王寺(真言宗)には、鎌倉時代初期の作とされる木造阿弥陀如来坐像(国重文)がある。

望月は古代の朝廷直轄の御牧で、信濃国ではもっとも多くの貢馬が朝廷に献上された。望月から小諸に至る御牧ケ原台地には、馬の逃亡を防ぐための「野馬除」という土の堤が残っている。

義民慰霊之碑 ❷

〈M▶P.2, 33〉北佐久郡立科町芦田　P
JR小海線・しなの鉄道小諸駅🚌30分

世直しを求めた川西騒動
滋野氏ゆかりの津金寺

望月から国道142号線を北西に進み、芦田に向かう途中、茂田井にある大沢酒造民俗資料館では、酒造関係の展示物のほか、大沢家に伝わる川西騒動などの史料がみられる。

川西騒動は、1869(明治2)年、冷害に苦しむ芦田周辺の農民が「年貢米拝借」を要求して決起したもので、2万に膨らんだ川西33カ村の一揆勢は中山道を進み、千曲川をはさんで小諸藩兵と対した。要求はほぼとおったが、直後に指導者2人の死罪を含め大弾圧をうけた。明治維新を民衆は世直しの到来と信じたが、その期待は裏切られたのである。芦田から主要地方道諏訪白樺湖小諸線を白樺湖方面に約2kmいった右手の蓼科神社に「義民慰霊之碑」がある。川西騒動から100年を記念し、1973(昭和48)年にたてられた。

芦田宿中央にある本陣土屋家(県

義民慰霊之碑

32　浅間山麓と千曲川流域

偽官軍事件と桜井常五郎

コラム

官軍に利用された桜井常五郎 偽官軍として処刑される

春日村（現，佐久市春日）生まれの桜井常五郎は，1868（慶応4）年の戊辰戦争のおり，相楽総三率いる官軍先鋒嚮導隊の北信分遣隊長として加わり，「年貢半減」をふれ歩いた。そのため，佐久地方の民衆の新政府支持が広がった。

しかし，小諸の御影陣屋にいた常五郎らは，突然，新政府軍に「偽官軍」とされて捕らえられ，追分分去れの刑場で処刑された。

新政府の「御一新」は，民衆の願いとは遠くはなれ，常五郎らがだした「年貢半減」の触れは，新政府に民衆を引きつけるため，利用されたものであった。

宝）のさきの芦田の信号を右折して丸子方面に700mほど進むと，津金寺（天台宗）がある。望月の牧の牧官であった滋野氏ゆかりの古刹（宝塔は県宝）で，武田信玄もこの寺で戦勝を祈願したといわれる。

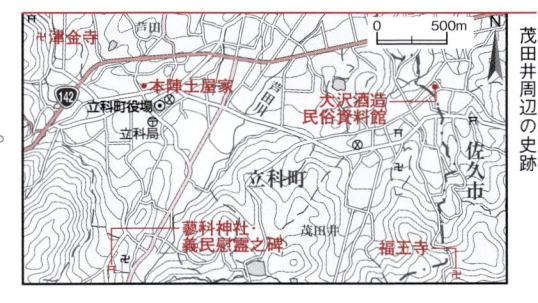

茂田井周辺の史跡

5 蚕都上田と周縁文化

上田城を中心に、街道筋に開かれた宿場と蚕糸業の繁栄が随所にみられる蚕糸の町を訪ねる。

上田城跡 ㉗　〈M▶P.2, 36〉上田市二の丸 P
0268-22-1274　JR長野新幹線・しなの鉄道上田駅🚶10分

真田・仙石・松平3氏が居城した上田城尼ケ淵は升網用水最初の取入口

上田駅前松尾町通りを北方へ進み、海野・原町交差点を左折し、上田市役所を左に、アール・ヌーヴォー様式の石井鶴三美術館(旧上田市立図書館)を右にみながら進むと、上田城跡(国史跡)に着く。

上田城(県宝)は、上田盆地のほぼ中央の千曲川の尼ケ淵河岸段丘上の平地に築かれた平城である。1583(天正11)年、真田昌幸によって築城がはじまり、2年後に一応完成した。上田城は、最初「伊勢崎城」とよばれていたが、隣接地神科台地の上田庄から「上田」をとって、昌幸により名づけられたといわれている。

上田城は、1600(慶長5)年の関ヶ原の戦い後にこわされ、堀も埋められた。1622(元和8)年、2代40年間居城していた真田氏が、松代(現、長野市松代町)に領地替えになると同時に入封した仙石忠政により、1626(寛永3)年再築され、1641年に完成した。天守閣はなく(確たる証拠はない)、土塁が主体の中世的な面影を残している。現存する本丸西・北・南隅櫓や石垣はこのときのものである。なお、仙石氏は3代85年間のうちに、城下町上田の整備や宗門改帳・五人組改帳の作成、今日に残る溜池工事などを行った。1706(宝永3)年、仙石氏は但馬国出石(現、兵庫県豊岡市)に国替えとなり、かわりに、出石の領主松平忠栄(のち忠周と改名)が、5万8000石で上田に入封した。松平氏は7代忠礼まで居城して、1871(明治4)年に廃藩置県を迎え、上田城はその使命をおえた。

上田城

34　浅間山麓と千曲川流域

自由教育と自由大学

コラム

創造性や個性の尊重 自己改革を求めた運動

　大正デモクラシー期における上田・小県地域の青年たちは、さまざまな分野の知識人たちをだきこみ、斬新な試みをした。

　1919（大正8）年3月、「私が『自由画』と称へるのは、写生、記憶、想像を含む――即ち、臨本によらない、指導の直接な表現を指すのであります」という、児童自由画展覧会趣意書が発表された。私とは愛知県岡崎市出身の画家山本鼎である。父一郎は、小県郡神川村大屋で山本医院を開業。山本鼎とともに児童自由画運動を進めたのが、神川村国分の青年金井正（33歳）と山越脩蔵（25歳）。同年4月、神川小学校で、児童自由画展覧会が開かれた。これが、今日の日本の美術教育の基礎になった。当時の作品は同校（しなの鉄道国分寺駅下車10分）で展示されている。

　同年10月には、鼎・金井連記で「農民美術とは、農民の手によってつくられた美術工芸品の事」とする農民美術建業之趣意がだされ、神川小学校で講習会がもたれた。制作された作品は、美術的手工品として市場にでまわってきた。また、山本鼎記念館では、作品展示と技術継承などを行っている。

　1920（大正10）年11月には、山越脩蔵が新潟県佐渡出身の哲学者土田杏村（本名　茂）に講演依頼の書簡を送ったことをきっかけに、信濃（上田）自由大学が、上田市横町の伊勢宮神職合議所（碑を残すのみ）で開講した。これは、働いているすべての人が、自由に大学教育を学ぶことができる「日本で最初の試み」（土田杏村）になった。この試みは県内外へと発展したが、上田自由大学は昭和恐慌のなかで中断、戦後小宮山量平らが復活させたが、1年だけでおわった。

　同年10月、政治運動面でも知識人を仲立ちにした動きがあった。東大新人会綱領にならってつくられた信濃黎明会綱領が、大正デモクラシーの理論的指導者吉野作造と連絡をとった小林泰一（24歳）のもとで作成され、軍備縮小と普通選挙の実現に向けて始動した。自由や個性の尊重と社会変革に、民衆を中心にすえた教育や文化、政治活動の運動が行われた。

　上田城跡公園には、さまざまな史跡や文化施設がある。二の丸跡にたつ上田市立博物館は、室町時代末期の小文地桐紋付韋胴服（国重文）や江戸時代の染屋焼コレクション（国民俗）、太刀（県宝）、正保年間（1644～48）の紙本墨書著色正保の信濃国絵図（県宝）、本陣・問屋日記、旧村の公文書、青年会で発行していた『時報』、蚕糸業関係史料などを保存・展示している。その奥には、上田市公会

上田市中心部の史跡

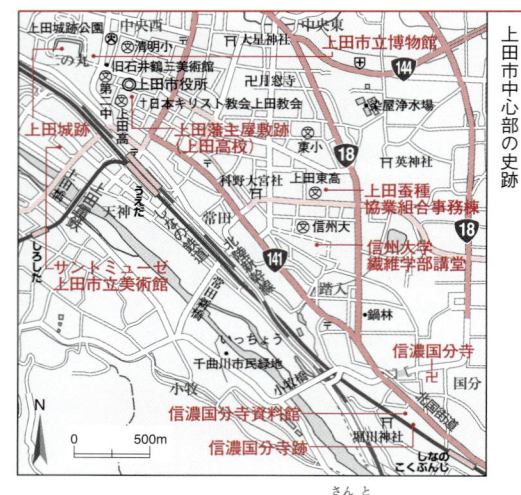

堂がある。1929（昭和4）年3月5日，改定治安維持法に抗した労農党代議士山本宣治（山宣）は，右翼の手で暗殺された。その4日前の1日，山宣はここを会場にした上小農民組合連合会第2回大会で演説をしていた。

　上田城跡公園の周辺には，城下町上田および蚕都上田の史跡や建築物が散在する。公園前の上田市立第二中学校は，1811（文化8）年につくられた藩校の明倫堂跡で，校門右側に上田藩文武学校明倫堂跡の碑がたつ。上田市役所の南側に長野県上田高校がある。ここは上田藩主屋敷跡で，現存している表門は1790（寛政2）年，濠と土塁は真田氏の時代，土塀は1863（文久3）年のものである。表門から東に15mほどのところに，1876（明治9）年10月，全国では6番目の創建になる長野県最初のプロテスタント教会日本基督上田公会（現，日本キリスト教会上田教会）がある。

　松尾町通りをぬけて，東に1.2kmの地点にある常田には，房山獅子とともに，この地方の代表的な芸能である常田獅子と，信濃国府の総社といわれる科野大宮社がある。また，蚕都上田にふさわしく，中・高等養蚕学理と技術教育機関として，1892（明治25）年開校の小県蚕業学校（現，上田東高校）と，1911年4月に始業した国立蚕糸専門学校（現，信州大学繊維学部）がある。それぞれに隣接する上田蚕種協業組合事務棟と信州大学繊維学部講堂は，国の登録有形文化財である。

　上田城跡公園から東方向に直進して徒歩5分ほどで，真田氏の旧領海野郷と原之郷の人びとによって北国街道沿いにつくられた，城下町上田の商店街海野町・原町にはいる。海野町中央2の交差点右

側には，蚕糸業金融を引きうけた国立第十九銀行（現，八十二銀行上田支店）がたち，街道筋には『諸国道中商人鑑　中仙道・善光寺之部　全』にみられる商家が現在も軒を並べている。商人たちの店と市場の繁栄を願ってつくられた市神が，海野町では村田靴店の西側にある高市神社にまつられ，原町市神はどうひら呉服店の南横に鎮座している。

信濃国分寺跡 ㉘
0268-27-8706

〈M▶P.2, 36〉上田市国分　P
しなの鉄道信濃国分寺駅🚶3分

＊信濃国府がおかれた地　八日堂縁日で賑わう

千曲川の東岸，しなの鉄道の信濃国分寺駅隣に信濃国分寺跡（国史跡）がある。奈良時代に国家の繁栄を仏に祈るためにたてられた信濃国分寺の跡で，現在は史跡公園になっている。

国分寺跡は高度経済成長による開発前に，遺構の本格的調査が求められ，1963（昭和38）年から1971年までに7回行われた。各調査で，金堂や講堂・中門・北門・回廊・塔・僧坊・尼坊・築地跡の遺構があきらかにされ，僧寺跡（字仁王堂）と尼寺跡（字明神前）の伽藍の全容もほぼ解明された。

発掘で得られた関係資料は，信濃国分寺資料館に保存・展示されている。補修用の瓦を焼いた瓦窯跡は，発掘されたままの状態で観察できる。なお，国分寺は，国府のそばにたてられたことから，この辺りは信濃の国府が最初におかれた地と考えられているが，その場所が特定できていない。

1197（建久8）年，源頼朝の命で復興したといわれる現在の信濃国分寺（天台宗）は，信濃国分寺跡から北の河岸段丘上に移転している。境内には，室町時代建立の国分寺三重塔（国重文）や江戸時代末期再建の国分寺本堂（県宝）があり，人びとをひきつけている。

信濃国分寺は，金光明最勝王経が転読されることから八日堂ともいわれ，毎年1月7日から8日にかけて行われる八日堂縁日には，ドロヤナギでつくられた六角柱型の厄除けの蘇民将来符が売られ，ダルマ市がでるなど，大変な賑わいをみせる。

北国街道海野宿 ㉙
0268-64-5879

〈M▶P.2, 38〉東御市本海野　P
しなの鉄道田中駅🚌上田行白鳥台🚶3分

軽井沢追分の分去れからはじまる中山道と北陸道とを結ぶ北国街

蚕都上田と周縁文化

海野宿

「戌の満水」が運んだ巨石「八間石」
禰津は水彩画家丸山晩霞の出身地

道(正式には北国脇往還)は,佐渡の金銀を江戸表に送る通行道であり,参勤交代などの道として,五街道につぐ重要な街道であった。東御市内には,田中宿と海野宿があり,海野宿は上田宿へ2里(約8km)のところにある。

海野宿は,白鳥神社前から直角におれる桝形から,西海野までの東西6町(約650m)である。起点になる白鳥神社は,1191(建久2)年の創建といわれ,平安時代から東信地方に栄えた滋野3家(海野・禰津・望月氏)の中心的な存在である海野氏の氏神・守護神とされている。神社そばの白鳥河原は,木曽義仲が挙兵した場所として有名である。

北国街道の宿駅として開設された海野宿の成立は,田中宿より20年ほど遅く,1625(寛永2)年といわれている。田中宿を補完する「間の宿」として設けられたため,当初は本陣はおかれなかった。1742(寛保2)年,寛保の大洪水「戌の満水」で田中宿が壊滅状態に

海野宿周辺の史跡

浅間山麓と千曲川流域

なったため，本宿が本海野に移された。本海野とよばれるのは，真田昌幸が上田城を築城したとき，当時，海野とよばれたこの地の商人を招いて上田城下に海野町をつくったことから，元のこの地を本海野とよぶようになったためである。

宿の道路中央の用水堰は，金原川から導水し，生活用水として利用されるとともに，旅人をいやしてきた。道路両側には，防火壁の役割をはたす卯建や，格子戸・漆喰の厚壁をもつ往時の本陣・問屋や脇本陣，出桁造の旅籠，蚕を飼うときの換気「気抜き」の小屋根をつけた住居もかねた蚕室造の建物などの家並みが続く。1987(昭和62)年には，国の伝統的建造物群保存地区に指定された。旅籠の一軒が，海野宿歴史民俗資料館になっている。

海野宿周辺には，いくつかの史跡がある。西海野から上田方面へ，国道18号線沿いを300mほどいった丸山に，一辺40m・高さ10m余りの，東日本では数少ない方墳の中曽根親王塚古墳(県史跡)がある。

また，古墳から15分ほど北上すると和に，1879(明治12)年の建築で，和洋折衷様式の旧和学校校舎(和学校記念館，県宝)がある。さらにそこから禰津街道を1.3km東にいくと，釜村田に元禄年間(1688〜1704)ごろ建造された，寄棟造・茅葺きの素朴な民家である春原家住宅(国重文)がある。

春原家住宅から500mほど東よりの，禰津西宮の禰津健事神社境内には，1816(文化13)年創建の西宮の歌舞伎舞台(県民俗)があり，田楽仕掛け(表と裏に違った絵を描いたパネルを，一瞬のうちに裏返す装置)をもつ。さらに300mほど東にいくと，禰津東町の日吉神社境内には，東町の歌舞伎舞台(県民俗)がある。創建は，1817年。切妻造の舞台とコマ廻し式の廻り舞台があり，みる人本位に地取りされている。いずれも，農村の庶民文化を伝える貴重な文化財である。

しなの鉄道滋野駅から東へ2.2kmの赤岩本郷には，幕末の名刀匠山浦真雄宅跡(県史跡)があり，鍛冶場が残されている。駅から北へ1.5kmほどいくと，「天下無双」と称された江戸時代の力士雷電の生家が復元されている。ここから1kmほど東側の小諸市境を流れる大石沢川沿いを北にあがった戌立に，戌立石器時代住居跡(県史

跡)がある。日本考古学史上，初期の段階で発掘後に復元住居をたて，保存・活用したことが注目された。

　北国街道を上田宿に戻り，武家屋敷の面影があちこちにみえる紺屋町や鎌原・西脇をとおって生塚，秋和をすぎると，旧上塩尻村（現，上田市）にはいる。蚕都上田を築きあげた蚕種製造地域で，『蚕がいの学』をあらわした藤本善右衛門宅，『養蚕教弘録』の刊行や養蚕用乾湿計を考案した清水金左衛門宅などの蚕室造の家並みが，街道の両側に続く。このなかに，上田紬を織る小岩井紬工房がある。

長谷寺 ㉚　〈M ▶ P. 2, 40〉上田市真田町長4646　P
0268-72-2040　JR長野新幹線・しなの鉄道上田駅🚌菅平高原行真田中🚶15分

真田はまた瞽女の通り道
日向畑遺跡の墳墓は真田一族のものか

　上田駅からバスで30分，上田盆地の東北に広がる真田町は，上田盆地の文化の発祥地であるとともに，真田一族発祥の地でもある。真田氏の出自・発祥には諸説があるが，現在の上田市真田町長を本拠地にしていた国牧（国府直轄の牧）の一地士だったとする説が有力である。

　神川と角間川が合流する地点に，真田氏が最初に築城した松尾城跡があり，尾根に石塁の遺構を残している。

　真田氏の氏神は，長にある『延喜式』式内社山家神社（祭神大国主命。白山寺跡）である。上田城の鬼門にあたることから上田城の守護神になっている。ここからほぼ2.5km，30度近い傾斜地の沢を菅平有料道路をこえてのぼりつめると，真田氏を象徴する六文銭をきざんだ釣鐘状の石造山門が迎える。真田幸隆夫妻と昌幸が眠る，真田氏の菩提寺長谷寺（曹洞宗）である。1622（元和8）年の松代への国替えのとき，昌

長谷寺周辺の史跡

戸沢のねじ行事

コラム 行

子どもたちが中心 無病息災を願う道祖神祭り

　かつて東信地方では，2月8日の「コトヨウカ」に，子どもたちが中心になって，各集落ごとに道祖神の祭りを，盛大に行っていた。この日，わら馬にわらで包んだ餅を3俵つけて，道祖神まで引いていき，餅を道祖神へそなえて子どもの無病息災を祈願する。
　小県郡真田町長戸沢(現，上田市)では，この餅にかわる「ねじ」とよぶ米の粉を練って食紅で色づけし，小豆の餡をいれ，野菜や小動物の形をしたものを道祖神へ奉納するので，ねじ行事という。小さな子どものいる家で行われている。道祖神の前でお参りにきた人たちで「ねじ」の交換が行われ，「ねじ」のできばえや子どもの成長について話がはずむ。

幸の長男信之は，松代に長国寺(曹洞宗)を建立して本寺とし，長谷寺を末寺にした。

　ここから2km南下した小別当・十林寺の尾根の突端に，幸隆時代の本城といわれる真田氏本城跡がある。さらに2kmほど南下すると本原に「御屋敷」とよばれる真田氏の本拠地真田氏館跡(県史跡)がある。ここには，小規模な城下町がつくられていたようである。本原は，原ないし原之郷とよばれていたが，真田氏が上田城築城のときに，ここの住人を上田に移住して原町をつくらせたため，原から本原になった。

　ここから，中世の市場に由来する四日市場で神川を傍陽方面に渡ると横尾になる。700mほど上流にあがると，黒門をもつ信綱寺(曹洞宗)にでる。長篠合戦で，鉄砲の前に倒れた幸隆の長男信綱夫妻が眠る。戦場で使われた大太刀(国重文)は，松代の真田宝物館にある。長戸沢では，戸沢のねじ行事(国民俗)が行われている。

　洗馬川沿いに3kmほど北上すると，傍陽にはいる。萩地区に，「蛙合戦の寺」として親しまれている金縄山実相院観音寺(天台宗)がある。本尊は，鎌倉時代初期の作といわれる木造馬頭観世音菩薩坐像である。傍陽から菅平にかけて広がる，国牧の本拠地の守護神としてまつられたのではないかとされている。寺宝に実相院宝篋印塔(県宝)がある。

　上田駅から菅平高原行きバスに乗り，50分ほどした菅平高原羽根

蚕都上田と周縁文化　　41

尾バス停で下車すると、上信越高原国立公園内にひろがる菅平高原にでる。ここは、長十ノ原の縄文時代後期の唐沢岩陰遺跡（県史跡）や、弥生時代中期の陣の岩岩陰遺跡など80カ所以上の遺跡が発掘され、古代文化の宝庫である。また、1930（昭和5）年、オーストリア人のスキーの名手シュナイダーにより、「日本のダボス」と名づけられた格好のスキー場でもある。

　神川上流の天洞川の菅平口には菅平ダムがつくられ、下流は生活用水の神川となり千曲川にそそぐ。この神川は、1952（昭和27）年、長十ノ原ではじまった硫黄・硫化鉄鉱の試掘による鉱毒汚染が大問題になった。上田市や神川村など1市11町村の反対運動によって、採掘を中止させた歴史がきざまれている。

丸子郷土博物館 ㉛
0268-42-2158

〈M ▶ P.2〉上田市東内2564-1　P
JR長野新幹線上田駅・しなの鉄道大屋駅🚌鹿教湯方面行博物館前🚶すぐ

製糸結社依田社で繁栄　依田川上流に丸子温泉郷

　大屋駅近くで千曲川にそそぐ依田川流域にあった、旧和田村・長門町（ともに現、小県郡長和町）、旧武石村・丸子町（ともに現、上田市）の地域は、通称「依田窪」とよばれている。蚕糸業で栄え、中山道の宿場として発展してきた。

　1888（明治21）年9月、福沢諭吉に学んだ下村亀三郎は、器械製糸を導入した依田社設立趣意書を発表し、翌年7月、現在の丸子文化会館・セレスホールにあたる場所で操業を開始、1890年には製糸結社の依田社を設立し、「糸の町丸子」の誕生へと進んだ。依田社は、工女養成所や病院、劇場、興芸館（常設映画館）などをつくり、町とともに歩むことを心がけた。

　当時の面影を残しているのは、生糸輸出先のアメリカ人らを接待した依水館とカネタ製糸場のレンガ造りの煙突である。依水館は、依田川にかかる依田橋を渡った丸子公園内にあり、上丸子にあるカネタ製糸場の煙突は、現在は11.5mほどが残されている。

　繁栄時の様子は、アメリカ向けの依田社宣伝映画や、製糸業関係資料を展示している丸子郷土博物館で知ることができる。博物館には、和田峠男女倉遺跡群の出土品や鳥羽山洞窟（国史跡）の遺物が展示されている。また、ニレ科のシダレエノキ（国天然）もある。

42　浅間山麓と千曲川流域

国道254号線を東に3kmほどの東内虚空蔵に，法住寺虚空蔵堂（国重文）がある。法住寺（天台宗）は，平安時代に，総本山延暦寺の円仁（慈覚大師）が開基した。室町時代末期の建立である虚空蔵堂は，依田窪地域では最古の建物で，堂名が集落名になっている。堂内の厨子（国重文）に，本尊の虚空蔵菩薩がおさめられている。さらに2kmほど進んだ霊泉寺温泉地に霊泉寺（曹洞宗）があり，1488（長享2）年作の本尊木造阿弥陀如来像（県宝）が安置されている。

　国道254号線に戻り，三才山トンネル方面に約5km向かうと鹿教湯温泉に着く。町中を流れる内村川を渡った崖の上に文殊堂（県宝）がたつ。1701（元禄14）年に着工し，1709（宝永6）年に完成した。元禄時代の仏堂の作風を示す県内でも有数の建築物である。

和田宿 ㉜
0268-88-2345

〈M▶P.2〉小県郡長和町和田　P
JR長野新幹線上田駅🚌上和田行，またはしなの鉄道大屋駅🚌JRバスは直通，千曲バスは丸子行終点で乗換え上和田行終点🚶すぐ

中山道28番目の宿
黒曜石原産地男女倉遺跡群

　丸子（現，上田市）からバスで20分ほどのところに，中山道の和田宿がある。途中には，おたや祭り（国民俗）をもつ長門町古町（現，長和町）がある。おたや祭りは毎年1月14・15日に，伊勢の皇大神宮の祭りとして行われる。各町内ごとに，物語・武将・その年話題になったことをテーマにして趣向をこらした山車がつくられ，出店も多くでて賑わいをみせる。

　和田宿は，1602（慶長7）年，中山道の開通により成立した，この街道筋唯一の長丁場和田峠をひかえた宿場であった。旅籠は，もっとも繁栄した1804～29（文化元年～文政12年）年の間に，全164戸中72戸に達したが，1862（文久2）年の大火で多くを焼失した。

　中山道の和田峠から男女倉口に至る約4.7kmは，歴史の道として国史跡になっている。男女倉には，旧石器時代から縄文時代にわたる20遺跡群からなる男女倉遺跡群がある。本州における黒曜石の原産地であり，黒耀石石器資料館と大門鷹山の町営黒耀石体験ミュージアムは，明治大学と共同で行っている黒曜石研究の基地になっている。

蚕都上田と周縁文化

❻ 信州の鎌倉——塩田平

上田の南西部に広がる田園地帯の塩田平には，生島足島神社・常楽寺八角三重塔・無言館など，訪ねたい場所が多い。

別所温泉 ㉝

〈M▶P. 2, 45〉 上田市別所温泉 P
上田電鉄別所線別所温泉駅 🚶 1分

文人墨客が滞在
信州でもっとも由緒ある温泉

別所温泉は信州でも最古級の温泉地で，清少納言の『枕草子』にも七久里の湯として記されている。江戸時代には，上田藩主の茶屋屋敷が設けられ，また古寺・古塔も多く，庶民の参拝・湯治客で賑わった。近代では川端康成・北原白秋ら多くの文人墨客が滞在した。共同浴場としては，真田幸村の隠し湯といわれる石湯，北向観音すぐ下の大師の湯，木曽義仲も療養したという大湯がある。

別所温泉に向かう上田電鉄別所線沿線の田園地帯を塩田平といい，古代から開発が進んだ穀倉地帯である。鎌倉幕府の連署北条義政が出家して，1277（建治3）年にこの地に移り，以後3代60年間にわたり支配した。鎌倉文化が栄えたため，塩田平は「信州の鎌倉」や「信州の学海」などとよばれている。戦後，長野大学・上田女子短期大学・長野県工科短期大学校・上田市マルチメディア情報センターなどが設置され，東塩田地区一帯に工業地域が広がり，近代的変貌をとげつつある。

北向観音 ㉞
0268-38-2023

〈M▶P. 2, 45〉 上田市別所温泉1666 P
上田電鉄別所線別所温泉駅 🚶 10分

北の善光寺、南の北向観音
全国に知られた厄除観音

別所温泉駅でおりて，上り坂を温泉街に向かって250mほど歩くと，左手に維茂塚という古墳にさしかかる。969（安和2）年に，戸隠山の鬼女紅葉を退治した平維茂の墓といわれる。さらに直進して，温泉街の中心を案内板に従い左へおれ，みやげ物店の並ぶ石段

参拝者のたえない北向観音

別所温泉の岳の幟行事

コラム

行

雨乞いと無病息災の民俗行事

　岳の幟行事は，上田市別所温泉で古くから行われている祭りで，雨乞いの祭りとされている。祭日は7月15日であったが，現在はその前後の日曜日に行われる。

　早朝に，住民は別所の西側にそびえたつ夫神岳にのぼり，頂上で豊作や家内安全を祈る。終了後，青竹に1反の布を巻きつけ，先端から垂らした布を，下でまとめて輪状にした幟をもち，行列をつくって山をくだる。集落の入口で出迎えられ，各地区を練り歩く。この布で着物を仕立てて着ると，病気をしない，風邪をひかないといわれている。

　岳の幟の行列と一緒に，三頭獅子舞，ささら踊りが加わって，温泉街を練り歩く。この三者を総称して，岳の幟行事とよぶ。1997（平成9）年12月4日に，国選択無形民俗文化財として指定された。

をあがると，北向観音にでる。本坊は常楽寺（天台宗）で，寺伝によれば，常楽寺裏から火炎とともにあらわれたという千手観音を本尊とした。本尊が北を向いているのでこの名がある。江戸時代には，厄除観音として多くの信仰を集め，長野善光寺で「未来往生」を，北向観音で「現世利益」を祈願すると願いがかなうとされた。境内には薬師堂，愛染堂，カツラの巨木があり，多くの参拝客で賑わい，護摩の香りがたえない。

安楽寺 ㉟　〈M ▶ P.2, 45〉上田市別所温泉2361　P
0268-38-2062　上田電鉄別所線別所温泉駅 🚶10分

　北向観音から参道を戻り，温泉街の中心通りを横切って30mほど進み，左側の安楽寺黒門をくぐる。坂道を進んで，駐車場横の参道をのぼり，山門をくぐると，十六羅漢堂・鐘楼・本堂へと至る。

安楽寺（曹洞宗）は，鎌倉時代末期の臨済宗の高僧樵谷惟仙・2世幼牛恵仁により学海となる基礎がつくられた名刹である。1588（天正16）年ごろ，曹洞宗に改まった。本尊は釈迦如来である。

別所温泉周辺の史跡

信州の鎌倉—塩田平

安楽寺八角三重塔

> わが国現存唯一の八角三重塔 簡素な美に息をのむ

本堂の左脇から裏手に向かい、窪田空穂碑・島木赤彦碑をすぎると、右手に傳芳堂があり、木造惟仙和尚坐像と木造恵仁和尚坐像（ともに国重文）が安置されている。石段をさらにのぼると、簡素なたたずまいの禅宗様の八角三重塔が、森林空間をささえるようにあらわれる。初層に裳階をつけた八角形の珍しい形式で、鎌倉時代末期から室町時代初期の建造とみられる。わが国現存唯一の八角三重塔で、1952（昭和27）年に国宝に指定された。経蔵・輪蔵は上田市指定文化財で、寺宝として十六羅漢尊者（寛政年間〈1789〜1801〉）、四国八十八カ所札所勧請仏七尊などがある。

常楽寺 ㊱
0268-38-2040
〈M▶P. 2, 45〉 上田市別所温泉2347 P
上田電鉄別所線別所温泉駅🚶10分

> 高僧が学んだ信州の学海 由緒ある常楽寺コレクション

安楽寺から常楽寺へは、安楽寺黒門手前の遊歩道を左折する。遊歩道脇の高台に、上田自由大学で講義した高倉テルの「人間を信じる心」碑と改定治安維持法に唯一反対し、右翼に暗殺された労農党代議士山本宣治記念碑（碑にきざまれているラテン語は「生命は短し、科学は長し」の意）が並んでいる。

そこから遊歩道を200mほど歩くと、常楽寺（天台宗）に着く。寺伝によると、825（天長2）年に円仁（慈覚大師）が開いたという。その後、塩田北条氏や海野氏らの帰依をうけた。本尊は妙観察智弥陀如来で、宝冠をいただいた阿弥陀如来像。鎌倉時代にはすでに、天台教学の道場で、霊場となっていた。隣接する安楽寺の開山樵谷惟仙が、16歳まで仏教を学んだ寺でもある。本堂裏に、約700年前に設置された、高さ2.85mの石造多宝塔（国重文）がある。本堂の天井絵は江戸時代後期の作で、併設の常楽寺美術館には、絵馬や古瓦・算額、徳川家康の日課念仏などのコレクションがあり、必見である。

浅間山麓と千曲川流域

中禅寺 ㊲

0268-38-4538

〈M▶P.2, 47〉 上田市前山1721 P

上田電鉄別所線塩田町駅🚶30分

別所温泉から独鈷山麓を東へ、車でおよそ10分で、龍王山延命院中禅寺（真言宗）に着く。平安時代末期の創建という。薬師堂（国重文）は方三間・茅葺きの宝形造で、鎌倉時代初期建造の中部日本では現存最古の木造建築である。安置されている木造薬師如来坐像 附 木造神将立像（国重文）は像高97.8cmで、寄木造の定朝様式の作例である。ほかに、県内最古の平安時代末期の木造金剛力士立像（県宝）も安置されている。薬師堂裏手には、鎌倉時代ごろの五輪塔もある。

中禅寺薬師堂

中部日本現存最古の木造建築 方三間の国重文薬師堂

中禅寺から東方へ約1.5km、独鈷山麓の道を7〜8分ほど歩くと、龍光院（曹洞宗）に着く。1282（弘安5）年、塩田北条氏2代国時が開いた菩提寺である。江戸時代中期に活躍した塩田出身の絵師狩野永琳の屏風図もある。

龍光院東南の山が弘法山で、塩田城跡がある。山麓の道から150mほどのぼった、二十数段の段郭が階段状に残る一帯が、塩田城の主要部である。鎌倉幕府の連署北条義政が、隠退して居をかまえたと推定されている。戦国時代に真田氏が支配したのち廃城となった。塩田城跡のある弘法山の東南山麓に前山寺がある。

中禅寺周辺の史跡

信州の鎌倉―塩田平

前山寺 ㊳
ぜんさんじ
0268-38-2855

〈M▶P.2, 47〉上田市前山300 P
JR長野新幹線・しなの鉄道上田駅🚌別所温泉行前山寺入口🚶20分

未完成の完成された三重塔

前山寺(真言宗)へは，前山寺入口バス停でおりて，独鈷山に向かって10分ほど歩く。前山寺の本尊は大日如来で，寺伝によると，弘仁年間(810～824)に開創し，鎌倉時代の長秀上人が中興開山という。樹齢数百年のケヤキ並木の参道をとおって山門をくぐると，室町時代初期建立の三重塔(国重文)が正面にみえる。屋根は柿葺き，3間4面，自然石の上に礎石をおく。2層・3層に窓や勾欄はないが，その端正な美しさから「未完成の完成塔」の別称がある。かつては塩田城の鬼門に位置し，その祈願寺でもあった。住職夫人の手づくりクルミおはぎが名物である(要予約)。

前山寺三重塔

前山寺参道の途中にある信濃デッサン館は，美術評論家窪島誠一郎が1979(昭和54)年に創立し，村山槐多・関根正二・靉光ら夭逝した作家のデッサン画を中心に展示している美術館である。

戦没画学生慰霊美術館「無言館」㊴
せんぼつががくせいいれいびじゅつかん むごんかん
0268-37-1650

〈M▶P.2, 47〉上田市古安曽字山王山3462 P
上田電鉄別所線塩田町駅🚌無言館行無言館入口🚶5分

戦没画学生へのレクイエム

前山寺の東方の丘陵地に，中世のヨーロッパの僧院を思わせる建物がたつ。窪島誠一郎が信濃デッサン館分館として，1997(平成9)年に開いた「無言館」である。アジア・太平洋戦争での戦没画学生30余人・300余点の遺作・遺品を展示している。

生島足島神社 ㊵
0268-38-2755

〈M▶P.2〉 上田市下之郷 P

上田電鉄別所線下之郷駅 🚶 5分

> 日本列島総鎮守 戦国武将が戦勝祈願した生島足島神

下之郷駅から南へ5分ほど歩くと生島足島神社(祭神生島神・足島神)に着く。塩田平のほぼ真ん中に位置する式内社(『延喜式』に記載される古代からの神社)で、本殿奥深くの2間四方の大地が「神体」である。日本国土生成の霊で、日本列島の総鎮守と称している。1559(永禄2)年、武田信玄は信濃攻略のために戦勝祈願をし、信濃の大半を手中におさめたあと、配下の信濃・甲斐(現、山梨県)・西上野(現、群馬県)の武将たちを神前に集め忠誠を誓わせた。この戦勝祈願文と起請文83通は、紙本墨書生島足島神社文書(国重文)として現存する。同社境内の歌舞伎舞台(県宝)も貴重な遺構である。毎年の諏訪神が本殿にこもるお籠り神事、7年に1度の諏訪社御柱行事も行われる。

生島足島神社の南隣に位置する長福寺境内の一角には、「信州夢殿」が法隆寺(奈良県)の夢殿を模して2分の1の大きさでつくられている。銅造菩薩立像(国重文)が安置されている。流麗な裳裾が美しい古代微笑の小金銅仏である。

生島足島神社

大法寺 ㊶
0268-49-2256

〈M▶P.2〉 小県郡青木村当郷2052 P

JR長野新幹線・しなの電鉄上田駅 🚌 青木方面行当郷 🚶 15分

> 奈良時代創建の寺院で、洗練された美に振り返る 信濃最古の塔

上田駅前のお城口から青木方面行バスに乗って、国道143号線を約20分いき、当郷バス停でおり、案内板に従い15分ほど歩く。青木村郷土美術館の前から羅漢石造仏群に見守られて坂道をあがると、大法寺(天台宗)に着く。大宝年間(701〜704)の創建と伝えられる古刹で、本尊十一面観音像(国重文)は平安時代中期ごろの作。本堂から西にのぼると、初層が大きく美しい三重塔(国宝)が、洗練された姿でたっている。1333(正慶2)年、大阪の四天王寺大工四郎某らの作という。厨子及び須弥壇・木造十一面観音立像・木造普賢菩

信州の鎌倉—塩田平

大法寺三重塔

薩立像(いずれも国重文)など、歴史的・美術的に貴重なものが多い。

青木村には、田沢・沓掛の2つのひなびた温泉がある。百姓一揆がこの地区から多く発生したため、「義民の里」ともいわれる。村内東部の夫神地区には、宝暦義民之碑があり、1761(宝暦11)年に発生した大規模な宝暦騒動の指導者で組頭の浅之丞と百姓半平を顕彰している。下奈良本の滝仙寺(曹洞宗)に、1682(天和2)年の一揆指導者増田与兵衛の墓、中挟地区には、1721(享保6)年の一揆指導者平林新七をまつった新七稲荷などがある。

　大法寺の前を古代東山道がとおり、浦野駅があったとみられている。古代東山道の跡といわれる山麓沿いの道を北進すると、石久磨神社(祭神建御名方命)に着く。一帯は1548(天文17)年、坂木(現、埴科郡坂城町)の武将村上義清が、北信濃の反武田勢を集めて、侵攻してくる甲斐の武田信玄を破った上田原合戦場跡である。近くの上田原古戦場公園には、県営野球場があり、北はずれに村上方武将雨宮刑部の墓、公園北方約500mのところに、信玄方武将板垣信方の墓など、敗死した両軍武将の墓所が点在している。

浅間山麓と千曲川流域

善光寺平と北信濃

Hokushin

千曲川と菜の花

戸隠神社宝光社

①村上氏城館跡	⑧あんずの里	⑮大室古墳群	㉑七瀬双子塚古墳
②智識寺	⑨八幡原史跡公園	⑯田中本家博物館	㉒渋の地獄谷噴泉
③水上布奈山神社	⑩松代城	⑰井上氏城跡	㉓志賀高原
④姨捨(田毎の月)	⑪真田邸(新御殿)	⑱福島正則屋敷跡	㉔高野辰之記念館
⑤武水別神社	⑫象山神社	⑲北斎館	㉕飯山城跡
⑥稲荷山宿	⑬松代大本営	⑳中野県庁(中野陣屋)跡	㉖小菅神社
⑦森将軍塚古墳	⑭長国寺		㉗秋山郷

善光寺平と北信濃

◎北信散歩モデルコース

「科野の里」屋代コース　　しなの鉄道屋代駅_10_須々岐水神社_15_科野の里歴史公園（長野県立歴史館・森将軍塚古墳館・森将軍塚古墳)_25_象山大砲試射碑_10_雨宮坐日吉神社_5_雨宮の渡し_25_しなの鉄道屋代高校前駅

真田十万石城下町松代コース　　松代城_4_真田宝物館_2_真田邸_2_松代藩文武学校_1_旧白井家表門_15_象山神社_3_象山記念館_5_山寺常山邸_5_松代大本営象山地下壕_20_旧横田家住宅_5_大英寺_15_長国寺

蔵の町須坂コース　　長野電鉄長野線須坂駅_5_須坂クラシック美術館_2_ふれあい館まゆぐら_2_須坂教会_2_笠鉾会館ドリームホール_5_旧越家_10_旧上高井郡役所_10_田中本家博物館_10_須坂市立博物館・臥竜公園・須坂市動物園_25_須坂駅

栗と北斎の町小布施コース　　長野電鉄長野線小布施駅_7_おぶせミュージアム・中島千波館_3_小布施歴史民俗資料館_15_岩松院_10_浄光寺_10_フローラルガーデンおぶせ_15_高井鴻山記念館_1_北斎館_2_日本のあかり博物館_10_小布施駅

寺の町飯山コース　　JR飯山線飯山駅_7_西敬寺_7_飯山伝統産業会館_8_正受庵_18_忠恩寺・寺めぐり遊歩道（この間８カ寺)_17_英岩寺_6_飯笠山神社_18_飯山城跡_15_真宗寺_5_JR飯山駅

門前町長野コース　　JR長野新幹線・信越本線・篠ノ井線・飯山線・長野電鉄長野線・しなの鉄道長野駅_7_西光寺_15_旧本陣藤屋_3_大本願_1_仁王門_1_仲見世通り_5_大勧進_1_善光寺本堂_5_東山魁夷館_1_信濃美術館_7_世尊院釈迦堂_7_ちょっ蔵おいらい館_3_康楽寺_20_長野駅

一茶関係コース　　JR信越本線黒姫駅_5_一茶記念館_3_俳諧寺_2_一茶の墓_7_小林一茶旧宅_10_JR黒姫駅

㉘善光寺参道界隈
㉙善光寺
㉚ダニエル・ノルマン邸・旧長野県師範学校教師館
㉛戸隠三社
㉜一茶記念館
㉝小林一茶旧宅
㉞野尻湖
㉟野尻湖ナウマンゾウ博物館
㊱蓮香寺荒神堂
㊲高山寺

更級・埴科の里

古くから交通の要衝であった更級・埴科の地には、自然・文化・生活の随所に歴史の息づかいが聞こえる。

村上氏城館跡 ❶　〈M▶P.52, 55〉埴科郡坂城町坂城1148
しなの鉄道坂城駅🚶10分

戦国の豪族村上氏の菩提寺
鎌倉時代作、県内唯一の石造仏

　しなの鉄道坂城駅でおりると、駅前広場右には、この場所が坂木陣屋跡であったことを示す案内板がある。駅をでて北へ旧北国街道を200mほど進むと、右側に坂木宿本陣跡の旧春日邸がみえる。土蔵造りの長屋門があり、母屋は昭和時代初期につくられた木造3階建てである。そのさきには、江戸時代に長く名主をつとめた坂田家が、当時の面影を残している。

　坂田家をさらに200m進むと、道は左に直角にまがり、新町へでる。そこをまがらず、直進して150mほどいくと満泉寺（曹洞宗）に着く。戦国時代の豪族村上氏の菩提寺であるが、もとは村上氏城館跡（県史跡）である。現在、周囲が宅地化されているため、館跡の原形はとどめないが、城館跡は満泉寺を中心に170m四方に広がり、内郭と外郭があったとみられている。葛尾城と一体で、14世紀末ごろに構築された。満泉寺の本尊は釈迦如来坐像（県宝）で、県内唯一の石造仏である。安山岩でつくられたこの仏像は、鎌倉時代後期の作とみられ、石造仏として県内最古の部類にはいるといわれている。

　満泉寺をでてさらに北に300mほど進むと、スギの大木に囲まれた坂城神社（祭神大己貴命・事代主命）にでる。この神社の北東に葛尾城跡への登山口があり、「頂上迄拾弐町」と彫られた石柱がある。ここから約60分で葛尾城跡に着く。城跡には主郭・二の郭・

満泉寺

54　善光寺平と北信濃

堀切などが残されている。

　この館を根拠とした村上義清は，1548（天文17）年の上田原の戦いで，武田信玄を敗走させるなどの活躍をみせるが，1553年に信玄の反撃により，館・城を捨て，越後（現，新潟県）の上杉謙信を頼っておちのびた。これにより上杉軍が出陣し，第1回の川中島の合戦が行われることとなる。その後，葛尾城は武田氏の支配下にはいった。

　また，1600（慶長5）年，関ヶ原に向かう徳川秀忠軍が上田城攻めに失敗したあと，松代にいた徳川方武将森忠政が葛尾城に兵をいれ，真田昌幸との戦いに利用したが，それ以後は廃城となった。

　城跡からの下りはおよそ徒歩30分，坂城神社・満泉寺をとおり，北国街道を新町の方へ進む。江戸時代の旅籠の面影をみながら，突き当りを南にまがると，100mほどで善光寺常夜灯がみえる。善光寺詣が盛んであったことを示すものである。そのさきの，しなの鉄道の踏切をわたり国道18号線方面に向かうと，18号線との交差点

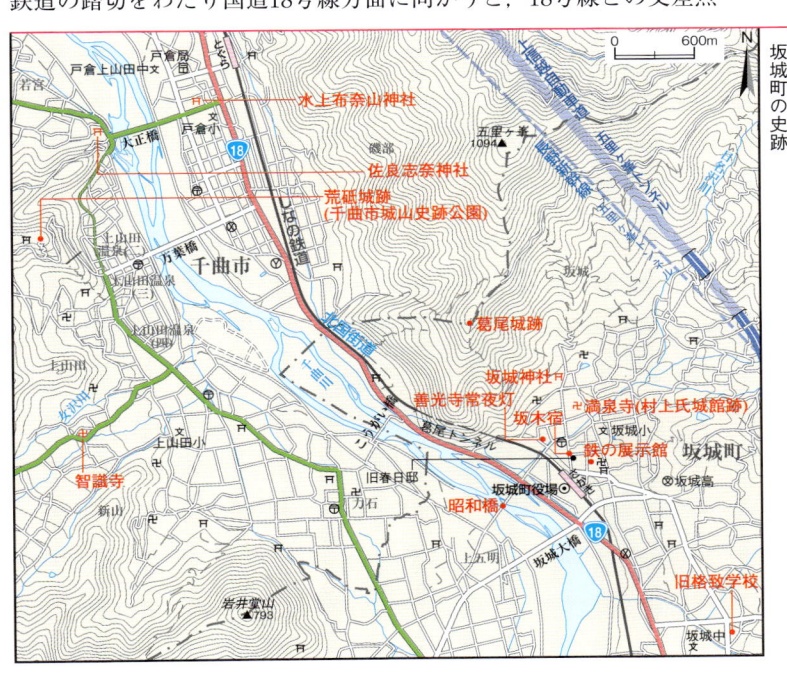

坂城町の史跡

更級・埴科の里　55

の向こうに昭和橋がみえる。土木遺産に認定された，9つのアーチが連なる橋である。

　坂城駅から北東200mほどのところに鉄の展示館があり，日本刀の展示がなされている。人間国宝であった刀匠の故宮入行平をうんだ坂城町ならではの展示館である。また，車で南東へ5分ほどいくと，坂城町立図書館横に1878(明治11)年にたてられた擬洋風建築の旧格致学校(県宝)がある。

智識寺大御堂から水上布奈山神社 ❷❸

〈M ▶ P. 52, 55〉千曲市上山田1197　P／千曲市戸倉1990
しなの鉄道戸倉駅🚗10分，または上信越自動車道(以下，上信越道と略す)坂城IC🚗15分／しなの鉄道戸倉駅🚶8分

　しなの鉄道戸倉駅から車で10分ほど，東筑摩郡麻績村へぬける県道55号線で四十八曲峠(2005年，峠を貫く坂上トンネルが開通)をめざす途中に，智識寺(真言宗)がある。梅雨どきのアジサイや秋の紅葉がきれいなこの寺には，室町時代後期の建立とみられる桁行3間，梁間4間の寄棟造・茅葺きの大御堂(国重文)がある。この寺の縁起は古く，寺伝では，天平年間(729～749)に冠着山の東麓に創建され，その後の移転を経て鎌倉時代に源頼朝の帰衣により，現在地へ移ったとされる。身の丈3mの一木造である本尊の木造十一面観音立像(国重文)は，平安時代末期の作とみられている。また，残されている棟札も国の重要文化財となっている。

みごとな彫刻が目をひく布奈山神社本殿

智識寺大御堂

　智識寺をでて上山田温泉街にはいり，城山入口交差点を左折して急坂をのぼると，千曲市城山史跡公園となっている荒砥城跡に着く。16世紀前半，村上氏の一族である山田氏によってつくられたこ

荒砥城跡から上田方面をみる

の山城は、葛尾城の落城に伴い城主を失う。その後、川中島の合戦を経て上杉氏がおさめたが、海津城副将屋代秀正が上杉方に背き、この荒砥城にこもった。1584(天正12)年上杉軍に攻められ落城し、その後、廃城となった。現在は館や兵舎・門などが復元され、戦国時代の城を体感できるようになっている。櫓からは、眼下に千曲川、南東側に上田方面、北側に屋代方面が眺望できる。

城山をくだって、温泉街の北、大正橋の西側には、志賀直哉の小説『豊年虫』にも描かれる佐良志奈神社(祭神誉田別命・息長足姫ほか)がある。地元の人びとから「若宮様」と親しまれる古社で、社宝に細形銅剣(県宝)をもつ。境内裏に「永和二(1376)年」の銘のある宝篋印塔がある。南北朝時代に、南朝方に味方して戦にでた人びとが、自分の墓としてたてたものだといわれている。

大正橋を渡って国道18号線へでる手前、戸倉小学校北側に水上布奈山神社がある。1603(慶長8)年、北国街道の宿駅として下戸倉宿が設置されたときに、諏訪より建御名方命を勧請して創建された神社である。本殿(国重文)は、1789(寛政元)年に再建された一間社流造で、その大きさは県内1、2を争うものである。大隅流の柴宮長左衛門の手になる社で、各部にほどこされた数多くの精巧な彫刻が特徴である。寒山・拾得、唐獅子、蘇鉄に兎、上り龍・下り龍、竹林の七賢人、波に亀など、みるものをあきさせない。現在は鞘堂にいれられ保存されている。また、境内の稲荷社前には、

水上布奈山神社本殿の彫刻

1839(天保10)年に下戸倉宿の飯盛女が，旅籠の主人とともに献じた灯籠が2基ある。右側の台石に，飯盛女52人の名前をきざんだ珍しい灯籠である。

姨捨(田毎の月) ❹

〈M▶P.52, 59〉千曲市八幡
JR篠ノ井線姨捨駅🚶5分，長野自動車道(以下，長野道と略す)更埴IC🚗15分

古来よりの月の名所 整備保存により残る棚田

JR姨捨駅で列車をおりると，眼下に善光寺平・千曲川，山裾に丹念につくられた棚田が目にはいる。この一帯が，棄老伝説や月の名所として有名な姨捨(田毎の月)(国名勝)である。姨捨駅をでて右に100mほど進むと，「姨捨公園100m・長楽寺500m」の案内板があり，小さな踏切を渡る。小道をくだると，観月の名勝長楽寺(天台宗)に着く。この寺は，月の名所として古来より文人墨客が訪れたところで，寺の入口左側には，1769(明和6)年にたてられた芭蕉翁面影塚がある。1688(元禄元)年，木曽路から善光寺街道・猿ヶ馬場峠をこえてきた松尾芭蕉の『更科紀行』にある，「おもかげや　姨ひとりなく　月の友」の句が彫られている。この碑以降，句碑をたてるものがあいついだ。境内の姨石とよばれる巨石のもとには，松尾芭蕉・加舎白雄ら多くの句碑・歌碑が所狭しと並んでいる。

この姨捨には25ha，約1800枚の棚田がある。日本棚田百選にも数えられる姨捨の棚田は，この地で暮らしてきた人びとの貴重な財産であり，文化財でもある。一時，荒廃が心配されたが，整備事業が行われたり，全国に棚田のオーナーを募集する「棚田貸します制度」が実施され，現在はその保存・活用がなされている。2010(平成22)年には棚田地域や水源地などが，重要文化的景観に選定された。

姨捨(田毎の月)

芦ノ尻の道祖神祭り

コラム 祭

芦ノ尻の道祖神祭り(県民俗)は,長野市大岡芦ノ尻(旧更級郡大岡村)で,毎年1月7日に行われる。1年の無病息災を祈願し,各家からもち寄られた注連縄で,ムラ境の石造道祖神碑に神面を装飾する行事である。道祖神碑を芯としてつくられた神面のみの装飾は,ほかに例をみない。

前年の神面を取りはずし,文字碑の道祖神碑に,正月の注連縄で怪異な神面をかざりつけていく。口・目・眉・口ひげ・あごひげ・笠(冠)の順に,しだいに形を整えていく。

無病息災を祈願道祖神碑に神面を装飾する行事

芦ノ尻の道祖神

武水別神社と稲荷山宿 ❺❻

〈M▶P.52, 59〉千曲市八幡3012-2 P／千曲市稲荷山

長野道更埴IC🚗13分(武水別神社)

長楽寺から2kmほど北へくだると,正面に鳥居と森がみえてくる。武水別神社(祭神武水別神・誉田別命ほか)である。「八幡のお八幡さん」と親しまれている古社で,社伝では,8代孝元天皇の代の創建と伝えている。もともとは水神であり,農業の神であった。地域の開発とともに鎮座したものであろう。その後,平安時代末期にこの地域が石清水八幡宮(京都府)の荘園となったため,八幡宮が勧請され,武神としても信仰されるようになった。そのため祭礼が多く,年間80余りもあるという。このうち,12月に行われる大頭祭がいちばんの大祭である。これは新嘗祭であるが,氏子から選ばれた5人の頭人が中心になってとり行い,その最上位を「大頭」というため,大頭祭という。国の選択無形文化財に指定されており,現在は20地区が持ちまわりで祭りを維持している。

八幡周辺の史跡

更級・埴科の里

境内は，ケヤキやスギを中心とする400本をこえる古木におおわれ，武水別神社社叢として県の天然記念物となっている。そのなかに，本殿・拝殿・勅使殿のほか，多くの摂社・末社が並ぶ。正面大鳥居の脇にある摂社高良社本殿，神社保管の「嘉吉三(1443)年」銘の銅製釣灯籠は，ともに県宝である。

　武水別神社をでて北へ向かうと，1.5kmほどで稲荷山にはいる。ここは北国西街道(善光寺街道)の稲荷山宿で，松本方面や西山からの物資の集散地として栄えた。幕末には生糸の輸出が活発となり，そのため，繭・生糸の集散地として賑わいをみせた。2014(平成26)年に重要伝統的建造物群保存地区に選定された。稲荷山の生活を物語る資料館として，稲荷山宿蔵し館が宿の北側につくられた。その建物は「カネヤマ松源製糸」の松林邸を修復・再生したもので，母屋と倉庫が利用されている。蔵し館の隣が長雲寺(真言宗)である。1673(寛文13)年，京都の仏師久七がつくったという愛染明王坐像(国重文)がある。現在は本堂とは別の収蔵庫におさめられている。本堂にある5大明王像は，炎の後背に忿怒の形相をもち，みるものを圧倒する。

祭りの多い社，大頭祭が第一蔵の町並みが残る稲荷山宿

森将軍塚古墳と長野県立歴史館 ❼

〈M ▶ P. 52, 61〉千曲市森3122-28(将軍塚)／千曲市屋代科野の里歴史公園
しなの鉄道屋代駅🚶25分(歴史館まで)

　しなの鉄道屋代駅をおり，駅前交差点を北に向かうと，700mほどで，1910(明治43)年の大逆事件に連座した新村善兵衛・忠雄兄弟が眠る生蓮寺(浄土宗)がある。そのさきの突き当りが，須々岐水神社(祭神速秋津彦命ほか9神)である。北国街道の矢代宿は，この周辺に形成された。神社から東へあんずの里の森へ続く県道392号線をいくと，右手の山に森将軍塚古墳(国史跡)がみえてくる。4世紀後半に築造されたこの古墳は，墳丘の長さ100m，前方部の幅30m，後円部の径50mで，信濃の古墳としては最大のものである。地形の制約から左右対称ではなく，後円部は楕円形になっている。石室は竪穴式で，長さ7.6m・幅2m・深さ2.3m，東日本では最大級の石室である。副葬品は，盗掘によりほとんどが失われているが，

信濃最大の前方後円墳麓に広がる条里遺構

三角縁神獣鏡の破片・鉄鏃・鉄剣・勾玉・管玉などがあった。
　古墳は，葺石でおおわれた姿が，墳頂部の埴輪列や形象埴輪とともに復元・整備されている。この保存・復元には，古墳の崩壊の危機に対する市民による保存運動があったことを忘れてはならない。現在，古墳の麓には，森将軍塚古墳館があり，石室内部が精密模型により展示されている。またこの地には，歴史博物館・埋蔵文化財センター・文書館を統合した，長野県立歴史館がある。歴史館には，鳥羽院庁下文や塩尻市吉田川西遺跡土壙出土品（ともに国重文）や大文字一揆の旗（県宝），北村遺跡出土の人骨，屋代遺跡群出土の木簡など，多くの考古・歴史資料を収蔵・展示している。あらたに2008年1月，同館に県から移管された非現用公文書の長野県行政文書が県宝に指定された。指定された公文書数は，江戸時代から

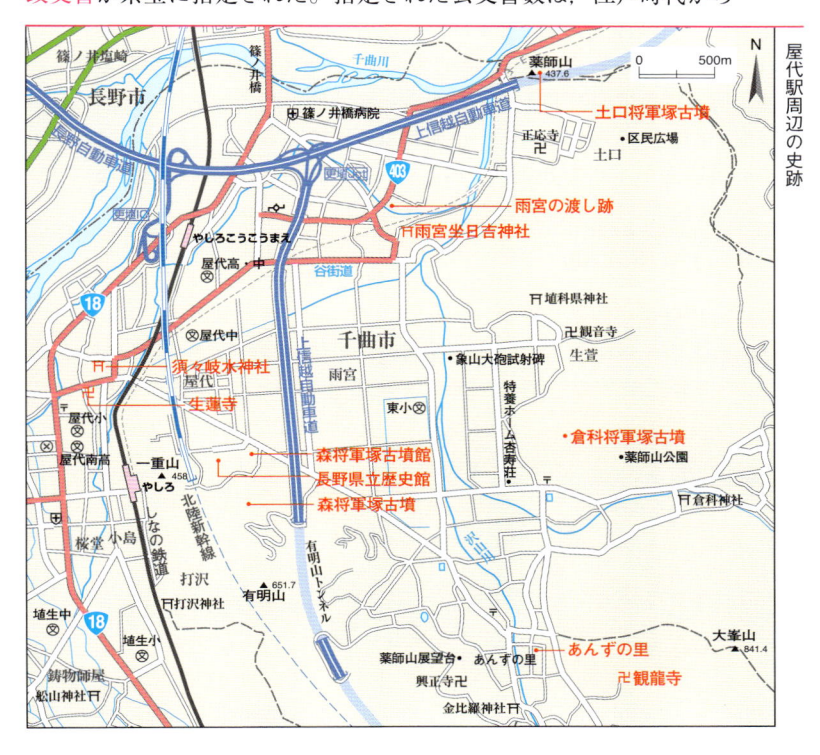

屋代駅周辺の史跡

更級・埴科の里　61

明治時代末期までが4897点,大正時代が3278点,1946(昭和21)年まで2039点と,明治時代初期からの「達」・「布告」・「県報」の569点,総計1万783点である。また,常設展示では,先史から現代までの信濃国の歴史が体験・実感できるよう工夫されている。古墳時代の村が復元されるなど,一帯は千曲市により科野の里歴史公園として整備され,歴史体験の場として多くの人に親しまれている。

森将軍塚の眼下に広がる広大な水田地帯の地下には,888(仁和4)年の仁和の大洪水で知られる千曲川の氾濫によって,厚い砂におおわれた平安時代の条里遺構が埋もれている。上信越自動車道建設に伴う発掘により,条里遺構の調査が進み,善光寺平の水田景観があきらかにされてきた。

なお,千曲川右岸には森将軍塚のほかに,倉科将軍塚古墳・土口将軍塚古墳(ともに県史跡)とよばれる前方後円墳が5世紀後半に築かれ,左岸には姫塚古墳・川柳将軍塚古墳(ともに国史跡)がある。千曲川両岸に古墳が展開することから,地域的支配者が交代したのではないかともみられている。川柳将軍塚古墳からは,江戸時代に多くの遺物が出土したという。内行花文鏡や管玉・勾玉(県宝)など,多数の遺物は古墳南方の布制神社などに伝えられている。

あんずの里と雨宮 ❽ 〈M▶P.52, 61〉千曲市屋代
しなの鉄道屋代駅🚗10分

科野の里歴史公園から南東へ約2kmいくと,「あんずの里」として知られる森集落である。江戸時代の元禄年間(1688〜1704)に,伊予宇和島(現,愛媛県)藩主の息女が松代へ輿入れする際,故郷を忘れないようにとアンズの種をもってきたことで,アンズの栽培がはじまったと伝えられている。樹齢250年をこえる古木もあり,千

象山大砲試射碑

花春,一面のアンズの花につつまれる

曲市の保存樹林として大切にまもられている。森集落の東，大峰山麓には木造千手観音坐像（県宝）を本尊とする観龍寺（真言宗）が，静かなたたずまいをみせている。

　森集落から北へ2kmほどいった，生萱集落の西の水田のなかに，「春野晴に乗じて大砲を演ず……」と漢詩のきざまれた石碑があり，幕末に佐久間象山が大砲を試射したことを今に伝えている。

　さらに石碑から北へ1kmほどいくと，雨宮坐日吉神社（祭神大己貴命・大山咋命ほか5神）である。この神社の神事は雨宮の御神事（国民俗）として親しまれ，風流田楽を今に伝えるという。現在は3年ごと，4月29日に行われている。祭りのクライマックスは斎場橋で行われる「橋がかり」で，踊り手がさかさにつられて水面近くで水しぶきをあげ，獅子頭をふる勇壮な舞いである。この神社と屋代の須々岐水神社の両社は，その立地や伝えられる神事・祭礼から，屋代用水の排水・取水の地にたてられた，自然との境界にまつられた神ではないかとの見方もある。

　また，この雨宮坐日吉神社の北には，1561（永禄4）年の川中島の合戦の際，上杉方が妻女山を夜陰に乗じてくだり，千曲川を渡ったという雨宮の渡し跡がある。現在，川筋が北にかわったため，渡しの面影はないが，頼山陽が「鞭声粛々夜河を渡る……」と詠んだ詩の石碑（直筆）がたてられている。

❷ 城下町松代とその周辺

松代は，真田氏10万石の城下町としての面影を今に残し，古代から現代までの史跡や，貴重な歴史的文化財が豊富に残る町である。

八幡原史跡公園 ❾
026-286-5526

〈M▶P.52〉長野市小島田町1384-1 P
JR長野新幹線・信越本線・長野電鉄長野線長野駅🚌
松代行川中島古戦場🚶1分，または上信越自動車道(以下，上信越道と略す)長野IC🚗5分

川中島の合戦の舞台　信玄本陣の桝形陣地跡

　川中島古戦場バス停の森が八幡原である。川中島の合戦史上，最大の激戦となった1561(永禄4)年の戦いの舞台である。
　古戦場内には，三太刀七太刀跡の石碑，武田信玄本陣の桝形陣地の土塁跡，海津城主高坂弾正忠昌信が，数千人の戦死者を敵味方なく手厚く葬ったとされる首塚などがある。現在は，八幡原史跡公園として整備され，その一角に，長野市立博物館がある。同博物館には，長野盆地の歴史と生活についての展示があり，川中島の合戦コーナーもある。園内には，築山状芝生広場や自然石を配した小川などもあり，市民の憩いの場となっている。
　八幡原史跡公園から南へ約700m，水沢典厩寺バス停から西へ約500mいったところに典厩寺(曹洞宗)がある。1561年の川中島の合戦で討死にした，信玄の実弟典厩信繁の遺骸を埋葬している。山門左手の閻魔堂には，朱塗りの閻魔大王像が安置される。頭部は木造，体部は漆喰造り，高さ5m余りの日本一大きい閻魔大王像である。
　松代大橋を渡り，県道403号線を須坂方面に2kmほどいったところに，信之の墓所大鋒寺(曹洞宗)がある。同寺のかたわらの千曲川縁に，川中島の合戦で戦死した，信玄の軍師山本勘助の墓がある。

松代城 ❿
026-278-2308(松代文化施設等管理事務所)
(ながの観光コンベンションビューロー松代分室)
026-290-6400

〈M▶P.52, 67〉長野市松代町松代44 P
長野電鉄屋代線松代駅🚶5分，または上信越道長野IC🚗7分

復元された真田10万石の居城　サクラの名所

　松代駅前の右手の道を進み，最初の角を右へおれて3分ほど歩き，長野電鉄の踏切を渡ると，松代城(国史跡)がみえてくる。かつて，本丸跡の石垣を残すだけの古城址だったが，「平成の大普請」(環境整備工事)によって，櫓門・木橋・石垣・土塁・堀などが江戸時代

松代城

後期の姿に近い状態に復元・修理された。

　正面の太鼓門前橋で内堀を渡って，太鼓門から本丸にはいる。太鼓門は，本丸櫓門のなかで最大規模の門で，「御本丸大御門」ともよばれた。太鼓門の冠木は，約12mのケヤキを使用し，屋根は厚さ12mmのサワラの板を重ねる「とち葺き」である。本丸内の東方向には，二の丸と結ぶ東不明門の前橋がかけられ，本丸搦手（裏口）にあたる北方向には，北不明門が復元されている。

　出入口は，桝形とよばれる二重の門（櫓門・表門）からなり，千曲川の河川敷に接している。本丸櫓台（戌亥櫓台）にのぼると，南西方向には川中島の合戦のときに，上杉方が陣をはった妻女山がみえる。

　松代城の歴史は，1560（永禄3）年ごろ，武田信玄が上杉謙信に対する前線基地として築城した，「海津城」にはじまる。翌年の川中島の合戦では，武田軍の本陣とされた。武田氏滅亡後は，城主が再三かわり，それとともに城名もかわった。森忠政時代の「待城」，松平忠輝時代の「松城」を経て，1622（元和8）年真田氏が上田から移封されてから明治維新まで，真田氏10代の居城となった。そして1711（正徳元）年，3代真田幸道のときに「松代城」と改められた。東・南・北の3方向を山に囲まれ，西側に南から北に千曲川が流れるという，自然の要害を利用した平城であった。城形は，本丸をいちばん奥にして，二の丸・三の丸が本丸を囲むように正面に広がる梯郭式とよばれるもので，天守閣はなかった。1872（明治5）年に廃城となり，ほとんどが取りこわされた。城地・武器の受取りにあたったのは，東京鎮台第2分営上田詰の乃木希典であった。

真田邸（新御殿） ⓫　〈M▶P.52, 67〉長野市松代町松代1
026-278-2801　　　　　　長野電鉄屋代線松代駅 🚶 5分

　松代城入口をでて南へ向かう。長野電鉄屋代線を渡り直進すると，象山神社へ向かう「歴史の道」（通称歴道）となる。左折すると，角

地に土蔵造りの池田満寿夫美術館がたつ。長野市出身の版画家で、芥川賞作家池田満寿夫の作品などを収蔵・展示している。同地は、松代城三の堀跡である。

道路の南東一帯は真田公園となっており、その一角に、1966（昭和41）年に真田家から一括寄贈された、数万点におよぶ貴重な歴史資料を収蔵・展示している真田宝物館がある。1977年に建造された鉄筋コンクリート造りの建物である。宝物は、青江の大太刀（国重文）、吉光の短刀、真田文書（ともに県宝）、武具甲冑・書画・茶器・香道具・古文書などである。通常の展示点数は約400点で、1年に数回は部分的な入替えを行っている。

真田宝物館から、真田公園のなかを南へ10mほど歩くと、黒塗りの冠木門がみえる。四方を土塀に囲まれた真田邸（国史跡）である。9代藩主真田幸教が、1862（文久2）年に参勤交代の緩和で、帰国できることになった義母お貞の方の隠居所として建造したものである。敷地面積7973㎡・建物面積1346㎡・部屋数53室。全体に質素な建物であるが、幕末の大名屋敷の面影をよく残している。庭園は、京都の竹屋中納言の庭を模した回遊式庭園で、四季折々に美しい姿をみせている。2010年まで修復工事のため、見学が制限されている。

真田公園内には、宝暦年間（1751〜64）に松代藩の財政改革に取り組み、『日暮硯』をあらわした恩田杢民親の銅像や、松代出身の作曲家海沼実の「みかんの花咲く丘」、作詞家坂口淳の「小鹿のバンビ」などの童謡の歌碑がたてられている。

真田邸の西向かいに、松代藩文武学校（国史跡）がある。8代藩主真田幸貫が、佐久間象山らの意見をとりいれて、水戸藩（現、茨城県）の弘道館をモデルに、藩士子弟の教育のために建造した藩校である。1853（嘉永6）年に完成し、1855（安政2）年に開校した。開校が遅れたのは、学校の完成直後に、隣接する花の丸御殿（藩主居所）に火災がおこり、しばらく藩役所として使われたためである。

広小路に面した藩校の黒門（冠木門）からなかにはいると、左右に柔術所と剣術所、つぎに漢方・西洋医学を学ぶ西序と西洋砲術を学ぶ東序が配されている。正面のもっとも大きい建物は文学所で、左

真田家の歴史を伝える回遊式庭園が美しい

手にまがると、左右に弓術所と槍術所がある。明治維新後、松代小学校の校舎として使われたが、1953(昭和28)年に国史跡となり、1973年から大規模な解体修理が行われ、1978年から一般公開された。開設当時のままの藩校を、完全な形で保存している全国的にも貴重な施設である。この文武学校と真田宝物館・旧真田邸は、3館共通入場券で見学できる。

　文武学校の向かい、広小路東側に、幕末の中級武士の武家屋敷の門である旧白井家表門がある。瓦葺き・入母屋造の長屋門である。通りに面して出格子窓・与力窓が設けられ、間口は20mもある。表柴町にあったものを、同地に移築・復元したものである。

　旧白井家表門の向かいの広小路西側に、黒門の薬医門と土塀に囲まれた真田勘解由家がある。同家の門は、花の丸御殿より移築した

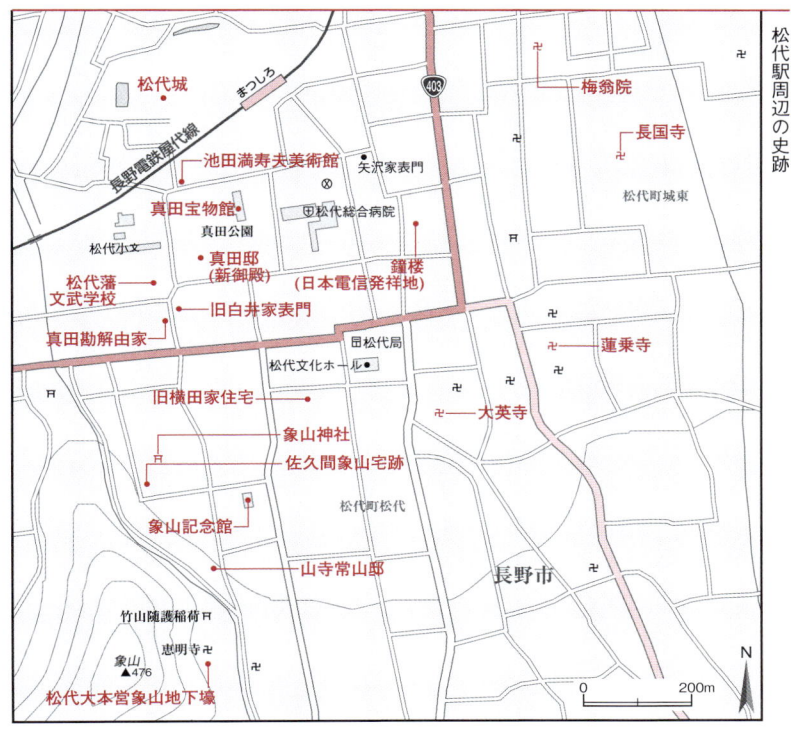

松代駅周辺の史跡

城下町松代とその周辺

と伝えられている。移築前は，茅葺きだったが，現在は瓦葺きになっている。白い土塀が印象的で，八橋流箏曲を再興した真田志んの家である。

象山神社 ⑫　〈M▶P.52, 67〉長野市松代町松代1502　P
026-278-2461
長野電鉄屋代線松代駅🚶15分

幕末の巨星をまつる武家屋敷と泉水路

　松代藩文武学校から「歴史の道」を南に100m余り進み，北国谷街道（県道403号線）を横断して，竹山町通りにはいる。竹山町は，上・中級藩士の屋敷町で，往時の姿をよく残している。右手に，1938（昭和13）年に県社としてたてられた，**象山神社**（県史跡）の鎮守の森をみながら，水辺の遊歩道を100m余り進むと，同神社参道のなかほどにでる。右折すると大鳥居があり，ここから境内にはいる。境内北寄り中央に，佐久間象山を祭神としてまつる本殿・拝殿がある。台湾産のヒノキを使い，桃山式流造の荘厳な社殿である。アジア・太平洋戦争後，県社としての社格は失われたが，「学問の神」「知恵の神」として信仰され，合格祈願の参拝者も多い。

　境内東には，象山が松代の御安町の江戸詰家老の下屋敷で9年5カ月の間，蟄居していたとき，高杉晋作・久坂玄瑞・中岡慎太郎ら，維新の志士が訪れ会談した高義亭を移築している。また心字の池（心池）に沿って西にいくと，木立の間に京都から移築された煙雨亭がある。象山の京都最後の住居となった三条の茶室である。境内には，象山が書いた桜賦や望岳賦などの石碑もある。神社境内の園地は，「造園文化の発展に寄与している」として，2008（平成20）年国の登録記念物に登録された。

　象山神社の西隣に，**佐久間象山宅跡**（県史跡）がある。ここで象山は，1811（文化8）年佐久間一学の長男として生まれた。屋敷跡は，板塀で囲まれ，礎石の一部と古井戸が残っている。往時は住宅のほか，学問所，火薬製造所などがあった。

　象山神社参道を東に約100mいくと，鉄筋コンクリート造り2階建ての**象山記念館**がある。館内には，ダニエル電池・電気治療器・地震計・西洋医学書・オランダ語のショメール百科事典・遺墨などが展示されている。

　なお象山が，日本で最初の電信実験をした場所は，伊勢町の鐘

維新の先覚者佐久間象山

コラム

人

幕末の思想家・兵学者
公武合体派の開国論者

佐久間象山は、1811（文化8）年松代城下裏町（現、有楽町）に下級藩士佐久間一学の長男として生まれた。幼名は啓之助、字は子明、諱は啓、通称は修理といった。1836（天保7）年ごろから用いた号「象山」は、「しょうざん」または「ぞうざん」と読む。一般的には、前者が多いが、象山の出身地長野では圧倒的に「ぞうざん」である。「象山神社」「象山記念館」などすべて「ぞうざん」としている。

3歳で字を書いたという象山は、1833（天保4）年23歳で江戸に遊学するまで、松代で漢学の修養につとめた。江戸では、儒学の第一人者佐藤一斎に師事し、1839年に江戸の神田お玉が池（現、東京都千代田区）に私塾象山書院を開き、さらに江戸藩邸学問所頭取となった。1842年、老中兼海防掛となった8代藩主真田幸貫（松平定信の2男）の命により、海外事情を研究することになった。

象山は、アヘン戦争（1840～42年）におけるイギリスの植民地政策を分析し、イギリスに対抗する日本の国防強化策をまとめ、「海防八策」として幸貫に提出した。この施策は、幸貫が老中を辞したため日の目をみなかったが、11年後の黒船来航を予見した先見的施策であった。同時に伊豆韮山（現、静岡県）代官の江川太郎左衛門から西洋砲術、黒川良安から蘭学を学び、さらに大砲鋳造・ガラス製造・牛種痘導入など実用化にも取り組み、洋学研究の第一人者となった。勝海舟・吉田松陰・河井継之助・坂本龍馬・橋本左内・加藤弘之ら多くの俊才が象山のもとに集まった。勝の妹順子は、象山の妻となっている。

1854（嘉永7）年、ペリー再来航のおり、象山は吉田松陰のアメリカ艦密航事件に連座して江戸伝馬町（現、東京都中央区）の獄にいれられ、その後、松代で9年間5カ月の蟄居生活を送ることになる。象山が蟄居した家は、藩重役の江戸詰家老の別荘で、敷地3000坪（約9900m²）の広い家であった。高杉晋作をはじめとする維新の立役者らが、あいついで訪問し、教えをうけたのもこの別荘であった。象山神社内にある高義亭は、この別荘の唯一の遺構である。

1864（元治元）年、幕命で京都にでて、開国論を展開すると同時に公武合体論をとなえ、朝廷工作も行ったが、過激な尊王攘夷派によって三条木屋町の路上で襲撃をうけ、殺害された。54歳であった。象山は、漢詩や和歌、書画も巧みで、東洋の精神文化と西洋の科学知識（「東洋の道徳、西洋の芸術（科学技術の意）」）に精通した希代の人物であった。

山寺常山邸長屋門

楼(割番所，日本電信発祥地)である。1849(嘉永2)年，象山は日本初の電信機をつくり，鐘楼と藩の御使者屋敷との間に電線を架設し，ダニエル電池を使っての電信実験に成功した。鐘楼は，松代駅から徒歩約5分，長野松代総合病院の東の道路脇にある。

象山神社から「歴史の道」をさらに南に進む。右手に象山(475.8m，地元では「竹山」とよぶ)をみながら，5分ほど歩くと，右手に大きな長屋門がみえてくる。ここが山寺常山邸である。この長屋門は，江戸時代末期にたてられたと推定されており，全幅約22mで，松代に残る最大の門である。寄棟造・桟瓦葺きの建造物で，外壁は松代特有の黄色漆喰塗りに腰下見板張りになっている。左右に中間部屋があり，それぞれに出格子窓がついている。山寺邸の長屋門は，松代の代表的建造物として観光ポスターなどに使われてきたが，老朽化が進んだため長野市が買いとって，家屋を復元・整備し，無料休憩所などとして活用している。

表門からなかにはいると，左手に書院，前方から右手にかけて池(泉水)と庭園が配置されている。泉水は，西側を流れる神田川から取水され，園内には泉水路(各戸の庭の池を結ぶ水路)も残されている。庭園は，目前の象山を借景とした借景庭園である。松代は，「庭園都市」ともいわれ，周辺の山を借景とした池のある庭園と菜園，泉水路を特色とする武家屋敷が多数残っている。

山寺常山は，江戸時代後期から明治時代初期に活躍した中級藩士で，藩の寺社奉行などをつとめた。同庭園は,中級武士の質素な生活を物語る事例とし2008(平成20)年国の登録記念物に登録された。

なお，平沼騏一郎内閣の司法大臣をつとめた塩野季彦は，常山の外孫である。

東へ小道を約100m歩くと代官町通りにでる。代官町も竹山町と

松代の新しい町づくり

コラム

松代の町並み、後世に住民が文化財登録

　松代は，江戸時代の町割が現代に伝わり，武家屋敷や町屋など当時の面影を伝える建造物が数多く残っている。とくに，武家屋敷の庭園は，周辺の山を借景にして池のある庭園と菜園があり，池（泉水）の水は隣家の池へと水路（泉水路）をとおって送られる。水路網のある都市は，全国でも松代のみである。

　こうした松代の歴史的文化遺産を保存・活用して，松代を「まるごと博物館」にしようという活動が地元の人びとによって進められている。「お庭拝見」「町屋ウォッチング」など，松代らしさを再発見する活動をとおして，松代の歴史的価値を認識し，町づくりを進めようというものである。

　そして，武家屋敷・町屋・神社など，歴史的建造物を国の登録文化財に申請する取組みが2005（平成17）年からはじまった。初年度は，13カ所30件の登録申請が行われた。将来的には100件の登録がめざされている。

　松代の固有の歴史的資産である屋敷・土蔵・町屋の再生，史跡を連結する「歴史の道」沿いの門・塀の修景，水路をいかした親水空間の整備など，地域住民と行政による「新しい松代」づくりがはじまっている。

　同じく中級藩士の屋敷町で，道沿いに小川が流れ，茅葺きや瓦葺きの門や白壁の土塀をもつ武家屋敷が続く。この地域は，長野市伝統環境保存地区として，門や土塀の改修に官民一体で取り組み，城下町の町並みを保存している。代官町を北に約400m歩き，県道403号線にでる手前の小路を東にはいると，旧横田家住宅（国重文）がある。長屋門の表門をはいると前庭があり，玄関へとつうじる。主屋・菜園・泉水・隠居屋・土蔵2棟など，中級藩士の代表的な屋敷構えで，全国的にも貴重な遺構として，1986（昭和61）年に国の重要文化財に指定された。象山記念館との共通入場券がある。

　なお，横田家からは，大審院院長横田秀雄，最高裁判所長官横田正俊親子，秀雄の弟で鉄道大臣小松謙次郎，秀雄・謙次郎の姉で『富岡日記』の作者和田英らがでている。

松代大本営 ⓭　〈M▶P.52, 67〉長野市松代町西条
　　　　　　　　　　上信越道長野IC🚗10分

　山寺常山邸から象山を右手にみながら，神田川沿いの小道を進む。

城下町松代とその周辺　71

松代大本営象山地下壕

アジア・太平洋戦争の遺跡 巨大地下壕群

象山麓には,赤い鳥居が数多くたち並ぶ竹山随護稲荷,そして恵明寺(黄檗宗)がある。恵明寺の本堂は,土間の造りで中国風である。境内には,3代藩主真田幸道の妻豊姫の霊屋と墓がある。

恵明寺門前からさらに南へ徒歩1分,右手の袋小路にはいったところに,松代大本営象山地下壕恵明寺口がある。入口手前に小さな広場があり,管理人室や東屋がある。地下壕は,恵明寺口から500mの区間が長野市によって整備され,1990(平成2)年から一般公開されている。入口には板のスロープが設置され,車椅子でも入壕できるようになっている。年間12万人をこえる見学者が,この地下壕を訪れている。

松代大本営は,アジア・太平洋戦争末期の1944(昭和19)年秋,天皇制護持(「国体護持」)のための本土決戦に備えて,天皇・皇族・政府機関などの中枢部を東京から移転するために,極秘に急造された地下壕と付属施設の総称である。「善光寺平遷都」ともいわれるこの計画の中核となったのが,現在の長野市松代町の3山(象山・舞鶴山・皆神山)に掘削された総延長約10kmの巨大地下壕である。松代が選ばれたのは,本州のもっとも幅の広い地帯にあり,山に囲まれ,岩盤が硬いなど地理的・地質的理由からであった。1945年8月の敗戦まで続いた工事は,当時「松代倉庫工事」(略称「マ工事」)とよばれ,約7000人の朝鮮人が苛酷な労働に動員され,多くの犠牲者をだしたといわれている。象山地下壕は,全長約5900mで碁盤の目のような構造となっている。政府・日本放送協会・中央電話局が使用するために掘られた壕である。1980年代に地元の中高生や市民によって調査と保存運動が進められた結果,一般の見学が可能となった。

公開部分では,岩盤につきささったまま放置された,削岩機のロ

ッドなどの遺物をみることができる。

　象山地下壕から，神田川に沿って南へ約30分ほど歩くと西条・筒井地区にはいる。駐車場と公衆便所の南にある小さな学園橋で，神田川を渡る。橋左手の舞鶴山裾に，気象庁地震火山部地震波監視精密地震観測室の大坑道入口がみえる。入口は，鉄門扉で施錠されている。坑道内には，地震計・ひずみ地震計などの精密機器が設置されている。

　この大坑道が舞鶴山地下壕で，大本営参謀本部が使用する予定で掘削された。総延長は約2.6kmある。

　大坑道入口から山に沿って，坂道をのぼる。左手に養護施設「恵愛学園」をみながらさらに約100mのぼると，左山裾に鉄筋コンクリート造りの頑丈な建物が3棟連なる。いずれも地震観測室の庁舎である。これらの建物は，1945(昭和20)年に建造されたもので，当時は窓部分まで土に埋まった半地下式で，屋根は80〜100cm，壁は30cm余りの厚さの防弾壁，10tの爆弾投下にもたえられるようにつくられていた。現在，3号庁舎の一部が地震関係展示室として公開されている。アジア・太平洋戦争中は，大本営作戦会議室などとして利用される予定だった場所である。なお，1・2号庁舎(それぞれ天皇・皇后用施設として建造)の内部は，公開されていない。

　このほかに見学できるのは，小坑道入口である。2号庁舎の入口をはいり，急な階段をのぼると，1号庁舎と地下の小坑道入口をつなぐ廊下となる。通路左手のドアを開けると，小坑道入口に至るトンネルの階段がある。この階段は，空襲時に天皇が地下の小坑道に避難するために設けられたもので，半円形のコンクリート造りである。小坑道は，地下「御座所」として築造された，長さ260mの地下壕である。現在は，観測室の記録室などに使われている。階段をおりた小坑道入口までは，自由に見学できる。

　大本営地下壕を転用して，1947年より地震観測をはじめた同施設は，現在は世界有数の地震観測施設として，地震から地下核実験の探知まで，幅広い観測を行っている。そのため，通常は展示室・小坑道階段などの一部しか見学できないが，毎年4月中旬の「科学週間」には，大坑道内部などを一般公開する。

清水寺周辺の史跡

象山壕と舞鶴山壕については，近年，文化庁が「松代大本営地下壕群」として，近代遺跡詳細調査を実施し，史跡指定に向けて検討を続けている。

地震観測室から学園橋に戻り，県道388号線を北へ約1分歩くと，左手に西楽寺(浄土宗)がある。本堂左手の道を少しのぼると，小高い丘のような台地に，柵で囲まれた黒塗りのみごとな霊屋がある。初代藩主真田信之の3男信重の霊屋(国重文)で，信重没後の1648(慶安元)年に建造された。宝形造である。創建時は，内外ともに漆塗りで極彩色であったというが，8代藩主真田幸貫のときに，江戸幕府の緊縮政策をはばかって，壁や柱などいっさいを墨塗りにしたという。平成の修復工事で，上部のみを創建時の色彩に復元し，屋根も杮葺きに戻した。

西楽寺の北隣に清水寺(真言宗)がある。本堂は，耐震・耐火建築で，堂内に本尊の木造千手観音菩薩立像，本尊左脇に木造観音菩薩立像，右脇に木造地蔵菩薩立像(いずれも国重文)が安置されている。本尊はカツラの一木造で，平安時代前期から中期の手法でつくられている。表情は平静で姿勢は端麗。県内の木造彫刻では最古の像といわれている。両脇の菩薩立像も10世紀前半の作品である。このほか，木造薬師如来立像(県宝)，木造毘沙門天像などがある。境内には，前住職が建立した大本営地下壕殉難者供養観音菩薩像もある(拝観には事前連絡が必要)。

清水寺から北へ歩き，最初の橋を渡っていくと右手石垣の上に「西条六工社製糸場之跡」の木柱がたてられている。この場所が，民営蒸気器械製糸工場としては，日本初となった六工社のあったところである。六工社は，松代の大里忠一郎らによって1874(明治7)年に設立され，群馬県富岡の官営製糸場で学んだ横田英(のち和田英)らによって指導された。全国の製糸工場の模範となり，日本近代化の先駆けとなったところである。

六工社跡を北に8分ほど歩くと開善寺(真言宗)がある。寺院の南側の高台には茅葺き・宝形造の経堂(県宝)があり、経堂のなかには、長野県内最古の経をいれるための八角の輪蔵がある。

　開善寺から県道388号線を北に進み、青垣公園のところで右折し、東に向かう。正面の山が皆神山(660m)で、トロイデ火山である。古くから信仰の山で、頂上の熊野出速雄神社本殿(通称皆神神社、県宝)は、子育ての神社として参拝者で賑わう。この山の南西、桑根井地区から頂上のゴルフクラブコースに向かう山道の右手に、松代大本営皆神山地下壕の入口がある。食料貯蔵庫として掘削されたもので、象山地下壕の約3分の1の規模である。坑道内の崩落が激しく危険なため、入口はふさがれている。

長国寺 ⑭
026-278-2454
〈M▶P. 52, 67〉 長野市松代町松代1015　P
長野電鉄屋代線松代駅🚶20分

真田家の菩提寺
国史跡の藩主墓所

　松代は寺の町である。大小30余寺が、南と東から城を囲む防衛線のようにたてられている。なかでも「信濃に於いては比ぶべき寺堂なし」といわれた長国寺(曹洞宗)は、真田家の菩提寺として、寺格がいちばんの古刹である。

　長野電鉄松代駅から東南へ200mほどいき、矢沢家表門前をとおって伊勢町の鐘楼脇の小道から東に向かって進むと、長国寺門前にでる。広大な敷地に七堂伽藍がたち並ぶ寺院であったが、過去3回の火災で堂宇を失った。現在の本堂は1886(明治19)年の再建である。真田家の紋章「六文銭」が屋根部に浮き立ち、簡素で直線的な力強さをもった建物である。本堂の左手から裏にまわると、開山堂(県宝)がある。1872(明治5)年に寺が焼失したため、3代藩主幸道の霊屋を現在地に移築し、開山堂とした。宝形造、屋根は桟瓦葺きで、頂部に瓦製の露盤と宝珠をのせている。

　本堂東側の白塀に囲まれ

長国寺真田信之霊屋

城下町松代とその周辺　75

たなかに，初代藩主真田信之霊屋(国重文)と4代藩主信弘霊屋(県宝)がある。向かって左側が，1660(万治3)年に建立された，信之の霊屋である。入母屋造・平入りで，正面に千鳥破風，向拝に軒唐破風をつける。周囲に縁をめぐらし，屋根は杮葺き。木部はすべて漆塗りで，極彩色がほどこされ，彫刻も多く，豪華でみごとな建築物である。信弘霊屋は，1736(元文元)年の建立で，宝形造・杮葺き，縁をめぐらし，向拝がついている。信之の霊屋とくらべると，簡素である。

霊屋のそばに，白土塀に囲まれた真田家墓所(国史跡)がある。初代から12代まで，歴代藩主の大きな墓石が整然と並んでいる。また本堂北側の墓地には，真田家の家老をはじめ，宝暦年間(1751〜64)に藩財政再建に奔走した恩田杢民親の墓などがある。

長国寺の北，徒歩3分の地に梅翁院(曹洞宗)がある。長国寺の末寺で，初代藩主信之の側室右京の菩提寺である。本堂に向かって右手に魚籃観音祈願殿があり，コイの台座に乗った，しなやかな曲線をもつ魚籃観音が安置されている。

松代文化ホールから南東へ徒歩2分のところに，大英寺(浄土宗)がある。初代藩主信之の妻小松姫(本多忠勝の娘，徳川家康の養女)の菩提寺である。本堂は，小松姫の霊屋(県宝)で，本堂としては小さいが，霊屋としては真田家中でもっとも大きい。表門と本堂外陣の三十六歌仙図は，県宝に指定されている。

大英寺から県道35号線に沿って東へ徒歩5分のところに蓮乗寺(日蓮宗)がある。同寺は，佐久間象山の菩提寺で，本堂に向かう参道の右手に，象山と子の格次郎の墓がたてられている。

長国寺から東へ約1km，東条天王山の南側山麓に玉依比売命神社(祭神玉依比売命)がある。社殿は，1833(天保4)年に再建され，拝殿の額は6代藩主真田幸弘の筆になる。毎年1月7日早朝の「御田祭」(御田植神事)と591個の児玉石(県宝)を使用する「児玉石神事」など，特色ある神事が行われている。

東条菅間集落の東方，標高478m付近に立地している円墳が，菅間王塚古墳(県史跡)である。直径34m・高さ6.7mの県内最大の積石塚古墳である。石室は，合掌形石室で，赤色に塗彩されている。

6世紀末から7世紀前半のものと思われる。

　松代町豊栄の桑根井集落北の畑のなかに，桑根井空塚古墳(県史跡)がある。6世紀末から7世紀前半の積石塚古墳で，横穴式の合掌形石室が残っている。

　ふたたび県道35号線を地蔵峠方向に進み，豊栄保育園のさきを左折し，豊栄小学校の校庭沿いの道を右手にまわっていくと，明徳寺(曹洞宗)に続く参道となる。石段の上にたつ2層の仁王門をくぐると，本堂がある。この寺には，武田信玄の家臣高坂弾正忠昌信の墓がある。

　長野電鉄屋代線象山口駅から畑中の小道を象山に向かって15分ほど歩くと，日本最初の近代劇女優として名を残した松井須磨子(本名小林正子)の出身地である松代町清野の越地区に着く。集落のなかほどの山際の道に面した2つ窓の土蔵が，生家の目印となる。道の角にある案内板にしたがって，生家に面した山道を15mほどのぼると，竹林のなかに松井須磨子の墓所がある。ひときわ大きな墓石と「カチューシャの唄」の歌詞を刻した演劇碑がある。「カチューシャの唄」は，芸術座(島村抱月主宰)の舞台「復活」の劇中歌として，須磨子がうたい，大ヒットした。作曲は，島村家の書生だった中山晋平である。

　須磨子の生家から象山を左手にみながら西に800m余り歩き，大村地区にはいり，大村公民館前をとおり，千曲市倉科方面への坂道をあがると左手に，林正寺(浄土宗)がある。参道を歩いて石段をのぼり，表門(県宝)をくぐると，入母屋造の本堂(県宝)がある。この本堂は，長国寺にあった2代藩主真田信政の霊屋を移築したものである。内陣の三十六歌仙の絵画や格天井の花鳥画，彫刻などがみごとである。

　須磨子生家の菩提寺である同寺には，須磨子直筆の「カチューシャの唄」の歌詞をきざんだ演劇碑がある。庫裏には，住職によって須磨子記念室が設けられ，舞台写真などが展示されている。

大室古墳群 ❶❺　〈M▶P.52〉長野市松代町大室310　P
長野電鉄屋代線大室駅🚶20分，または上信越道長野IC🚗10分

日本最大の積石塚古墳群
史跡整備事業が進行中

　長野電鉄屋代線大室駅から東南に約2kmのところの大室谷を中心に，約500基の古墳が分布している。この古墳群を大室古墳群とよぶ。全体の7〜8割が，石を積み上げて墳丘とした積石塚古墳で，国内では最大規模である。また屋根が三角形の合掌形石室をもつものも25基あり，全国で確認されている40例のうち，半数以上が大室に集中している。これらの墓は，朝鮮半島を母国とした渡来系集団のものと考えられている。

　大室古墳群のなかで，もっとも規模の大きい大室谷支群（国史跡）には，5〜8世紀につくられた166基の古墳が集中している。このうち積石塚古墳は118基，合掌形石室をもつものは7基である。1997（平成9）年に国史跡に指定されたことから，古墳の発掘・遺構復元・環境整備などの史跡整備事業が行われている。2002年には大室古墳館が開館し，大室古墳の歴史や構造についての解説，発掘品などが展示されている。

　長野電鉄屋代線信濃川田駅から，保科温泉行きバスに乗り，清水寺大門バス停でおりて，保科川にかかる大門橋を渡ると，「保科のお観音様」とよばれる清水寺（真言宗）がある。

　清水寺は，1916（大正5）年の保科の大火で全山焼失したため，奈良県石位寺から7体の仏像を迎えた。木造薬師如来坐像は，サクラの一木造で，10世紀の仏像である。木造阿弥陀如来立像・木造聖観音菩薩立像・脇侍地蔵菩薩立像は，いずれもヒノキの寄木造で，12世紀のものである。これらの仏像はいずれも国の重要文化財で，本堂裏手の宝物殿に安置されている。

　山門から参道をのぼって奥の院へは，徒歩で10分ほどかかる。木立に囲まれた山腹に，朱塗り・舞台造の奥の院観音堂がある。1975（昭和50）年に再建された。この観音堂には，木造千手観音菩薩坐像・木造広目天立像・木造多聞天立像（いずれも国重文）の3体の仏像が安置されている（拝観には事前連絡が必要）。

　鉄鍬形（国重文）は，兜の正面の飾り物で，寺伝によると，坂

上田村麻呂の奉納といわれている。現存の鍬形では,日本最古である。絹本著色両界曼荼羅図(国重文)は,金剛界と胎蔵界の2幅からなる。鎌倉時代前期の制作で,長野県の曼荼羅の最高傑作といわれている。鉄鍬形と曼荼羅図は,現在,長野市若穂綿内の北野美術館に保管されている。同館は,清水寺から車で約10分,県道403号線の古屋信号近くにあり,長野電鉄屋代線若穂駅からは徒歩約10分のところにある。菱田春草・川合玉堂らの日本画,シャガール・ピカソらの洋画のほか,すぐれた芸術品を多数収蔵している。

　若穂駅の南隣の信濃川田駅右方の集落が,川田宿(町川田宿)である。1611(慶長16)年に,北国脇往還松代通りの宿場として設置されたが,その後,洪水の危険から現在地に移された。往時の家並みは,約200m,道幅12mの中央に用水が流れ,本格的な宿場であった。中心部の北側に,本陣と問屋を兼ねた西沢家があり,本陣前に高札場が残されている。

　長野電鉄屋代線綿内駅,または上信越道須坂長野東ICから東山工業団地をぬけて南に進み,根守山への山道をしばらくのぼっていくと,「九品仏様」とよばれて親しまれている蓮台寺(真言宗)に着く。仁王門をくぐり,シダレザクラとスギ木立に囲まれた参道を,500mほどのぼると本堂にでる。

　一時は,仁王門から本堂の間に七堂伽藍十二院を擁したが,たび重なる火災で堂宇を失い,1120(保安元)年の本堂火災で本尊の九品の阿弥陀如来像のうち,8体が焼失した。現存の木造阿弥陀如来坐像(国重文)は,九品仏の中尊(上品下生)の印を結ぶ仏像で,平安時代と鎌倉時代両様の手法を残している。本堂裏手の収蔵庫におさめられている。他の8体の阿弥陀如来像は,江戸時代の作で,本堂に安置されている(拝観には事前連絡が必要)。

③ 高井を歩く

蔵の町須坂，北斎とクリの町小布施，天領の里中野，温泉と高原の町山ノ内，高井には歴史溢れる町並みが残る。

田中本家博物館 ⑯
026-248-8008

〈M▶P.52, 80〉須坂市穀町476 P
長野電鉄須坂駅🚌やすらぎの園行田中本家博物館前🚶すぐ

北信濃屈指の豪商・田中本家の邸宅
国登録有形文化財

田中本家博物館

須坂駅から菅平方面に向かう国道406号線沿いに，田中本家博物館（国登録）がある。田中家は，江戸時代中期に穀物や酒を商った豪商で，須坂藩御用達をつとめた。ほぼ1町四方を20の土蔵が取り囲み，なかに客殿・母屋・酒蔵・回遊式庭園がある。主要建造物は，明治時代初期のものが多い。土蔵を改装した展示室では，陶磁器・漆器・衣装などが公開され，往時の北信濃屈指の財力がうかがえる。

田中本家博物館から南西方面へ徒歩10分ほどのところに，サクラの名所臥竜公園があり，園内入口に須坂市立博物館がある。須坂市立博物館は，縄文時代の微隆起線文土器を出土した石小屋洞穴遺跡や製糸業関係資料などを展示している。

市内には，7月の祇園祭で市内を巡行する笠鉾11基と屋台4台を展示する笠鉾会館ドリームホールや須坂クラシ

須坂駅周辺の史跡

80　善光寺平と北信濃

蔵の町須坂

コラム

製糸業の繁栄をしのぶ蔵の町並み

須坂は,複合扇状地形に発達した旧上高井地方の行政の中心地である。1616(元和2)年に,堀直重が須坂藩1万2000石の領主として居館を構え,谷・大笹・草津各街道の分岐点周辺に,館・武家屋敷・商業地域を設け,町づくりが進められた。

明治時代以降,町は諏訪地方と並ぶ製糸業の中心地となり,賑わった。先駆者の青木甚九郎は,日本初の製糸結社東行社をおこし(1875年),須坂製糸業の基盤をつくった。明治時代中期には,諏訪地方につぐ生糸生産高をあげ,日本の製糸業先進地として栄えた。全盛期には工女が6000人を数え,新潟・富山県からも集められた。

製糸業をささえた人物に,越寿三郎がいる。寿三郎は1887(明治20)年,春木町に山丸製糸所を構えたのを皮切りに,電力を動力源とする製糸工場を設けるなど,大規模経営を行った。しかし,1929(昭和4)年にはじまる世界恐慌を機に,須坂製糸業は衰退の一途をたどった。

現在,市内には旧武士長屋・町家や商家など江戸時代の建造物と,製糸繁栄をしのばせる越家母屋や邸宅,繭蔵など,外壁を漆喰壁や砂ずりで仕上げた土蔵造の豪壮な建造物,上高井教育会館(旧須坂町役場)などの洋風建築が残っている。また,行政と民間が一体となった蔵の町づくりが進められ,町並み景観が整備されつつある。

蔵の町並み

ック美術館などの博物館もある。また,米子方面には米子大瀑布がある。大瀑布は,四阿山の懸崖に並んで落ちる不動滝と権現滝の総称で,鎌倉時代初期には修験の霊場になっていたと考えられている。

中世信濃源氏の井上氏の城跡

井上氏城跡 ⓱

〈M▶P.52〉須坂市井上2474ほか
長野電鉄屋代線井上駅🚶10分

大笹街道は,1650(慶安3)年に設けられた,北国脇往還松代道から上野国大笹宿(現,群馬県嬬恋村)へつうじる街道である。起点の福島宿は,井上駅から西へ約1.5kmの千曲川右岸にある。千曲川通船の河港でもあり,善光寺平と飯山とを結ぶ重要な宿で,泊本

高井を歩く　　81

八丁鎧塚古墳

陣となった丸山家主家などの土蔵造の家並みが残る。福島宿から国道403号線を東へ約1kmいくと、井上氏城跡(県史跡)がある。井上氏は源頼季からでた氏族といわれ、鎌倉時代から南北朝時代にかけて、活発に活動した。1598(慶長3)年の上杉氏の会津(現、福島県会津若松市)移封に伴い、この地を去るまで、中世をつうじてこの居館を本拠とした。居館跡は南西隅が欠落するものの、南と西には堀跡が残る。さらに、この南方約2kmの大洞山尾根に、大城の空堀や段曲輪などが原形をとどめている。また、長野市綿内地区から井上地区にかけての大城南側山麓の大柳及び井上の枕状溶岩(県天然)は、海底火山の溶岩が急に冷えて俵状に重なったもので、県内でも珍しい。

鮎川・百々川沿いには、古墳群が点在する。井上から鮎川沿いに、仁礼方面へ車で10分ほどいくと、八丁鎧塚古墳(県史跡)がある。東日本最大の積石塚古墳として知られ、6基の古墳が集中している。なかでも、4世紀後半の1号墳と5世紀後半の2号墳は25mをこえる円墳で、東シナ海産の腕輪の貝釧や、朝鮮との関係が考えられる金銅製帯金具が出土し、のちの馬匹生産との関わりも含めて、貴重な古墳である。出土品は、須坂市立博物館で見学できる。

福島正則屋敷跡 ⑱

〈M ▶ P.52〉上高井郡高山村高井八幡添195-イ
長野電鉄須坂駅 🚌 山田温泉行堀ノ内 🚶 2分

豊臣秀吉子飼いの武将福島正則が改易された地

高山村は、須坂市東方の善光寺平に向かう松川扇状地にある。須坂駅から山田・七味温泉へ向かう県道54号線の堀之内地区に、福島正則屋敷跡(県史跡)がある。豊臣秀吉恩顧の武将である正則は、関ヶ原の戦い以降徳川家康の配下となり、広島藩49万石の藩主となったが、1619(元和5)年に行った広島城の普請が、武家諸法度にそむくものとみなされて改易となり、高井に移された。このとき、正則が居を構えたのがこの地である。館は東西約58間(約105m)・南北

40間(約73m)で，周囲に土塁を築いて堀をめぐらしていた。現在，わずかに東北隅の土塁が，鍵の手状に残る。正則には4万5000石があたえられていたが，死後，領地は幕府領となり，屋敷は陣屋として利用された。ここから山田温泉方面へ約2kmいった牧地区には，湯倉洞窟遺跡資料や江戸時代の藤沢焼などを紹介する高山村歴史民俗資料館がある。また，高井地区には，小林一茶とその門人の遺墨を展示する歴史公園一茶ゆかりの里がある。

北斎館 ⑲
026-247-5206
〈M▶P. 52, 83〉上高井郡小布施町485 P
長野電鉄長野線小布施駅 徒歩10分

小布施は，「北斎と栗の町」と呼称される。小林一茶により，「拾われぬ　栗の見事よ　大きさよ」とうたわれたクリは，松代藩が江戸時代初期に藩林を定めたことを契機に栽培がはじまったといわれ，栗年貢としておさめられたクリは，松代藩から幕府へも献上された。

また，葛飾北斎は1842(天保13)年に，小布施の豪商高井鴻山に招かれて以後，数回この地を訪れ，肉筆画を残した。小布施駅から南東に約400mいくと，北斎の作品を集めた北斎館があり，2基の祭り屋台(県宝)や美人画・風俗画などが鑑賞できる。この屋台天井に，北斎と鴻山による浪図と龍・鳳凰図が描かれている。

北斎館周辺は，土蔵が軒を連ね，クリの木の歩道が情緒あふれる空間を創出している。歩道を北へ進むと，高井鴻山記念館がある。陽明学者でもある鴻山は，江戸や信濃に私塾を開いたほか，邸宅に悠然楼とよばれるサロンを主催して，学者や芸術家との交流を深めた。周辺には，民具収集家であり，

クリの小径

小布施駅周辺の史跡

高井を歩く　83

浄光寺薬師堂

祭り屋台の天井絵は葛飾北斎の肉筆画

日本のあかり博物館の元館長の金箱正美が収集した信濃及び周辺地域の灯火用具 附 版画等関係資料（国民俗）を展示した日本のあかり博物館や，小布施ゆかりの日本画家中島千波の作品を展示するおぶせミュージアムもある。

　また，北斎館や高井鴻山記念館を拠点とし，江戸時代後期を彷彿とさせる町並み修景事業が進められ，散策を楽しむ観光客で町は活気にあふれている。さらに，江戸時代後期に開かれた小布施の六斎市は，谷街道などの陸上の要地であったことや，鴻山らの豪商が存在したこともあって，高井地方の商品取引の中心となった。その名残りは，今も毎年小正月に行われる安市にみることができる。

　町の中心から雁田山方面へ15分ほどで，樹齢700年と推定される雁田のヒイラギ（県天然）と浄光寺（真言宗）がある。創建は奈良時代あるいは1069（延久元）年ともいわれるが，詳細は不明である。薬師堂（国重文）は，巻斗の墨書銘と1409（応永16）年の胎内銘をもつ木造薬師如来坐像（県宝）から，1408年の建立であることがわかった。桁行3間（約5.5m）・梁間4間（約7.3m）の入母屋造で，奥2間（約3.7m）が密教本堂である。禅宗様を多用した建築様式が顕著で，県内では数少ない室町時代初期の建築物の1つである。

　浄光寺の北側山麓沿いに，名刹岩松院（曹洞宗）がある。14世紀後半に開山されたこの寺院の本堂天井絵は，葛飾北斎の手によるともいわれる大鳳凰図が，岩絵具で描かれている。本堂東側には，小布施の治水対策に貢献した福島正則の霊廟がまつられている。

中野県庁（中野陣屋）跡 ⑳
0269-23-2718
〈M▶P.52, 87〉中野市中央2-4-4　Ｐ
長野電鉄長野線信州中野駅🚶15分

　信州中野駅から北東へ約1kmいくと，中野県庁（中野陣屋）跡（県史跡）がある。中野は1624（寛永元）年に幕府領となった。その後，1724（享保9）年に，井上（須坂市），高井野（高山村），中野・西

江戸時代の文人ネットワーク

コラム 人

地方文人たちの活動は江戸・京都へも広がる

北信濃で活躍した文人といえば、化政年間(1804〜30)の小林一茶や天保年間(1830〜44)の高井鴻山らが有名である。しかし彼らの活躍以前から、北信濃には文人たちのネットワークがあり、活発な文化交流が行われていた。

18世紀後半の寛政年間(1789〜1801)に、漂泊の漢詩人といわれた江戸の柏木如亭が中野に居をおき、『晩晴吟社』という漢詩の結社をおこした。木敷百年や畔上聖誕といった地元の弟子をはじめ、多くの地元文人の交流の核ともなった。

こうした文人のネットワークは、北信濃だけにとどまらず、江戸の文人たちとの交流もうみだした。幕末の三筆の1人市河米庵、儒学者で書画をよくした亀田鵬斎らが信濃を遊歴した。彼らをささえた1人に、高井郡東江部村(現、中野市)の山田松斎がいる。山田家は延徳田圃と通称される千曲川の氾濫原にあり、新田開発や18世紀をつうじて農地を集積し、19世紀初頭には750石をこえる大地主であった。この家に生まれた松斎は、若いころから学問を志し、1809(文化6)・11年と来訪した鵬斎の門人となり、1816年に48歳で隠居、以後は文化活動に専念することとなった。

松斎はみずから江戸や京へでかけ、文化の交流につとめた。鵬斎の死後は頼山陽に師事するなど、地域を代表する文人であった。松斎の江戸への旅記録からは、酒井抱一・鍬形蕙斎らの文人たちとの交流が知られるとともに、地元から出稼ぎにでた人びとや街道筋の文人たちとの交流もあった。また、京都の頼山陽に自著『経典穀名考』の序文を頼むべく、孫を伴って伊勢を回って京にはいり、北陸経由で帰郷した。山陽とはその後に書面のやりとりもたびたびあり、関係の深さが知られる。

こうした地方の文人は、相互に交流をもっただけでなく、いわゆる中央の文化人とも密接に接触をもち、江戸時代の文化活動をささえていた。

小布施から中野に向かう国道沿いに、大きな土塀に囲まれた山田家が残っているが、往時の姿を彷彿とさせる。

条・金井(中野市)、中村(木島平村)に分かれていた陣屋が統合され、中野陣屋は約5万石すべての幕府領を管轄下においた。陣屋跡は、東西87m・南北65mの規模で、陣屋・稲荷・土蔵などが配されていた。

明治維新の際に、陣屋は尾張藩や伊那県の支配下となるが、1870

北信濃の幕府領を管轄した陣屋跡、県史跡

中野県庁(中野陣屋)跡

(明治3)年に中野県が設置されると、中野県庁として使用された。信州東北部の旧幕府領を行政下においたが、同年末に発生した中野騒動により、陣屋の大半を焼失した。翌年、県庁が長野に移設され、跡地は中野町役場庁舎となった。現在は、中野陣屋県庁記念館として公開され、石垣・井戸跡などが当時の面影を残している。

高梨氏館跡

記念館から北東へ500mほどで、高梨氏館跡(国史跡)に着く。高梨氏は、16世紀に北信濃屈指の領主であったと考えられている。醍醐寺文書『六条八幡宮造営注文写』(1275〈建治元〉年)に高梨の名がみえ、高梨氏が千曲川西岸に所領をもつ領主であったことがうかがえる。15世紀中頃に中野地域へ進出し、本拠とした館は東西130m・南北100mほどで、南面に大手口がある。当初は築地塀で囲み、のちにその塀を高さ2〜4mの土塁でおおって防御を固め、幅4m・深さ2mほどの堀をめぐらしていた。15〜16世紀を中心とする建物跡や庭園跡が残り、京文化との関連も指摘されている。

館の東方鴨ケ嶽山頂には詰城がある。山頂尾根に沿って南北500mにわたり、土塁・段曲輪などの遺構が残る。武田氏と対立していた当時の緊張感を今もただよわせる。山麓の東山公園高台には、土人形を中心に1900点余りの資料を展示する日本土人形資料館がある。中野の土人形は、江戸時代の九斎市で、奈良栄吉が90

善光寺平と北信濃

種類ほどの土雛を販売したことがはじまりといわれる。

中野松川駅から徒歩5分ほどの位置にある一本木公園には、「信州忽布の地」の碑がある。明治時代後期に設立された大日本麦酒株式会社は、国産ホップの自給をめざし、その栽培を高水組合に依頼すると、県内有数のホップ生産地となった。園内には、1896（明治29）年に五村組合学校として完成した、旧中野小学校西校舎が移築・保存され、和洋折衷の建築様式をみせている。

ここから山ノ内町との境界を流れる夜間瀬川に向かうと、十三崖のチョウゲンボウ繁殖地（国天然）がある。チョウゲンボウは、北海道から本州に生息するハヤブサ科の大型鳥である。一般的に集団をつくらないチョウゲンボウだが、春になると十三崖に集まり、繁殖することで知られる。

信州中野駅周辺の史跡

旧中野小学校西校舎

七瀬双子塚古墳 ㉑
〈M▶P.52〉中野市七瀬1061
長野電鉄長野線信州中野駅🚶15分

JR飯山線立ケ花駅から志賀中野有料道路沿いを、志賀方面に約2kmいくと、千曲川右岸の河岸段丘面に栗林遺跡（県史跡）がある。この地の弥生時代中期の標識遺跡であるが、近年の調査で縄文時代の水さらし場や木の実の貯蔵穴が確認された。

高井を歩く　87

県内最北端に位置する当地方最大の前方後円墳

　ここから有料道路に沿って約2kmの位置にある長嶺丘陵には、北信濃ふるさとの森文化公園と中野市立博物館がある。館所蔵の県内最古の鉦鼓(県宝)は下高井郡山ノ内町横倉から出土した直径20cmをこえる鼓で、胴には「観阿弥陀仏延慶元(1308)年十一月一日」と銘記されている。この地域への念仏系宗教の布教を示す貴重な鼓である。また、長野県柳沢遺跡出土品(国重文)212点のうち、1箇所の穴に埋納された銅戈8本・銅鐸5個は、弥生時代の青銅器の大量出土が全国的に少なく、国内最北東端の発見であったことから注目された。公園北側の七瀬双子塚古墳(県史跡)は、当地方最大規模の全長61mの前方後円墳で、5世紀なかばごろの古墳と考えられ、墳頂部から直刀や鏡などが出土したといわれる。

　また、長野電鉄長野線延徳駅南東約1kmの位置に、高遠山古墳(県史跡)がある。全長51.2mの前方後円墳で、粘土槨の石室から鉄剣や鉄鏃などの出土品(県宝)が発見され、弥生時代から古墳時代への移行期に属する古墳ではないかと注目された。

　この古墳から南西へ約500mいくと、「日本のフォスター」と呼称された中山晋平記念館とその生家がある。1887(明治20)年に生まれた晋平は、下高井郡瑞穂村(現、飯山市)柏尾小学校の代用教員となったのち上京し、早稲田大学教授の島村抱月と出会った。抱月が芸術座を旗揚げし、晋平が作曲した劇中歌「カチューシャの唄」が大ヒットすると、晋平は作曲家としての道を歩きはじめた。「東京音頭」「兎のダンス」「ゴンドラの唄」など、作曲数は3000曲にもおよんだ。記念館は生誕100周年の1987(昭和62)年に開館し、楽譜など多くの資料を展示している。

中山晋平記念館

善光寺平と北信濃

渋の地獄谷噴泉 ㉒

〈M ► P.52〉 下高井郡山ノ内町平穏 P
長野電鉄長野湯田中駅🚗15分、または🚶30分

噴泉とお猿の温泉
極彩色の佐野神社本殿

　山ノ内町は、五輪山・三沢山・旭山などに囲まれ、横湯・角間・夜間瀬川が形成した複合扇状地にある。各河川沿いに、安代・渋・地獄谷・角間・湯田中・穂波温泉街が発達した。温泉の発祥については、16世紀に古刹温泉寺が復興された記録があることから、このころには温泉が湧出し、湯治場になったといわれる。当時の検地の記録(1739〈元文4〉年)では15軒ほどの旅館があり、『長野県町村誌』(1882〈明治15〉年)には、旅館数69軒の記載がある。湯田中駅から渋温泉街をぬけ、横湯川沿いに進むと、渋の地獄谷噴泉(国天然)がある。横湯川の河底基盤からの噴泉は何カ所かあったが、大正時代末期に上林方面に温泉を引導してから、この地獄谷だけになった。孔内の温度は95度、湯気は20m近くに達する。隣接する野猿公苑は、「お猿の温泉」として有名である。

　角間川方面沿いの段丘上の佐野・沓野・田中は、かつて佐久間象山が利用掛をつとめた松代藩の領地であった。穂波温泉から段丘をあがった佐野地区にある佐野神社本殿(国重文)は、一間社流造・橡葺き、弁柄の丹塗りと墨塗りで、極彩色がほどこされたものとしては、県内最大の社殿である。佐野は平安時代に御牧がおかれ、鎌倉時代に須毛郷の一部として発達したといわれ、16世紀の諏訪上社の『造営記録帳』には、この郷の寄進が記されている。本殿の組肘木に「天正二十(1592)年壬〔辰〕二月廿三日」「草津衆宮崎杢丞」という墨書銘があり、草津の棟梁宮崎を招き、諏訪社として再建したことがわかった。ここから南西へ徒

渋温泉周辺の史跡

渋の地獄谷噴泉

高井を歩く

歩で10分ほどの位置にある佐野遺跡(国史跡)は，縄文時代晩期の標識遺跡である。また，遺跡の東方約500mにある興隆寺(曹洞宗)には，平安時代後期の木造阿弥陀如来坐像(県宝)がある。カツラの一木造で，像高は77cmの重厚な造りである。また，中野市境の夜間瀬地区には，幹の周囲が10mほどの宇木のエドヒガン(県天然)があり，サクラの名所となっている。

志賀高原 ㉓

〈M▶P.52〉下高井郡山ノ内町平穏志賀ほか P
長野電鉄長野線湯田中駅🚌白根火山線，奥志賀高原線利用，または🚗30分，または信州中野IC🚗50分

湯田中から渋峠をこえ，草津に至る草津道は，江戸時代から物資の流通や湯治客・善光寺詣客にとって，重要な往還であった。渋峠に至る江戸時代末期の志賀一帯は，松代藩御野の入会地であったため，佐久間象山は1848(嘉永元)年に，草津・上州入山峠・秋山郷まで鉱物を探査し，その記録を『踏野日記』に残した。温泉は，早くから湯治や山稼ぎ人に利用された。

志賀高原開発は，河東電鉄社長神津藤平により行われた。1927(昭和2)年に，河東電鉄が湯田中駅まで営業区間をのばし，その後，丸池までのバス路線ができると，開発は一気に進んだ。山ノ内町の86%を占める山岳地帯の半分がこの高原で，上信越国立公園の中心部にあたる。標高2000mをこえる横手山，長野冬季オリンピック競技会場になった焼額山などの起伏ある山々が連なり，原生林に囲まれた湿原・湖沼・動植物が自然のままに残る。県内で最大規模の樹齢約800年と想定される一の瀬のシナノキ，70以上の池や沼が残る四十八池湿原や，一面のワタスゲの群落が美しい田ノ原湿原(いずれも県天然)，志賀高原石の湯のゲンジボタル生息地(国天然)など，自然の宝庫である。

丸池周辺には，長野オリンピック・パラリンピック記念館や，志賀高原の自然や動植物を紹介する，志賀高原自然保護センターがある。また，高原口の上林周辺には志賀高原を愛した歌人らの作品や資料を展示した志賀山文庫，新潟県東頸城郡松之山町にあった1850年ごろの民家を移築した豪雪の館，さらに郷土出身の南画家児玉果亭の作品などを展示した志賀高原ロマン美術館がある。

動植物が自然のまま残る名勝地

善光寺平と北信濃

④ 寺の町飯山と北信濃

千曲川が新潟県境へ向かうJR飯山線沿線は、日本の故郷の風景が残る国内有数の豪雪地帯。

高野辰之記念館 ㉔
0269-38-3070
〈M▶P.52〉中野市永江1809 P
JR飯山線替佐駅🚌永田親川線永田🚶1分

永江地区は「故郷」の作詞家高野辰之の生誕地

　JR替佐駅からバスで10分ほどの永田地区には、高野辰之記念館があり、「故郷」の作詞で知られる辰之の業績を紹介している。また、ここから北へ300mほどの北永江には、辰之の生家も残る。辰之は、1876(明治9)年に6人兄弟の長男として生まれ、県尋常師範学校を卒業後、飯山高等小学校の訓導として赴任した。辰之が下宿した真宗寺(浄土真宗)は、伴侶となるつる枝と知り合った寺院であり、島崎藤村の小説『破戒』の主人公瀬川丑松が下宿する蓮華寺のモデルとなった寺でもある。県師範学校教諭をつとめたのち上京し、上田萬年に師事して、国文学・邦楽研究をおさめた。34歳で東京音楽学校教授になり、研究のかたわら文部省小学校唱歌教科書編纂委員をつとめ、少年時代に親しんだ北信濃の風景をうたった「紅葉」「春の小川」「朧月夜」など、数々の名曲を作詞した。邦楽研究では『日本歌謡史』などをあらわし、東京帝国大学から文学博士号を授与され、71歳で逝去するまで歌謡研究に生涯をささげた。

　JR飯山線上今井駅から南東へ10分ほど歩くと、内堀館跡(県史跡)に着く。南面をのぞいて堀と土塁に囲まれた、中世の典型的な館の構造を残す。規模は、堀敷をのぞき約60mの方形で、土塁高は約3mある。幅約10mの水堀を馬蹄形にめぐらす構造は、北信濃特有の形態である。隣接する上今井諏訪神社では、太々神楽(県選択)が毎年4月に奉納される。また、この西方に佐藤博物館もあり、飯山藩主本多家に伝来する甲冑を中心に展示している。

高野辰之記念館

飯山城跡 ㉕ 〈M▶P. 52, 93〉飯山市飯山田町2753ほか P
JR飯山線北飯山駅 徒歩5分

桜の名所飯山城と寺の町飯山

　県最北の城下町である飯山は、善光寺から越後へぬける飯山街道の宿であり、越後から物資を運び込む北信濃の玄関口にあたる。北飯山駅から東へ300mいくと、飯山城跡（県史跡）がある。この城は、在地の豪族泉氏の居城であったが、川中島の合戦後、上杉謙信により信濃の防衛拠点として修築が進められ、1583（天正11）年、上杉景勝の重臣岩井備中守信能により改修された。城は、南端の本丸から北に向かって二の丸・三の丸を配した梯郭式平山城で、西側に帯曲輪などを設け、周囲は1重の濠と石垣をめぐらす。

　上杉氏の会津移封（1598〈慶長3〉年）後、城主は目まぐるしくかわったが、1717（享保2）年に本多助芳が2万石藩主として入封したのちは、3万5000石の本多氏代々の居城となった。正保年間（1644～48）の「信濃国飯山城絵図」などによれば、すでに街道筋に上町、桝形のある横町・愛宕町など長さ18町の町屋が整備され、ところどころ屈折する街道の中央には水路が流れていた。現在、街道筋に「雁木」とよばれる、庇が道側にのびた家屋が何カ所かみられる。かつては雁木が連なり、多雪地帯の飯山の雪よけ交通路となっていた。

　飯山は「寺の町」とよばれる。市内には20以上の寺院が街道筋に点在し、なかでも愛宕町の仏壇通りに並行する西側の山麓沿いには、多数の寺院があり、人びとの信仰を集めるとともに、城下囲いとしての警護の役割をもっていた。現在、1時間ほどの寺巡り遊歩道が整備され、飯山藩主本多氏菩提寺の忠恩寺（浄土宗）、時の鐘として庶民に親しまれた愛宕の鐘の大輪院（真言宗）などがある。

飯山城跡

恵端禅師旧跡正受庵

　ここからJR飯山駅に向かって進むと、11世紀前半の木造伝聖徳太子立像(県宝)がある西敬寺(浄土真宗)、恵端禅師旧跡正受庵(県史跡)がある。正受庵は木立に囲まれ、茅葺きの本堂と庭園は閑寂なたたずまいを今に残している。藩主の松平忠倶により、1666(寛文6)年に建立されたが、善光寺地震で倒壊したため、1847(弘化4)年に再建された。

　本堂は、恵端禅師の住んだ庵である。恵端は1642(寛永19)年に松代藩真田信之の子として飯山で生まれ、19歳のときに江戸にでて出家した。20歳で臨済宗禅道をおさめ、1666年にいったん帰郷するが、再度江戸の東北寺(東京都渋谷区)で修行に励んだ。35歳で帰郷すると、80歳で亡くなるまでの45年間を正受庵でひたすら精進を重ね、臨済門下の名僧を育てた。

　市街地には、江戸時代にはじまる内山紙や飯山仏壇を展示する飯山市伝統産業会館と山ノ内遺跡出土の魚形線刻画土器(県宝)を展示する飯山市ふるさと館がある。

　また、JR飯山駅から南へいった静間には、勘介山山頂に築かれた、古墳時代前期に属する全長35mの前方後方墳である勘介山古墳(県史跡)がある。

飯山城跡周辺の史跡

小菅神社 ㉖　〈M▶P.52, 94〉飯山市瑞穂内山7103
　JR飯山線戸狩野沢温泉駅 🚌10分 🚶60分

戸隠・飯綱と並ぶ北信濃三大修験霊場

　県道38号線から小菅山へ進むと道路脇に、かつて小菅元隆寺西大門仁王門にあった石碑の追分石像群がある。そのまま仁王門を過ぎ、徒歩10分ほどで小菅神社里宮に着く。この参道沿いから小菅山には計画的な地割が展開し、水利が特徴的な小菅の里及び小菅山の文化的景観(国重景)が広がる。里宮講堂前では3年に1度、高さ4

寺の町飯山と北信濃　93

小菅神社スギ並木

メートルの柱松をたて、五穀豊穣などを占う神事の小菅の柱松行事(国民俗)を行う。

小菅神社は、修験道の開祖役小角が7世紀末に岩窟内に八所の権現をまつったのがはじまりとされ、平安時代初期には神宮寺として元隆寺が建立されたと伝えられる。南北朝時代には、南の高梨氏と北の市河氏との勢力争いで、一時荒廃したが、室町時代に復興の機運がうまれ、奥社本殿も造営された。隆盛期には、30をこえる坊や多くの霊場があったが、1561(永禄4)年に武田軍の侵攻により、奥院を残して山内の堂坊は灰燼に帰した。その後、衰微の道をたどるが、江戸時代初期に飯山城主の松平忠倶により、講堂などが修復された。

小菅神社奥社本殿

里宮から奥社方面へ進むと、左手に菩提院がある。菩提院は元隆寺別当大聖院で、本尊画像として制作されたといわれる絹本著色曼荼羅図(県宝)を所蔵する。

左手に旧観音堂をみながら進むと、元隆寺大聖院跡地(護摩堂)付近に三の鳥居がある。樹齢300年をこえ

小菅神社周辺の史跡

野沢温泉の道祖神祭り

コラム

下高井郡野沢温泉村で、毎年1月15日に行われる道祖神祭り（国民俗）は、神送りと豊作祈願、初子の成長を祈願する火祭りである。

祭りの準備は前年の10月からはじめられ、25歳と40歳の厄年の男たちによって、道祖神林から5本の心棒木が切りだされる。この心棒木は、祭りの前日の柱立てで道祖神場にたてられ、そこに桁を組み、3重の社殿をつくり、注連松・注連縄、わらなどを押し込む。祭りは、大松明が祭場に運ばれてはじまる。松明をもって押し寄せる火付け役の火を、社殿の上に陣取った厄年の火消し役が、松の小枝でたたき消す。両者の激しい攻防戦が続き、そのあと、両者の手打ちがあり、社殿に火がつけられる。この火で、旧年中に男の初子が誕生した家から集められた初灯籠や子どもたちの書き初め、カワクルミの木でつくられた前年の木造道祖神が燃やされる。

神送り、豊作祈願、初子の成長を祈願する火祭り

道祖神祭り

る小菅神社のスギ並木（県天然）が続く参道をぬけ、毛無山から噴出した熔岩が顔をだす岩肌のある急峻な登山道を進むと、標高900m付近に、小菅神社奥社本殿（国重文）がある。三方に橡をめぐらす入母屋造の本殿は、4間四方の総柱の荘厳な建物で、背後を岩窟に寄せて造営された。修復記録から、1591（天正19）年ごろの建造といわれる。本殿内には3基の宮殿があり、2基（国重文）が室町時代末期の手法を残している。また、本殿とほぼ同時期の桐竹鳳凰文透彫奥社脇立や「応永十二（1405）年」の銘の残る板絵著色観音三十三身図（ともに県宝）もある。

なお、同じ瑞穂地区の神戸集落には、落葉で積雪を占う「雪例樹」とよばれ、長野県内でもっとも幹が太い神戸のイチョウ（県天然）がある。

小菅集落から車で北竜湖をみながら進むと、15分ほどで「温泉とスキーの村」の野沢温泉に着く。古刹健命寺は、住職が京都からもち帰ったカブの種から、野沢菜発祥の寺として有名である。日本スキー博物館は、スキーの発祥から長野冬季オリンピック（1998年）ま

おぼろ月夜の館

での歴史を展示している。また、温泉街の中心には、晩年この地に居を構えた高野辰之の業績を紹介するおぼろ月夜の館がある。

ここから千曲川対岸へ渡ると、JR飯山線戸狩野沢温泉駅に至る。戸狩スキー場に向かう豊田五束の建御名方富命彦神別神社末社若宮八幡神社本殿(国重文)は、一間社流造・柿葺き社殿で、室町時代中期以降の建造とされる。毎年5月には五束の太々神楽(県民俗)が奉納される。榊舞・岩戸開きなど、仮面をつける演目が多い。

JR飯山線桑名川・上桑名川駅中間の西側山腹にある照岡には、1425(応永32)年の創建と考えられる白山神社本殿(国重文)がある。一間社隅木入春日造の小規模な社殿で、内部に美しいボタンの彫物があり、すぐれた意匠の古建築である。

また、新潟県境へ向かう富倉には、ハレ食の富倉の笹寿司(県民俗)がある。笹の葉にもられたご飯の上に、クルミや山菜などをのせた寿司で、山国に伝わる独自の食文化を今に伝えている。

秋山郷 ❷ 〈M▶P.53〉下水内郡 栄村上野原ほか P
JR飯山線森宮野原駅🚌南越後観光バス津南行津南駅乗換え和山温泉行利用

秋山郷は民俗の宝庫かつて「陸の孤島」とよばれた秘境

栄村の玄関口であるJR森宮野原駅には、7m85cmの積雪量(1945年)を示す「日本最高積雪地点」と記した標柱がある。県最北端に位置し、新潟県に接する栄村は、古くから豪雪地帯として知られる。秋山郷は、苗場山、佐武流山と鳥甲山にはさまれた中津川渓谷に点在する12の集落の総称で、長野・新潟両県にまたがる。長野県内には信州秋山と呼称される5集落がある。国道405号線に沿って新潟県津南町から栄村にはいる小赤沢地区には、秋山郷総合センター「とねんぼ」がある。茅葺き民家を再現し、食生活・焼畑・マタギなどの資料を展示している。かつては、梅雨明けに秋山郷の焼畑耕

古代北信濃と朝鮮

コラム

朝鮮製渦巻き状装飾付鉄剣出土の根塚遺跡

　北信地方では、長野冬季オリンピック開催を機に、数多くの埋蔵文化財調査が行われ、新発見にわいた。「他田舎人古麻呂」や「乙丑」などと記された律令時代成立期の木簡が、100点以上も出土した千曲市屋代遺跡群、弥生時代中期の環濠集落が発見された長野市松原遺跡、旧石器時代の局部磨製石斧が60点も出土した信濃町日向林B遺跡、ナウマンゾウの足跡が確認された同町仲町遺跡など、全国的な話題になる発見があいついだ。

　また、古代北信濃と朝鮮半島との関連性が指摘される、あらたな遺物が出土した。下高井郡木島平村の根塚遺跡（県史跡）では、弥生時代後期の遺構から、朝鮮半島南部で制作されたと考えられる3本の鉄剣など300点の出土品（県宝）が発見された。このうち、渦巻き状装飾付鉄剣は、長さ74cmの大型鉄剣で、全国的に珍しい。

　長野市浅川端遺跡からは、帯金具に使用する朝鮮製馬形帯鉤が、古墳時代の住居から発見された。全国的に数少ないこれらの朝鮮製遺物が、なぜ北信濃から発見されたのか、またどのように搬入されたのかなど、今後、中部地方における北信濃の特異性を考えるうえで、大変注目される。

作（県選択）が行われ、急峻な地形を利用し、ソバや小豆などが栽培された。また、保存食文化が根づいた秋山郷は、稗やソバを主食とし、秋には村で管理するトチの実を凶作用に保存した。千切り大根と蕎麦粉をまぜ、短時間でつくる早蕎麦（県選択）は、この地域独特の食である。

　秋山郷を最初に紹介したのは、鈴木牧之である。1828（文政11）年に秋山を訪ねた牧之は、3年の歳月をかけ、厳しい自然に生きる人びとと語らい、民家や民具、方言や信仰などありのままを『秋山記行』に記した。なお、栄村秋山地方の口頭伝承（県選択）は、古い言語特徴を今に残しているといわれる。

　小赤沢に隣接する屋敷地区には、平家落人伝説が残る。ここの秋山郷民俗資料館では、民具を公開している。さらに中津川上流に向かうと、上野原・和山・切明地区がある。上野原は、「のよさの里」とよばれる。「のよさ」とは、夏に夜通しうたい踊られる「のよさ節」のことで、嫁をとることもためらわれるほど、厳しい秋山郷の生活

阿部家住宅

をうたいあげている。これらの地区には，村営宿泊施設・民宿・旅館などがあり，鳥甲山・苗場山登山者や，秘境の温泉を訪れる人びとで賑わっている。

　JR飯山線横倉駅から徒歩10分ほどの箕作地区では，箕作道陸神祭り（県民俗）が小正月に行われる。その年に嫁いできた花嫁の背中を，15歳以下の少年たちがクルミの木でつくった棒のオンベでたたく行事である。木の道祖神人形がつくられ，火祭りとともに勧進とお祝いを行う。

　また，ここから県道407号線に沿って南へいった堺大久保地区には，江戸時代中期の建築と考えられている阿部家住宅（県宝）がある。木造平屋の茅葺きの建物で，東北地方にかけて，豪雪地帯に分布する中門造とよばれる建築様式をもち，主屋とＬ字形につきでた中門に馬屋を設ける住居である。

⑤ 信仰の地──善光寺と戸隠神社

古来から信仰を集めてきた善光寺と修験の道場として知られた戸隠神社は，今も全国から集まる人びとで賑わっている。

善光寺参道界隈 ㉘

〈M▶P. 52, 99〉長野市 南・北石堂町，大門町
JR長野新幹線・信越本線・長野電鉄長野線長野駅
🚶30分

絵解きの寺、西光寺　昔の面影が残る門前町

「遠くとも一度は参れ善光寺，救いたもうは弥陀の誓願」とうたわれる善光寺は，今も多くの参詣者で賑わう。駐車場は善光寺裏にあるが，JR長野駅からの表参道をゆっくり歩いて善光寺をめざしたい。

JR長野駅善光寺口前には，『善光寺縁起』に由来する如是姫の像がある。香華をささげてたつ像のさきは善光寺である。その如是姫に送られて善光寺に向かう。参道には，善光寺までの距離を示す丁石が整備されている。駅からは，18丁（1丁は約109m）である。駅をでて末広町交差点を右にまがると，善光寺までまっすぐな道である。14丁をすぎると，右手に苅萱山西光寺（浄土宗）がみえる。ここは，苅萱上人と石童丸の伝説で知られる。それを掛図とした「苅萱道心石童丸御親子御絵伝」があり，それを解説する「絵解き」が行われる寺として有名である。境内には芭蕉翁五十回忌法要で，1743（寛保3）年に建立された信濃で最古の芭蕉塚があり，「雪ちるや　穂屋のすすきの　刈残し」の句がきざまれている。

西光寺から200mほど北に進むと，新田町の交差点にでる。ここから，道は少々上り坂となる。その坂の前方遠にみえる善光寺の仁王門に向かって進む。途中，右手に長野冬季オリンピックの表彰式会場となったセントラルスクウェアがある。そのさきは，善光寺参りの精進落としの水茶屋が多くあった権堂となる。この参道

善光寺周辺の史跡

信仰の地──善光寺と戸隠神社

の途中にある老舗商店では，「街角ミニ博物館」として，その商店や門前町の歴史が感じられる道具や文書類が，歩きながらみられるように展示されている。

旧北国街道の宿場であった大門町にはいると，大正時代を彷彿とさせる町並みがあらわれる。右手に，江戸時代の中馬の組織をもとに，1872（明治5）年に設立された中牛馬社の建物が残る。現在は，飲食店に利用されている。左手には旧庄屋・問屋であった五明館が，現在は洋菓子店として残されている。右手には，国の登録有形文化財となった藤屋旅館（旧本陣〈現，ザ フジヤ ゴホンジン〉）が，現在も存在感のある姿をみせている。

善光寺 ㉙　〈M▶P.52, 99〉長野市元善町
JR信越本線・長野新幹線・長野電鉄長野線長野駅🚶30分

全国の善男善女が集う寺　7年に1度の盛儀、御開帳

ザ フジヤ ゴホンジンのさきの交差点から境内となる。ここからの参道には，1713（正徳3）年に敷石が敷設された。山門までの敷石は，江戸中橋（現，日本橋）の石屋大竹屋平兵衛の寄進，本堂前までは西長野西光寺住職単求の寄進による。その数7777枚と言い伝えられているこの敷石は，現在，市の史跡となっている。

境内にはいると，雰囲気が一変する。左には築地塀に囲まれた善光寺本坊の1つで，尼寺の大本願（浄土宗）があり，右には宿坊が軒を連ねているからである。善光寺には，衆徒（天台宗）21カ寺，中衆（浄土宗）15カ寺，妻戸（もと時宗，1685〈貞享2〉年以降は天台宗）10カ寺があり，善光寺講参拝者の常宿として，機能してきた。現在は天台・浄土一山寺院として39カ寺ある。「院」が天台宗，「坊」が浄土宗である。

宿坊をすぎると，そのさきに仁王門がある。1847（弘化4）年の善光寺地震で焼失後，幕末に再建されたが，1891（明治24）年に焼失し，1918（大正7）年に再建された。高村光雲作の阿像・吽像が参拝者を迎える。門正面の唐破風には，伏見宮貞愛親王筆の「定額山」の山号額が掲げられている。ここから駒返り橋までは堂庭とよばれ，元禄・宝永年間（1688〜1711）の本堂移転により，あいた地に露店ができた。1871（明治4）年には常設店舗が認められ，仲見世通りとよばれるようになる。仲見世通りのなかほどの左側に，延命地蔵尊が

善光寺平と北信濃

幻の善白鉄道

コラム

幻におわった長野・白馬をつなぐ鉄道

　善光寺へ向かう途中，西光寺手前の交差点を西に700mいくと，裾花川にでる。その手前の山王小学校校庭東脇には，1936(昭和11)年11月から，わずか7年余りで廃止となった善白鉄道の山王駅の遺構がある。

　善白鉄道は善光寺白馬電鉄といい，長野と白馬を結び，大糸線を経由して安曇地方や北陸方面に向かうことをめざした鉄道であった。

　1930年に起工式が行われ，途中，工事中断を乗りこえ，旧善光寺温泉までの6.4kmが1936年に開通した。乗車定員100人のガソリンカーが走り，市街地へ向かう通勤や行商人の利用で賑わったという。

　さらに第2期の工事として，1942年に裾花口まで1km延長されたが，アジア・太平洋戦争の激化により，不要不急路線とされ，1944年に営業停止となり，レールなどの鉄材が供出された。

　知る人も少なくなった善白鉄道のルートをたどってみよう。始発駅は南長野駅，現在この駅はなく，長野運送本社の敷地となっている。ここをでて，西に向かった鉄道は，国道117号線のみすず橋の下をくぐり，裾花川沿いを北上する。現在その面影はないが，鉄道の土盛り表面の葺石に特徴があり，ところどころそれをみることができる。

　山王駅をすぎると，県庁西側が妻科駅である。つぎの信濃善光寺駅とともに，今はその面影はなく，線路跡は道路となり，周囲は住宅街となっている。

　信濃善光寺駅をすぎると，裾花川は大きく屈曲する。線路は川を2回こえ，茂菅駅に着く。現在，国道406号線はこの屈曲部を新橋でこえていく。その眼下に，善白鉄道の橋脚がぽつんと残され，往時をしのばせる。

　茂菅駅をでると善光寺温泉駅で，開業当初は付近の鉱泉とともに市民で賑わったという。そのさき，裾花口駅は戸隠や鬼無里の人びとや物資を中継する拠点として利用されたが，この延長区間は1年余りの命であった。

　今は善光寺温泉も閉鎖され，この鉄道を知る人も，手がかりも，少なくなった。

たつ。この場所が，移転前の本堂のあったところである。この地蔵尊の正面(東側)，院坊通りの世尊院(釈迦堂)には，鎌倉時代の銅造釈迦涅槃像(国重文)がある。「京の立ち釈迦(清凉寺)，信濃の寝釈迦」といわれ，戦国時代には本尊とともに諸国を流転した。

　仲見世通りをすぎ，駒返り橋を渡ると，正面に2層入母屋造の三門(山門)(国重文)がそびえたつ。1750(寛延3)年に，5年がかりで

信仰の地—善光寺と戸隠神社

101

善光寺本堂

造営された。正面の扁額は輪王寺門跡公澄法親王の筆で，字のなかに5羽の鳩がみえることから，鳩字の額ともいわれる。屋根は，造営当時から大正時代までは栩葺きであった。平成の解体修理により，その工法の詳細がわかり，現在は檜皮葺きから栩葺きに戻して復元されている。

　山門手前左側が，大勧進（天台宗）である。善光寺本坊の1つであり，近世の善光寺運営をになってきた。1643（寛永20）年，江戸の東叡山寛永寺（東京都台東区）の直轄となる。大勧進には，1531（享禄4）年の善光寺造営図（国重文）が残されている。また，御開帳のときに本堂に遷座される前立本尊は，内仏殿に安置されている。宝物館には，紙本墨書源氏物語事書（国重文）などの寺宝がある。

　わずかな石段をのぼって山門の下にはいると，本堂が山門を額縁として絵画的構図におさまる。冬，雪の降る日はまさに一幅の絵である。本堂正面には，大香炉がつねに薫煙をたちのぼらせている。

　善光寺本堂（国宝）は，堂庭の地から現在地に移され，1707（宝永4）年に完成した。設計は，幕府方棟梁甲良宗賀の手になり，浄財は大勧進72世慶運が全国を行脚して集めた。この本堂は縦長で，丁字型の撞木造といわれる建築様式で，全国最大級の木造建築物である。なかにはいると入口側から，外陣，内陣・内々陣とつながり，その奥左側に一光三尊阿弥陀如来像（秘仏）を安置する瑠璃壇がある。秘仏である本尊にかわって，7年に1度の御開帳では，前立本尊が瑠璃壇前に安置される。右側は開山の本田善光と妻・子の3人をまつっている「御三卿の間」である。本尊と俗人とを一緒にまつるという珍しい形式となっている。三卿像右手に，お戒壇巡りの入口がある。階段をおりると漆黒の闇で，瑠璃壇の真下をまわる通路の途中に鍵があり，これにふれると極楽へいけると伝える。

　この本堂内では，中世から1908（明治41）年まで，夜に泊まり込む

善光寺経蔵

「おこもり」という独特の参拝が行われていた。また，朝の法要の前後，参道で尊師から数珠で頭をなでてもらう「お数珠頂戴」という光景が，毎朝の風物詩である。

本堂西側手前に，黄檗版一切経をおさめる経蔵(国重文)がある。内部は石敷きで，八角の回転式の輪蔵があり，これを押してまわることで，お経を読んだ功徳が得られるという。また境内には，徳川家廟所・伝佐藤兄弟碑・仏足石碑・地震横死塚・藤原采女亮碑など，歴史を語る多くの石碑類や句碑，全国各地から寄進された常夜灯が建立されている。

善光寺の周囲には，善光寺三寺として近世に重んじられた寺や善光寺三鎮守といわれた古社がある。善光寺三寺とは，東之門町の寛慶寺・西町の西方寺・東町の康楽寺である。このうち西方寺は，元和の本堂焼失時や現本堂建立時などに本尊が移された。また三鎮守は，妻科神社・湯福神社・武井神社である。善光寺西北の湯福神社は，湯福＝伊吹，つまり風と関係があり，風神としても信仰されていた。二百十日(新暦で9月1日前後)には，近辺の人びとが善光寺に参詣し，ついで湯福神社に参拝して，風の平安を祈る習慣があったという。

善光寺から西へ国道406号線(鬼無里街道)を約5kmいき，国道から分かれて裾花川を渡り，3kmほど山中にはいった入山岩戸地区に小さな神社がある。この葛山落合神社本殿は，室町時代の1465(寛正6)年造立の墨書銘をもち，国の重要文化財となっている。

ダニエル・ノルマン邸と旧長野県師範学校教師館 ㉚

〈M▶P. 52, 104〉長野市上ケ屋 麓 2471-1123
JR長野新幹線・信越本線・長野電鉄長野線長野駅🚌戸隠高原行🚌飯綱登山口🚶30分，または長野駅🚌30分(七曲り経由)・38分(ループ橋経由)

長野市街地から戸隠神社に向かう途中の飯綱高原に明治の洋館が

市民憩いの高原、飯綱
峻険な姿も厳かな戸隠山

信仰の地—善光寺と戸隠神社

ダニエル・ノルマン邸周辺の史跡

移築されている。飯綱高原へは2つのルートがある。1つは信州大学教育学部の横をとおり、苅萱道心往生の地という往生寺から七曲りをのぼってバードラインにでる道で、2つ目は長野大通りを北に進み、浅川で左にまがりループ橋で高度を稼ぎ、途中、長野冬季オリンピックボブスレー・リュージュ会場となったスパイラルを経て、飯綱スキー場からバードラインに合流する道である。

合流したところが、大座法師池である。さらに約2kmいった飯綱登山口から山側にはいって右側のカラマツ林のなかに、カナダの宣教師ダニエル・ノルマン邸と旧長野県師範学校教師館（ともに県宝）がある。それぞれ1904（明治37）年と1875年につくられた木造2階建てで、明治時代の雰囲気をよく伝えている。もともと長野市県町、立町にあったものがこの地に移築された。この両建物のさらに500mほどさきに、1964（昭和39）年に解体され、翌年やはり長野市街地から移築された旧長野県庁本館がある。1973年までは県企業局の経営するホテルとなっていたが、その後は県の自治研修所として利用されている。その北側一帯が、戸隠神社一ノ鳥居を中心とする自然公苑である。

江戸時代、この一ノ鳥居からさきが、1000石の戸隠山神領となる。しばらくいくと眼前が開け、鋸状の戸隠山の姿がみえてくる。右手に、戸隠そば博物館とんくるりんがある。戸隠そばの今昔と、世界のソバ文化が紹介されている。この敷地に、バードラインが有料であった当時の上ケ屋の料金所が移築・展示されている。さらにいくと、大久保茶屋である。往時は、善光寺や柏原・牟礼・鬼無里方面との結節点であり、物資を背につけた馬の往来が盛んであった。

戸隠三社 ㉛ 〈M▶P. 52, 105〉長野市戸隠　P（中社・奥社）
JR長野新幹線・信越本線・長野電鉄長野線長野駅🚌宝光社54分・中社64分・奥社69分（ループ橋経由）、または🚙宝光社40分・中社45分・奥社50分

天の岩戸の飛来伝説で有名な戸隠神社は、その発祥は不明である

> 古来より修験の道場として聞こえるスギの大木に囲まれた社殿

が、平安時代には修験道の霊場として知られていた。神仏混淆の時代には戸隠山顕光寺と称し、平安時代末期には「戸隠三千坊」といわれ、比叡山・高野山とともに「三千坊三山」といわれる繁栄をみせていた。後白河法皇により編纂された『梁塵秘抄』にも、「四方の霊験所」の１つとして登場する。戸隠連峰の切り立った山容は、修験者の修行の場としてふさわしいものと人びとの目にはうつっていた。戦国時代には、上杉氏・武田氏の争乱に巻き込まれ、三院は、30年ほど小川村の筏が峯に移ることもあったが、江戸時代には1000石の朱印地をあたえられ、その地位は安定した。中院・宝光院の門前は、院坊が並び、商人・職人・農民らで賑わい、現在の原型ができあがった。

明治時代にはいり神仏分離令により、それまでの神仏混淆の姿は否定され、寺院は廃されて、戸隠神社奥社・中社・宝光社と改称され、現在に至る。戸隠三社と筏が峯の戸隠寺三院信仰遺跡が山岳信仰を示す文化財として県史跡となっている。

大久保の茶屋から戸隠方面へ4.7kmで、戸隠三社の１つである宝光社(祭神天表春命)に着く。通りの突き当りに、長い石段がスギの巨木の間にのびて社殿にでる。1861(万延２・文久元)年の再建で、両部神道当時の面影を残した社殿である。雪の重みをささえるため、両側軒下に７本の支柱がある。東側に1.4kmの中社への道(神道)があるが、とおる人は少ない。1849(嘉永２)年刊行の『善光寺道名所図会』によると、12院が宝光院の坊舎として存在していた。

宝光社につきあたった車道を右にまがり、天鈿女命をまつる火之御子社の前をとおる。神仏習合の時代も、神社として続いていた火之御子社境内には、有名な西行桜があり、萱葺きの社殿が往時を彷彿とさせる。

火之御子社前からつづら折りの道をのぼると、中社の集落へとでる。まっすぐの

> 戸隠三社周辺の史跡

信仰の地—善光寺と戸隠神社

105

戸隠神社中社

道の両側に，名物戸隠そばの店や竹細工の店，宿坊などがたち並び，賑わいの中心でもある。突き当りが中社(祭神 天八意思兼命)である。境内はスギの古木に囲まれているが，そのなかに，樹齢800年とも900年ともいわれる三本杉がある。戸隠神社の社務所もここにおかれている。『善光寺道名所図会』によると，宝光社と同じく12院が存在しており，現在も旅館として続いているものもある。

中社から奥社へ続く旧参道には，江戸時代に女性がここから奥社を遙拝したという女人堂跡や釈長明火定の地，稚児の塔などがある。車では，中社から2kmで奥社入口となる。

奥社(祭神 天手力雄命)は，入口から約2kmの道のりである。大鳥居をくぐり，参道にはいる。15分ほどいくと，萱葺きで赤い随神門へ着く。このさきは，江戸時代に奥院への参道整備として植林された杉並木が続く。左右には大講堂跡や院坊跡のこけむした礎石が残り，往時の様子がしのばれる。しだいに参道は急坂となり，視界が開けると奥社と戸隠山の断崖絶壁が迫る。まず九頭竜社，そして奥社に至る。九頭竜社は水分神・水口神として，天の岩戸伝説より以前から鎮座していたとみられる。振り返って東側をのぞむと，戸隠スキー場のある怪無山がみえる。

戸隠神社には，紙本墨書法華経残闕(「戸隠切れ」とよばれる)・牙笏(ともに国重文)や武田信玄願状・面頬などが，社宝として伝えられている。

⑥ 小林一茶と野尻湖

宿場町柏原は,「是がまあついの栖か雪五尺」と詠んだ小林一茶のふるさとである。野尻湖は発掘調査が続けられている。

一茶記念館 ㉜
026-255-3741

〈M▶P.52,108〉上水内郡信濃町柏原小丸山公園内 [P]
上信越自動車道信濃町IC🚗3分,またはJR信越本線黒姫駅🚶5分

俳人小林一茶の郷里一茶にかかわる文化施設がある

　JR黒姫駅から一茶通り商店街をとおって,国道18号線に向かって3分歩くと,左手に江戸時代後期の俳人小林一茶の菩提寺明専寺(浄土真宗)がある。明専寺の裏手にひろがる小高い丘が小丸山公園である。公園入口から少しのぼったところに,一茶の句碑「是がまあ　ついの栖か　雪五尺」がたてられている。丘の上には,俳諧寺(一茶俤堂)・一茶の墓・一茶記念館がある。

　俳諧寺は,1910(明治43)年にたてられた茅葺きの小さな堂で,一茶の像が安置されている。裏側の木立に囲まれた墓地のなかに,一茶の墓(小林家一族の墓)がある。1960(昭和35)年に設立された記念館は,2003(平成15)年に改装され,一茶の遺作・遺品とともに,一茶の生涯と文学・ふるさと・顕彰活動などを紹介している。

小林一茶旧宅 ㉝
026-255-3741(一茶記念館)

〈M▶P.52,108〉上水内郡信濃町柏原49
上信越自動車道信濃町IC🚗5分,またはJR信越本線黒姫駅🚶10分

　小丸山公園から国道18号線に戻る。この辺りが北国街道旧柏原宿で,加賀藩(現,石川県金沢市)前田家の参勤交代で賑わい,北信濃の経済・文化の中心地として栄えた。本陣兼問屋は,宿駅のほぼ中央に位置した中村家がつとめた。1781(天明元)年に旅籠23軒を数え,街道には松並木と用水路があった。しかし,1827(文政10)年の大火と1847(弘化4)年の善光寺地震で多くの家屋を失

小林一茶旧宅

小林一茶と野尻湖　　107

い，今では本陣跡をわずかに残すものの，往時の面影はない。

本陣跡を南に少しいった左手に，小林一茶旧宅(国史跡)がある。一茶終焉の土蔵は，間口6.6m・奥行4.2m，置屋根形式の茅葺き・平屋建てで，正面の壁に小さな明かり窓1つ，なかは土間と地炉(囲炉裏)という粗末なものである。一茶は，この土蔵のなかで，1827(文政10)年11月，65年の生涯を閉じた。

一茶は，1763(宝暦13)年に，柏原宿で中農の小林弥五兵衛の長男に生まれた。3歳で母と死別し，その後，迎えられた継母との折合いが悪く，15歳で江戸に奉公にだされた。20歳ごろから業俳(職業俳人)を志して全国を行脚し，一茶調とよばれる独自の句法を確立した。父の死後，異母弟専六(のち弥兵衛)と遺産相続争いを続けたが，1812(文化9)年に決着をつけて帰郷した。そののち北信濃に多くの門人を育て，『おらが春』『七番日記』などをあらわし，生涯2万句の俳句をうみだした。終焉の地となった土蔵は，1827年の柏原の大火で焼け残ったもので，仮住まいであった。現在，街道に面して，弟の家が復元されている。

一茶終焉の地
国史跡の一茶旧宅がある

野尻湖 ㉞　〈M▶P.52, 108〉上水内郡信濃町野尻　P
上信越自動車道信濃町IC🚗5分，またはJR信越本線黒姫駅🚌野尻湖行野尻湖入口🚶1分

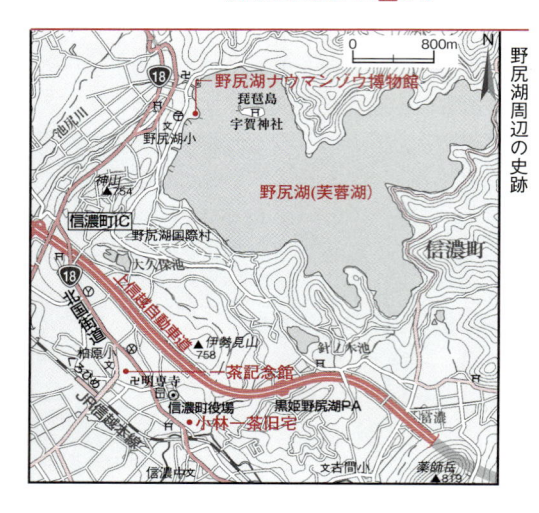

長野県で2番目に大きい湖
野尻湖発掘の舞台

柏原宿から国道18号線(北国街道)を新潟県方面に進むと，貫ノ木をとおり，野尻一里塚となる。ここから北国街道信濃国最北端の野尻宿となる。野尻宿は，善光寺地震とその後の大火で，往時の遺構は失われてしまった。

野尻宿の東方に，野尻湖がひろがる。

野尻湖周辺の史跡

海抜654m・面積3.86m²・周囲17.5km・最深部37m，東方の斑尾山の噴出物でせきとめられてできた湖である。湖岸線は出入りに富んで，ハスの花の形に似ているため，芙蓉湖ともいう。湖中に琵琶島（弁天島）が浮かび，島の宇賀神社には，上杉謙信の武将宇佐美定行の墓といわれる石塔がある。

湖西の野尻国際村は，カナダ人宣教師ダニエル・ノルマンが，1920（大正9）年に避暑地として着目し，軽井沢での物価高や混雑を嫌った外国人が別荘をたて，今日に至っている。湖岸には，キャンプ場や学校の寮なども散在する。

野尻湖ナウマンゾウ博物館 ㉟
026-258-2090

〈M ▶ P. 52, 108〉上水内郡信濃町野尻287-5　P

上信越自動車道信濃町IC🚗5分，またはJR信越本線黒姫駅🚌野尻湖行野尻湖入口🚶3分

ナウマンゾウのいる博物館

野尻湖は，「ゾウのいた湖」として知られている。1948（昭和23）年秋，地元の旅館主加藤松之助が，長さ30cmほどのナウマンゾウの化石を発見した。この化石は，ゾウの上顎第3大臼歯で，人間でいえば「親知らず」にあたる歯であった。この発見を機に，1962（昭和37）年から野尻湖底発掘が湖西の立ケ鼻ではじまった。

発掘は，水力発電によって水位が約3m低下する3月に集中して行われ，民間の学術団体である野尻湖発掘調査団によって実施された。発掘には，児童・生徒・学生・教師・主婦・専門家など，多様な人びとが全国から参加して，全員が力量に応じて任務を分担する「野尻湖方式」として注目された。

発掘は，1962年の第1次調査後も3年に1回の割合で実施され，現在も続けられている。この野尻湖発掘によって，「月と星」と名づけられたナウマンゾウの牙とヤベオオツノジカの角など，約8万点の化石や遺物が掘りだされた。これらの資料は，日本列島の旧石器時代人の捕獲対象の動物や骨角器を研究するうえで，貴重な資料となっている。

野尻湖からの出土品を収蔵・展示しているのが，野尻湖ナウマンゾウ博物館である。同館には，ナウマンゾウやオオツノジカの復元

小林一茶と野尻湖

像，野尻湖人の道具，化石などを展示するほか，ナウマンゾウの化石に直接触れる体験コーナーなども設けられている。

蓮香寺荒神堂・忠恩寺・観音寺 ㊱
026-229-2371（蓮香寺）

〈M▶P. 52, 110〉蓮香寺：長野市篠ノ井山布施村山8272，JR長野新幹線・信越本線長野駅🚌新町線村山🚶15分／忠恩寺：長野市七二会己1017-1，JR長野駅🚌新町線瀬脇🚶10分／観音寺：長野市信更町下平5007-4，JR長野駅🚌新町線笹平トンネル西🚶45分

西山地方の国重文の仏像

　JR長野駅から国道19号線を車で約25分，犀川にかかる明治橋の手前を左折すると，小集落である村山の蓮香寺荒神堂に着く。伽藍はなく，荒神堂のみである。ここに，木造伝子安荒神坐像（国重文）が安置されている。像高55.1cm，ヒノキの寄木造の女神像で，「天文十二（1543）年　村上義清」の銘がある。母神の内懐に裸身の子をだき，頭に頭巾のような冠をつけ，目はやや上目で唇を少し開き，足を組んですわっている。

　明治橋を渡って，右手にのぼった七二会瀬脇の忠恩寺に，木造聖観音菩薩立像（国重文）がある。像高162.1cm，ヒノキの寄木造で，平安時代末期の像である。1897（明治30）年の火災で本尊と堂宇が焼失したため，再興した同寺に奈良県天理市から大阪府の豊川寺を経て迎えられた仏像である。

　国道19号線をさらに進み，大安寺橋を渡って左折し，車で3分ほどいったところに観音寺（曹洞宗）がある。この寺の本尊は，木造十一面観音菩薩立像（国重文）で，像高153.9cm，ケヤキの一木造，10世紀後半の仏像である。肉身は金泥塗りで，頭頂部に化仏がつけられている。一般公開はしていない。

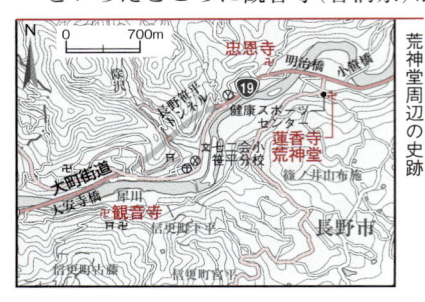

荒神堂周辺の史跡

こうざん じ さんじゅうのとう
高山寺三重塔 ㊲
026-269-2568

〈M▶P.52〉上水内郡小川村稲丘7119 P
上信越自動車道長野ICから国道19号線，または信濃信州新線🚗50分

北アルプスを背に美しい三重塔

　大安寺橋からさらに国道19号線を進んで，信更町安庭の安庭橋から有料の白馬長野道路にはいる。5km余りいって小川村高府の信号で右手の道にはいる。小川村役場などがある高府の町並みをぬけ，ガソリンスタンドのところで右折し，信濃信州新線の急峻な山道を北へ進むと，北アルプスを一望できる高台に高山寺（真言宗）がある。

　七堂伽藍を備えた名刹で，信濃三十三番札所の結願所である。なかでも1195（建久6）年に，源頼朝が創建したといわれる三重塔（県宝）には，大日如来・阿弥陀如来・釈迦如来を安置している。同塔は，江戸時代初期には倒壊寸前の状態になっていたというが，1698（元禄11）年に木食山居上人によって再建され，簡素で美しい塔の姿をみせている。

　高山寺から県道36号線を北に向かい，峠をこえると約7kmで長野市鬼無里にでる。国道406号線（鬼無里街道）と合流する手前300mほどを鋭角に左にまがると，1.2kmで白髯神社に着く。本殿は安土・桃山時代の造立で，国の重要文化財である。覆屋がかけられ，大切にまもられている。

小林一茶と野尻湖

Chūshin 松本・安曇野・木曽路

安曇野万水川の風景

奈良井宿の町並み

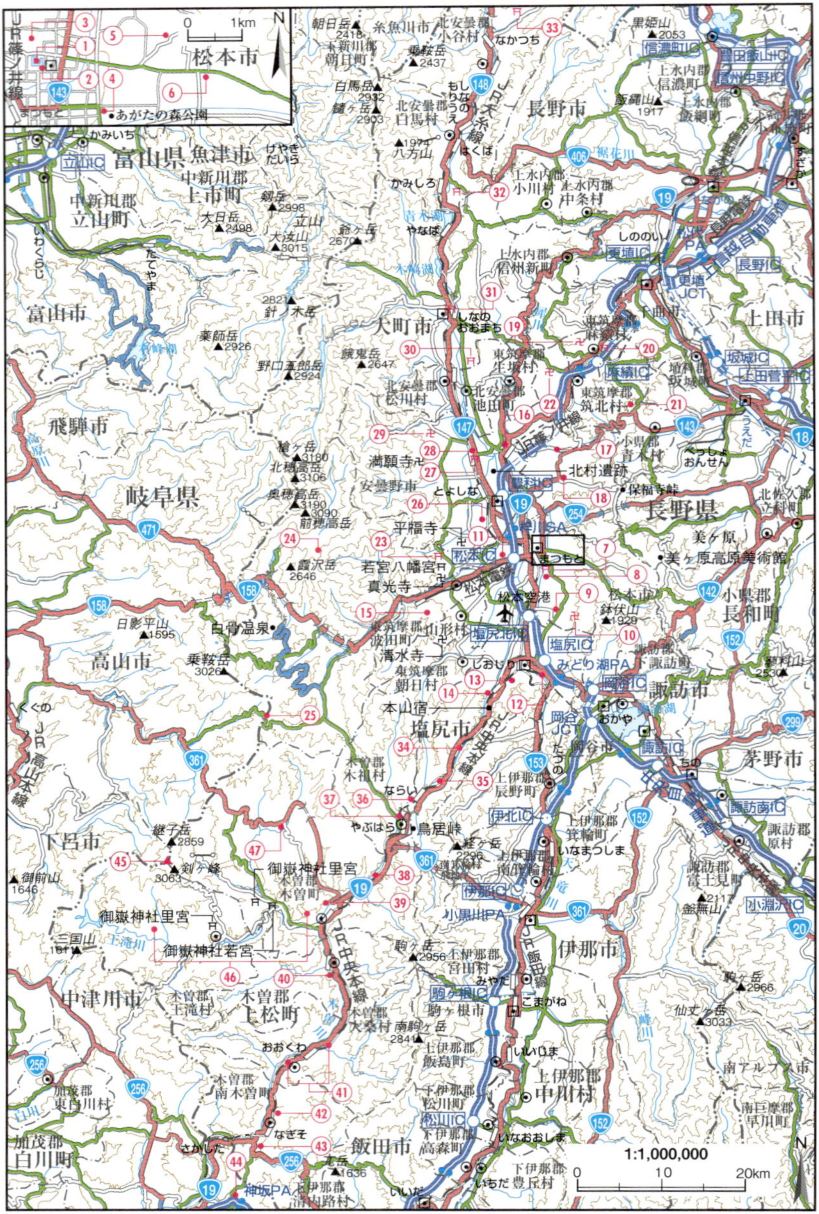

◎中信散歩モデルコース

城下町松本・北コース　　JR篠ノ井線松本駅前バス停 5 八十二銀行前バス停 1 四柱神社 4 松本市立博物館 2 松本城 5 旧開智学校 1 松本市旧司祭館 1 松本市中央図書館 10 長野県松本深志高校 15 橋倉家住宅 3 鈴木鎮一記念館 2 元原町バス停 10 松本バスターミナル（JR松本駅隣接）

城下町松本・東コース　　JR篠ノ井線松本駅 10 松本市時計博物館 5 中町・蔵シック館 2 松本市はかり資料館・はかり資料館バス停 6 県ケ丘高校バス停 3 戸田家廟園 5 あがたの森公園 1 旧制松本高等学校・旧制高等学校記念館 10 松本市美術館 3 まつもと市民芸術館 1 深志神社 5 源智の井戸 3 大橋通り南バス停 5 松本駅バス停

松本の里山・ドライブコース　　長野自動車道松本IC 20 桜ヶ丘古墳 5 玄向寺 5 松本民芸館 5 兎川寺 1 旧山辺学校校舎 2 須々岐水神社 2 針塚古墳 5 筑摩神社 3 若宮八幡社本殿 5 弘法山古墳 5 松本市立考古博物館 5 埴原牧跡 5 牛伏寺 5 馬場家住宅 10 塩尻北IC

安曇野・サイクリングコース（___は自転車利用）　　JR大糸線穂高駅 1 穂高神社 3 井口喜源治記念館 5 松沢求策生家 10 松沢求策胸像 3 研成義塾跡 5 白銀地区双体道祖神 5 相馬愛蔵生家 10 大王わさび農場 20 碌山美術館 8 JR穂高駅

安曇野・ドライブコース　　長野自動車道松本IC 2 松本市歴史の里 25 真光寺 10 大宮熱田神宮 5 若宮八幡宮 10 平福寺 10 多田加助宅跡 2 貞享記念館 6 拾ヶ堰 26 満願寺 15 有明山神社 15 魏石鬼の窟 3 松尾寺 1 鐘の鳴る丘集会所 1 穂高郷土資料館 10 天蚕センター 3 八面大王の足湯 20 豊科IC

木曽路南部・ハイキングコース　　JR中央本線南木曽駅 10 妻籠宿 2 妻籠宿脇本陣 1 歴史資料館 60 藤原家住宅 60 馬籠峠 50 馬籠宿・藤村記念館 30 JR中央本線中津川駅

---

① 松本城
② 松本市立博物館
③ 旧開智学校
④ 旧制松本高等学校
⑤ 松本民芸館
⑥ 旧山辺学校校舎
⑦ 筑摩神社
⑧ 弘法山古墳
⑨ 馬場家住宅
⑩ 牛伏寺
⑪ 松本市歴史の里
⑫ 塩尻宿
⑬ 平出遺跡
⑭ 本洗馬歴史の里
⑮ 若沢寺跡
⑯ 官営明科製材所跡
⑰ 会田宿
⑱ 松本市四賀化石館
⑲ 福満寺
⑳ 麻績神明宮
㉑ 修那羅峠の石仏群
㉒ 贄殿寺大日堂
㉓ 大宮熱田神社
㉔ 上高地
㉕ 野麦峠
㉖ 多田加助宅
㉗ 穂高神社
㉘ 碌山美術館
㉙ 松尾寺
㉚ 仁科神明宮
㉛ 若一王寺神社
㉜ 神明社
㉝ 大宮諏訪神社
㉞ 贄川宿
㉟ 平沢
㊱ 奈良井宿
㊲ 藪原宿
㊳ 宮ノ越宿
㊴ 木曽福島
㊵ 上松
㊶ 須原宿・野尻宿
㊷ 三留野宿
㊸ 妻籠宿
㊹ 馬籠宿
㊺ 御嶽山
㊻ 王滝村・木曽町三岳
㊼ 開田

城下町松本と山辺の里

日本の中央に位置する松本市は、岳都・学都・楽都としての魅力にあふれる「文化薫るアルプスの城下まち」である。

城と城下町が伝える伝統 築城400年の国宝天守閣

松本城 ❶
0263-32-2902

〈M ▶ P.114, 117〉松本市丸の内4-1 P
JR篠ノ井線松本駅🚶15分、または🚌松本周遊バス北コース松本城黒門🚶すぐ、または長野自動車道(以下、長野道と略す)松本IC🚗15分

　JR松本駅前から再開発事業が完成した町並みを歩く。1月に「あめ市」で賑わう伊勢町から本町をすぎ、女鳥羽川にかかる千歳橋を渡ると、1880(明治13)年の天皇巡幸で行在所となった四柱神社が右手にみえる。さらに大名町を北へ進むと、城下町松本の象徴である松本城(国史跡)に至る。北アルプスの山々を背景にして、石垣の上にそびえる天守閣は、白と黒のコントラストが堀の水に映える。

　松本には8世紀末から信濃の国府がおかれた。中世には守護小笠原氏が井川城を本拠に勢力をのばし、一族の武将島立右近に命じて深志城を築かせたと伝えられる。1550(天文19)年、武田信玄が侵攻して信濃支配の拠点とし、3重の水堀や馬出しをつくった。1582(天正10)年、武田氏が織田勢に追われると、小笠原貞慶が失地を回復。深志城を松本城と改称して居城とし、堀や土塁で城を強化して、町人を本町に移住させるなど、城下を整備した。

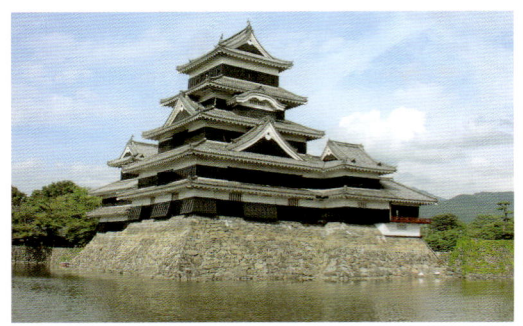

　豊臣秀吉の全国統一に伴って小笠原秀政は関東に移封となり、1590年に石川数正が入城した。数正・康長父子は、1600(慶長5)年の関ヶ原の戦いまでに5層6階の大天守・渡櫓・乾小天守(いずれも国宝)など、主要建造物を築造している。その後約50年の間に、小笠原秀政・戸田康長・松平直政・堀田正盛・水野忠清と

堀に映える松本城

116　松本・安曇野・木曽路

松本市中心部の史跡

頻繁に藩主が交代したが、1726(享保11)年に戸田光滋が入城し、以降代々戸田氏が在城して明治維新を迎えた。この間、松平直政が辰巳附櫓・月見櫓(ともに国宝)などを増築した。

松本城は本丸を中心とする平城で、天守は連結複合式とよばれる構造である。3重の水堀などで防御力を強化し、窓が少なく、弓・鉄砲を撃つ狭間が多いなど、居住性よりも実戦的機能を備えている。城下には、城の周辺に大名町・鷹匠町・徒士町・同心町などの武家屋敷を配置した。町屋は北国西街道(善光寺街道)沿いの本町・中町・東町を親町に、伊勢町・飯田町・博労町・鍛冶町・和泉町・安原町などの枝町が17世紀なかばごろまでに形成された。旭2丁目の橋倉家住宅(県宝)は下級武士住宅の建築様式を伝えている。山崎歯科医院は地震により修復不能となり、2012年8月に解体された。

廃藩置県の翌1872(明治5)年に競売された天守閣は、下横田町戸長でのちに『信飛新聞』を発行した市川量造らに買い戻され、城地では筑摩県(当時)主催の博覧会などが開催された。その後、天守

城下町松本と山辺の里　117

閣は倒壊寸前にまで荒廃したが，1901年に旧制松本中学校（現，長野県松本深志高校）校長の小林有也らが，天守閣保存会を設立して明治の大修理を行い，1913（大正2）年に完成した。この間，1908（明治41）年には旧二の丸に，旧長野地方裁判所松本支部庁舎（県宝，現在は松本市歴史の里に移築）が建築された。以後，昭和の解体修理，二の丸御殿跡の発掘調査，黒門・太鼓門の復元などを経て，史跡公園の整備が進められてきた。

現在は一般公開のほか，乾小天守の特別公開，4月に夜桜会，8月に薪能・サイトウキネンフェスティバル小学生合同演奏会，9月に月見の宴，10月に古式砲術演武，11月にお城祭りなど，松本城を会場に1年をとおして多彩な文化的行事が開催されている。

松本市立博物館 ❷
0263-32-0133

〈M▶P. 114, 117〉松本市丸の内4-1　P
JR篠ノ井線松本駅🚶15分，または🚌松本周遊バス北コース松本城黒門🚶1分，または長野道松本IC🚗15分

国内有数の民俗資料を展示「松本まるごと博物館」構想

松本城黒門外の松本城公園内にある松本市立博物館（日本民俗資料館）は，長野県最初の博物館である。1906（明治39）年に「明治三十七，八年戦役紀念館」として，松本尋常高等小学校（現，松本市立開智小学校）内に開設され，1948（昭和23）年に，山岳・民俗・考古・歴史・教育の5部門をもつ「松本市立博物館」を開館し，1968年には「日本民俗資料館」として新築され，現在は2つの名称を用いている。館内には，原始から中世・松本城と城下町の時代・明治から昭和へ，の3部構成からなる「松本地方の歴史」，三九郎・七夕・ぼんぼんと青山様・道祖神祭りなど，松本の年中行事を紹介する「松本歳時記」，押絵雛・オミキノクチ（国民俗）・姉様人形など「松

紙雛形式の七夕人形（男形の高さ46.2cm）

「蔵の町」中町通り

本の伝統工芸」，稲作を中心に農耕用具資料を集めた「古き良き時代の農具たち」のほか，戦国時代から江戸時代末期の火縄銃や装備品などの赤羽コレクション（松本城大天守にも展示）や古文書など，松本城に関する資料の常設展示のほか，特別展や企画展，講演会なども開催している。約9万点の収蔵品のうち，鎌倉時代の仏具である孔雀文磬は国の重要文化財，七夕人形・民間信仰資料・農耕用具の各コレクションは国の重要有形民俗文化財に指定されている。

2000（平成12）年から松本市は，松本市立博物館を中核施設として市内にある旧開智学校（国重文）・松本市立考古博物館・松本市旧司祭館・松本民芸館・松本市はかり資料館・窪田空穂記念館・馬場家住宅（国重文）・松本市歴史の里・松本市時計博物館を付属施設とする「松本まるごと博物館」構想を推進している。各施設では，松本まるごと博物館マップを配布しており，この地図を片手に，松本市の博物館や文化財めぐりを楽しむことができる。

善光寺街道のとおる中町は，1888（明治21）年の松本大火ののちに土蔵造の建物が数多くたてられ，「蔵の町」として親しまれている。中町通りのほぼ中央にある松本市はかり資料館は，1902（明治35）年に創業の竹内度量衡店が前身で，1986（昭和61）年の閉店を期に松本市が整備し，1989（平成元）年に開館した。古今東西の「計り・量り・測り」に関する資料など，約700点を収蔵・展示している。

千歳橋から女鳥羽川沿いに約30m歩くと，大きな振り子時計が目印の松本市時計博物館がある。2002年に開館した時計博物館は，本田親蔵から寄贈された和洋の古時計コレクションを中心に，古時計が今でも動いている状態で展示されている。また，時計と関係の深い蓄音機とSPレコードの鑑賞コーナーも設けられている。

女鳥羽川沿いにくだると，田川と合流する巾上に犀川通船船着場跡の石碑がたつ。松本と信州新町を結ぶ通船は，筑摩郡白板村（現，

城下町松本と山辺の里　119

松本市)の折井儀右衛門らの出願によって開通し、1832(天保3)年から1902(明治35)年まで、米穀・木炭・酒などを運搬して城下町松本の商品流通に大きな役割をはたした。

旧開智学校 ❸
0263-32-5725

〈M▶P.114, 117〉松本市開智2-4-12 P
JR篠ノ井線松本駅🚶20分、または🚌松本周遊バス北コース鷹匠町🚶5分、または松本城🚶5分、または長野道松本IC🚗15分

学校・教育の歴史を体現　近代・現代を語る諸建築

　松本城の北約500mには、「文明開化」を象徴する旧開智学校(国重文)がある。1872(明治5)年に学制が公布されると、筑摩県権令永山盛輝は学事振興に尽力した。開智学校は1873年5月、廃仏毀釈で廃寺となった全久院の建物を仮校舎に、女鳥羽川沿いに開校した。学校名は学制の前日に公布された「学事奨励に関する被仰出書」文中の「其身を脩め智を開き才芸を長する」から命名され、1876年4月には現存する校舎と30余室の教室棟が新築された。

　極彩色に彩られた木造漆喰壁塗りの2階建て、屋上に東西南北の風向計がついた八角の太鼓楼、2階バルコニーからの唐破風、窓に舶来ガラスがはまり、キューピットが開智学校の文字を掲げる和洋混合の擬洋風建築は、地元の大工立石清重らが、東京大学の前身である開成学校などを参考に設計した。工事費約1万1000円は、国や県の補助をうけずに松本町民の寄付などで調達され、地域住民の教育に対する熱意と期待を象徴する学校である。

　明治時代の開智学校には、師範講習所(現、信州大学教育学部)、変則中学校(現、長野県松本深志高校)、附属幼稚園(現、松本市松本幼稚園)、開智書籍館(現、松本市中央図書館)、紀年館(現、松本市立博物館)、盲人教育所(現、長野県松本盲学校)などが併

旧開智学校の教室風景

設され、幼稚園教育から高等教育・特殊教育の基礎を築くとともに、社会教育の分野にも大きな役割をはたした。1961(昭和36)年、明治時代の擬洋風の学校建築としては、全国ではじめて国の重要文化財に指定された。

1963年まで約90年間使用された校舎は女鳥羽川の改修に伴って現在地に移転し、保存のための修理をほどこされ、1965年に教育博物館として開館した。館内には、江戸時代の寺子屋から、明治・大正・昭和時代までの教科書・教材教具・生徒の作品・学校創設期資料・学校管理資料・日誌・1876年の学校新築関係資料などが展示され、2階には当時の教室が再現されている。保管されている約7万点の教育資料と建築資料は、質・量ともに日本一といわれている。

旧開智学校の隣には、松本市旧司祭館が、松本城北側の地蔵清水から移築・復元されている。1889(明治22)年に松本カトリック教会のフランス人のクレマン神父が建築した西洋館で、1・2階のベランダや各部屋に暖炉を備えるなど、アメリカ開拓時代の建築様式を残している。隣接する松本市中央図書館の入口右には「普選運動発祥の地記念像」がたつ。1897年に、中村太八郎や木下尚江らが松本で普通選挙期成同盟会を結成し、普選請願書や普通選挙法案の衆議院提出などの活動を展開した。中央図書館は、「普選文庫」や宋版漢書(国重文)を所蔵し、平和資料コーナーでは、里山辺地下軍事工場や中山軍事工場の模型と関連資料を展示している。

旧開智学校から1kmほど東にある鈴木鎮一記念館は、才能教育で知られる鈴木鎮一の旧宅である。カザルスやロストロポーヴィッチら世界の巨匠も訪れたスズキメソードの発祥地で、世界的に活躍した鎮一の業績をたたえる資料を数多く展示している。旧開智学校から500mほど北には、旧制松本中学校時代の1935(昭和10)年に、松

長野県松本深志高校正面

城下町松本と山辺の里

本城地から移転・新築した長野県松本深志高校がある。現在も校舎として使われている管理棟・普通教室棟と講堂は、昭和の名建築として、2003(平成15)年に国の登録有形文化財に指定された。また、旧開智学校から城山公園へ向かい約1kmいくと、山麓に放光寺(曹洞宗)がある。当寺の木造十一面観音立像(県宝)は、平安時代末期の貞観風の名残りをもつ秘仏である。

旧制松本高等学校 ❹
0263-35-6226

〈M▶P.114, 117〉松本市県3-1-1 P
JR篠ノ井線松本駅🚶20分、または🚌松本周遊バス東コース旧松本高校🚶すぐ、長野道松本IC🚗15分

旧制高校のバンカラ気風 自由と芸術を追求する町

松本駅から東に約1.5km歩くと、臼井吉見・唐木順三・辻邦夫らを輩出した旧制松本高等学校の跡に至る。20年以上にわたる誘致活動を経て1919(大正8)年に開校した松本高等学校は、地元の期待も大きく、敷地約2万坪(約6万6000㎡)は松本市が寄付した。ヒマラヤスギやケヤキなどの樹木に囲まれたドイツ風木造建築の本館と講堂(ともに県宝)は、北杜夫の『どくとるマンボウ青春記』の舞台でもある。戦後は信州大学文理学部となったが、学部改組や旭キャンパス統合を機に、市民の校舎保存運動が高まり、1977(昭和52)年に松本市が旧校舎を購入、現在は、公民館や図書館などを含むあがたの森文化会館として社会教育に活用されている。周囲はあがたの森公園として整備され、水と緑の豊かな市民の憩いの場となっている。1993(平成5)年には旧制高等学校記念館が開館し、全国の旧制高等学校の資料を展示している。

隣接する長野県松本県ケ丘高校の北には、江戸時代初期と後半の2度にわたって松本藩主をつとめた戸田家廟園があり、初代戸田康長らが葬られている。

旧制松本高等学校本館

サンクロウ

コラム 行

小正月の火祭り

　県内各地でドンドヤキ・ホンヤリ・サイノカミなどといわれる小正月の火祭りは、北安曇南部から松本、東筑摩地方にかけてはサンクロウとかサンクロとよばれ、正月の松飾りを集めて共同で燃やす行事である。

　民俗学者の宮田登は、骨組みのなかの「むろ」に注目し、「くろ」は「むろ」に相当しており、これは「くら」でもあるとする。すなわちサンクロウは3つのくら＝座であって、そこに神霊の依るところという認識を示している。

　ただ、このクロは3つつくるというわけではないし、中心に芯松がはいることもあり、また必ずしも3本の木を組み合わせるというわけでもない。サンクロウとは、もともとサクロから転じた語であろうと考えられる。「サ」はサナエ・サオトメ・サツキなどにみられるように、稲霊を意味しているのであり、稲積みのことを「クロ」とよぶ地方が中国地方・四国地方にみられる。

　クロという語の分布や伝播については今後の研究をまたねばならないが、「サクロ」とは稲藁を円錐状に積んだもの、あるいは稲藁でかけた小屋状のものをさす言葉として存在したのであろう。それにマツなどをさして焼くサクロ焼き行事のことを、サンクロ、またはサンクロウとよび慣わしたものと考えられる。

女鳥羽川のサンクロウ

駅前大通り沿いには、松本市出身の草間弥生・上條信山・田村一男らの作品を常設展示する松本市美術館、演劇活動やＳＫＦ（サイトウ・キネン・フェスティバル）など、地域芸術活動の拠点となるまつもと市民芸術館が並ぶ。芸術館隣の深志神社（祭神建御名方命・菅原道真）は「天神様」とよばれる商人町の総氏神で、境内には、自由民権運動の先駆者松沢求策の記念碑がある。深志神社から300ｍほど北にある源智の井戸の良質で豊富な湧き水は、かつては松本の造り酒屋が利用していたといい、今でも多くの市民が水を汲み、利用している。

城下町松本と山辺の里

松本民芸館 ❺
0263-33-1569

〈M▶P.114, 124〉松本市里山辺下金井1313-1 P
JR篠ノ井線松本駅🚌美ヶ原温泉線下金井・民芸館口
🚶3分，または長野道松本IC🚗20分

国内外の庶民の日常品を展示 土蔵造りの民芸館

松本民芸館

松本市東部の史跡

　美ヶ原温泉行きバスで約15分，下金井・民芸館口で下車すると，松本民芸館がある。これは1962（昭和37）年に，柳宗悦と交流の深かった民芸研究家の丸山太郎が開館し，1983（昭和58）年に，私蔵していた約1万点の民芸品や建物を松本市に寄贈し，2003（平成15）年に新装された土蔵造の建物である。国内外の庶民の日常生活に密着した陶磁器・木工品・ガラス細工・染織品などが展示されている。

　松本民芸館の北東700mほどのところには，美ヶ原温泉がある。『日本書紀』天武天皇14（685）年の条に記載されている「束間の湯」は，この美ヶ原温泉が該当するものと推定される。

　山麓の道を北西に約1km進むと，松本藩主水野氏の菩提寺で，ボタンで有名な玄向寺（浄土宗）に着く。参道の石仏群は，槍ヶ岳を開山した播隆上人像など約150体からなり，寺の奥には水野家廟所がある。

　さらに北へ1.5kmほど進むと，平安時代中期ごろに発見され，江戸時代松本藩主の御殿湯であった浅間温泉にでる。かつては素朴な温泉街であったが，近年は洋風ビルがたち並んでおり，毎年10月

ダンボ

コラム 行 盆の火祭り

松本市洞地区の南洞や岡田地区の塩倉で、毎年お盆の夜に行われる**ダンボ**は、古くからの伝統行事である。南洞では8月13日の夜に行われ、かつては8月16日の夜にも行われていた。塩倉では8月15日の夜に行われる。

かつては麦藁、今は稲藁をたばねて松明をつくり、真ん中から縄でひもをつける。夜になって子どもたちが集まり、松明に火をつけ、ひもをもって振りまわすのである。

南洞では、現在は集落のすぐ上の溜池の土手で行っているが、かつては向山とよばれる山の上の、集落が一望できるところで、日向山などにある墓地と向きあうようにして行っていた。

これと同種の火祭りが、ドンブ、ラッポ、マンドといった名称で中信や上伊那辺りに分布している。

塩尻市から辰野町近辺のドンブとは「灯振り」の転だとされ、ドンブからダンボへの変化が考えられる。木曽のラッポも、もともとはダッポであって、やはりドンブと同系列の語であろう。

これらについて、本来は迎え火の行事か、あるいは悪疫退散の儀礼であるのか、はっきりしない。

松本市洞南洞のダンボ

3・4日の両日には松明祭りが行われる。また、温泉街のすぐ南にある桜ヶ丘古墳から出土した金銅製天冠など64点が桜ヶ丘古墳出土品（県宝）として、松本市立考古博物館に展示されている。

旧山辺学校校舎 ❻

「明治時代中期の学校建築「障子学校」の異名

0263-32-7600

〈M ▶ P. 114, 124〉松本市里山辺2932-3 P
JR篠ノ井線松本駅🚌入山辺線里山辺出張所前🚶すぐ

里山辺出張所前バス停のすぐ南に松本市教育文化センターがある。敷地内には、1885（明治18）年に建築され、1928（昭和3）年まで校舎として使用された旧山辺学校校舎（県宝）がある。開智学校が窓にガラスを用いたのに対し、障子のあかり窓を用いたことから「障子学校」の異名があった。現在は山辺学校歴史民俗資料館となっている。

道路をはさんで北側には兎川寺（真言宗）がある。寺伝によれば、

旧山辺学校校舎

聖徳太子の創建と伝えられ、鎌倉幕府滅亡まで真言・天台の別院各12坊があった。境内には石川数正夫妻の供養塔がある。兎川寺から約500m南東には、須々岐水神社(祭神建御名方命・素盞嗚命)がある。薄川の水霊をまつる神社といわれ、農耕神の伝承をもつ。『日本後紀』によれば、799(延暦18)年、信濃国の高句麗系渡来人が、須々岐の姓を賜っており、この地域が渡来人と関係が深かったことがうかがえる。毎年5月4・5日の「お船祭り」には、9つの集落から江戸時代につくられた、里山辺お船祭のお船(県宝)が繰りだされる。この須々岐水神社の500mほど西には、5世紀後半の築造と推定される積石塚の針塚古墳(県史跡)がある。積石塚は、土のかわりに石を用いて墳丘をつくったもので、高句麗に多い形式であり、須々岐氏との関連が考えられる。

針塚古墳から南へ約400mの薄川にか

兎川寺

須々岐水神社

須々岐水神社と兎川寺

コラム

須々岐水神の定着経路

松本市里山辺の須々岐水神社は、「薄神社」もしくは「薄の宮」ともよばれ、中世以降、建御名方命と素盞嗚命を祭神としている。

毎年5月5日に行われるこの神社のお船祭りは、9艘の舟が境内から参道にかけて勇壮に並び、その光景は松本平が湖水だったというイメージと結びついて、伝説のなかの太古の情景を思いおこさせる。

扉鉱泉の入口から左上方にはいった山中に、「大明神平」とか「大明神原」とよばれるところがある。そこには須々岐水神社の奥社がまつられているが、悠久の昔、そこから神様がススキでつくった舟に乗って薄川をくだった。このとき、ススキの舟が川底や両岸の岩にあたって「片葉の薄」になった。神様は今の須々岐水神社の南の地にたどり着き、「古原」という地名のところから上陸した。須々岐水神社の南方には小さい積石塚古墳があり、そこにはカヤの木が生え、「古宮」または「本宮」とよばれる祠がまつられている。

須々岐水神の定着経路を記念するものとなっている。

一方、隣接する兎川寺は聖徳太子の創建と伝えられる。須々岐水神社の言い伝えによれば、大明神平は聖徳太子が「出雲の神」の祭祀を行ったところだという。聖徳太子は須々岐水神社の境内にも、境内社「桜之宮」としてまつられている。これが桜之宮とよばれるようになったのは明治時代になってからのことで、それ以前は「太子堂」とよばれていた。神社境内の「太子堂」は、神社と仏寺との融合を象徴的に示す存在だった。

須々岐水神社境内の片葉の薄

かる金華橋を渡り、左折して川沿いを東に約1.3km進むと、川久保橋に出る。右折して約200mの所には、明治時代末期に建てられた養蚕民家である原田家住宅主屋(国登録)がある。

兎川寺より県道松本和田線を入山辺方面に約1.5km進むと、追倉沢と海岸寺沢にはさまれた山の中腹に桐原城跡(県史跡)がその遺構をとどめている。東桐原の旧海岸寺には千手観音堂があり、木造千手観音立像(県宝)を所蔵している。また、美ヶ原高原口バス停か

針塚古墳

徳運寺

ら左へ約2km進んだ千手地区の左手の山道を500mほどはいっていくと、千手のイチョウ(県天然)が、県道をそのまま1.7kmほど直進し、徳運寺前バス停を左へはいると、徳運寺(曹洞宗)がある。同寺は、鎌倉時代の禅僧雪村友梅が開山したと伝えられる徳雲寺を再建し、改称した寺である。2014(平成26)年に本堂・庫裏・山門・高塀が国登録有形文化財となった。その後方の尾根には、約3mもの石積みの遺構がある山家城跡(県史跡)がある。

　JR松本駅から美ヶ原高原行きバスで終点まで約1時間10分、王ヶ頭を主峰とする標高2000mの雄大な台地、美ヶ原高原に着く。高原の中央にはシンボルタワーの美しの塔があり、その周りには山岳詩人尾崎喜八の詩碑や、高原の開拓者で山本小屋の創設者山本俊一のブロンズ像がある。台上はハイキングコースとなっており、現代彫刻を中心とした、ユニークでスケールの大きい彫刻を野外展示する美ヶ原高原美術館にいくことができる。なお、美ヶ原高原美術館行きのバスも運行されている。

❷ 松本市南部・西部

松本市の南部地域は、小笠原氏ゆかりの史跡や古代の牧の遺構が多くみられ、西部地域には博物館・記念館が多い。

筑摩神社 ❼
0263-25-1835

〈M▶P. 114, 131〉松本市筑摩2-6-1
JR篠ノ井線松本駅🚌中山線筑摩🚶すぐ

信濃守護小笠原氏や歴代松本藩主の守護神

あがたの森公園の信号を南に約400m進み、薄川を渡ると筑摩バス停の南に筑摩神社（祭神誉田別尊・気長足姫命 ほか）がある。信濃国国府の所在地に近かったことから、国府八幡宮とよばれ、信濃守護小笠原氏や松本藩主から守護神として崇敬された。本殿（国重文）は、小笠原政康が1439（永享11）年に再建したものといわれる。三間社流造の檜皮葺き建築で、室町時代の様式を各所に残した市内最古の建造物である。また、入母屋造・柿葺きの拝殿（県宝）は、1610（慶長15）年に松本城主石川康長により建造されたもので、桃山時代の特徴がみられる。神社の境内は、ケヤキやスギの大木でおおわれ「筑摩の森」といわれている。毎年8月10・11日に夏の例祭が行われ、多くの人で賑わう。また、1月14日には篝火講が行われる。

筑摩神社から薄川沿いに西へ約1.5km進み、薄川と田川の合流点から約300m南にいくと、信濃守護小笠原氏の井川城跡がある。鎌倉時代末期から南北朝時代に小笠原貞宗が、伊那郡松尾館から信濃国府中の井川の地に移したとされている館の跡である。現在は主郭の一部と推定される一隅に、櫓跡と伝えられる1m弱の小高い塚を残すのみである。

また、筑摩神社から南へ約500mの住宅街の一角には、若宮八幡社本殿（国重文）がある。一間社流造の柿葺きの簡素な桃山時代の建築である。本殿は旧社殿が破損したのち、1670（寛文10）年に松本城の鎮守社を移築したものといわれて

筑摩神社本殿

松本市南部・西部　129

若宮八幡社本殿

いる。ここから東へ約1.2km進むと千鹿頭神社(祭神千鹿頭神)がある。諏訪大社との関係が深く、本社の御柱祭の翌年の卯年と酉年に御柱大祭が行われる。そのすぐ東方には、小笠原氏の菩提寺広沢寺(曹洞宗)があり、本堂の奥には小笠原家の廟所がある。

広沢寺の北東約1kmの金華山(846m)には、小笠原氏が井川の地から本拠を移した林城跡

林城跡(大城)

(県史跡)がある。林城は、1459(長禄3)年に小笠原清宗が築いて以来、1550(天文19)年に武田信玄の攻撃をうけ落城するまで、小笠原氏の本拠となった。郭・石垣・空堀・井戸跡などの遺構を残す大城と、その西方の尾根にある小城からなる。ただし、現存する城跡は、武田氏滅亡前後に築かれたものと推定される。

林城跡から薄川方面に800mほどくだった金華山の北斜面の地下に、アジア・太平洋戦争末期に名古屋航空機製作所(現、三菱重工業株式会社)が、零式戦闘機を製造するために疎開工場として建設を進めた地下工場跡が未完成のまま残っている。工事は1945(昭和20)年4月から敗戦までの5カ月にわたって行われ、強制連行された朝鮮人や日本人が多く動員された。

弘法山古墳 ❽ 〈M▶P.114, 131〉松本市並柳2丁目、神田2丁目　P
JR篠ノ井線松本駅🚌並柳団地線洋菜センター🚶10分

洋菜センターバス停より東に約500m坂道をのぼると、中山丘

松本市南部の史跡

　陵北端の小高い丘の山頂に、弘法山古墳（国史跡）がある。サクラの名所としても知られており、眼下には松本市街地が、その向こうには北アルプス連峰が一望できる。1974（昭和49）年の発掘調査により、全長66mの県内最古の前方後方墳であることが確認された。中国製の舶載獣帯鏡をはじめ、鉄剣・土師器などの出土品（県宝）は、松本市立考古博物館に展示されている。人骨の出土はなく、被葬者は不明である。築造年代は、発掘の調査報告では4世紀中ごろとされていたが、その後、3世紀末ごろという見解もだされており、出現期の古墳として、信濃国のみならず東日本の古代史上、注目されるものである。

　弘法山古墳から東へ約300mくだると、県道松本塩尻線にでる。すぐに右に分かれて中山霊園につうじる道の右斜面一帯は、金華山地下の地下工場の延長として建設された半地下工場跡があり、朝鮮人と中国兵捕虜が工事に動員された。約2kmほど南東方向へ進

松本市立考古博物館

松本市南部・西部　　131

信濃諸牧牧監庁跡

松本平が一望できる県内最古の前方後方墳

むと、松本市立考古博物館がある。弘法山古墳や桜ヶ丘古墳(松本市)からの出土品、また松本市内各遺跡の発掘資料が展示されている。そのほか、火おこしや勾玉づくりなどの体験もできる。

　博物館のすぐ向かい側には、埴原牧の監牧の役所跡と推定される信濃諸牧牧監庁跡(県史跡)がある。この辺りの丘陵地帯および南方一帯には、信濃国十六牧の1つである埴原牧跡(県史跡)の遺構が展開している。古屋敷・千石の地には繋飼場跡の石垣が階段状に残存しており、全国的にも珍しい牧場遺構といわれている。また、その東方の山腹の尾根沿いには、小笠原氏の本拠地である林城の南方の備えであった南北約1kmの遺構をもつ山城跡の埴原城跡(県史跡)がある。

馬場家住宅 ❾
0263-85-5070
〈M▶P.114, 131〉松本市内田357-6 P
JR篠ノ井線松本駅🚌内田線牛伏寺口🚶5分、または長野自動車道(以下、長野道と略す)塩尻北IC🚗10分

幕末期の豪農の家屋を代表する建築群

　牛伏寺口バス停から南に約300m進み右折すると、樹齢800年以上と推定される、ケヤキの大木をはじめとした屋敷林に囲まれた馬場家住宅(国重文)がある。1851(嘉永4)年に建築された本棟造の主屋、1859(安政6)年にたてられた豪壮な構えをもつ表門・長屋・中門のほか、文庫蔵・奥蔵・隠居屋・茶室・庭園など、豪農の家

馬場家住宅

132　松本・安曇野・木曽路

屋を代表する建築群からなる。馬場家は，武田二十四将の1人である馬場美濃守信春の縁者馬場亮政の子孫といわれ，武田氏滅亡後，この地に移ったという伝承がある。

再び牛伏寺口バス停に戻り，県道寺村南松本線を松本方面に約3km進み，西原バス停近くの信号を南へ約600m進んだ右手には，百瀬陣屋跡がある。高島藩主諏訪忠晴から1000石を分知され，のちに旗本に取り立てられた弟頼久が，寛文年間（1661〜73）にこの地に代官所をおき，百瀬陣屋とよばれた。また，県道平田新橋線沿いの出川郵便局の南隣には，江戸時代の貞享年間（1684〜88）ごろに築造された，池泉回遊式庭園の中田氏庭園（県名勝）がある。中田家は，庄屋をつとめるかたわら，酒造業を営んでいた。現存する本棟造の主屋は，明治時代中期の建築で，軒の高い豪壮な建物である。

牛伏寺 ❿
0263-58-3178

〈M▶P. 114, 131〉 松本市内田2573 Ｐ
JR篠ノ井線松本駅🚌内田線牛伏寺口🚶3km，または長野道塩尻北IC🚗15分

成人の日と前日の日曜日は厄除縁日で賑わう

牛伏寺口バス停から東へ約3kmいくと，牛伏寺参道の入口に着く。山麓の参道をのぼっていくと，鉢伏山の中腹に京都智積院末寺の金峯山牛伏寺（真言宗）がある。寺名の起源は，755（天平勝宝7）年，善光寺へ大般若経を奉納する途中，経典を積んでいた2頭の牛が倒れたという因縁による。勅旨牧である埴原牧や平安時代後期以降の北内・南内の牧の経済力と地元の牧人の信仰が，寺の創建の背景にあったと考えられている。また，古くから修験の寺としても有名であったが，中世以降は歴代領主や藩主の信仰も篤かった。

1534（天文3）年，寺は現在地に移されたが，1612（慶長17）年の大火で堂宇は全焼，その後再建され，現在は観音堂・仁王門・鐘楼・山門などの伽藍からなる。国の重要文化財として，密教的な趣を残す本尊の木造十一面観音及び両脇侍立像をはじ

牛伏寺

め，木造釈迦如来及び両脇侍像，木造薬師如来坐像，木造大威徳明王像の4件8点を有するほか，木造蔵王権現立像（一木造），木造如意輪観音坐像，木造奪衣婆坐像は，いずれも県宝に指定されている。なお，本尊は中世以来厄除観音として知られ，現在も1月の成人の日と前日の日曜日に開かれる厄除縁日を中心に，多くの参拝者で賑わう。

なお，牛伏寺のすぐ西側の牛伏川には，延長141mの間に19段の階段流路をもつ，1918（大正7）年完成の牛伏川階段工（国重文）がある。これは「フランス式階段流路」ともよばれている。

松本市歴史の里 ⓫
0263-47-4515

〈M ▶ P.114〉松本市島立2196-1　P
松本電鉄上高地線大庭駅🚶15分，または長野道松本IC🚗3分

和風建築様式の裁判所
近代日本の歴史の一齣

松本ICから国道158号線を西へ約500m進み，小柴の信号を右折すると，2007（平成19）年4月に全面改装された「松本市歴史の里」がある。敷地内には，明治・大正時代の建築物が移築・復元されている。入口正面にあるのは，旧長野地方裁判所松本支部庁舎（県宝）で，1908（明治41）年に松本城二の丸跡に建築され，1982（昭和57）年に，保存を求める市民運動により，ここに移築・復元され，日本司法博物館として開館し，2002（平成14）年に松本市が引きついだ。木造平屋瓦葺きの伝統的和風建築様式で，ほぼ完全な姿で保存され，県内の明治時代の司法関係の資料を中心に展示されている。2010（平成22）年には附門と掲示板が新たに県宝に指定された。

旧松本支部庁舎の東側には，キリスト教的社会主義者木下尚江の生家を，松本市北深志から移築・復元した木下尚江生家がある。尚江は，松本中学校（現，長野県松本深志高校）から東京専門学校

旧長野地方裁判所松本支部庁舎

(現,早稲田大学)に進学,卒業後は松本に戻って新聞記者や弁護士として活躍するかたわら,キリスト教徒となって,禁酒・廃娼運動にたずさわった。1897(明治30)年,山形村出身の中村太八郎らと普選運動をはじめたが入獄。その後上京し,社会民主党創立に参加。日露戦争(1904～05年)では,幸徳秋水ら平民社の同人と反戦運動を展開し,反戦小説『火の柱』などをあらわした。記念館には,これら尚江に関する資料が展示されているほか,住宅自体も,江戸時代末期の下級武士の生活を知るうえで貴重である。

　旧松本支部庁舎の西側には,旧奈川村川浦(現,松本市)集落から移築・復元した工女宿宝来屋がある。木造一部2階建てで,野麦峠越えをする飛騨出身の工女たちの常宿とされた。野麦峠の象徴的存在として,宝来屋の保存がさけばれ,1983(昭和58)年に移築された。そのほか松本市歴史の里の敷地内には,旧松本少年刑務所独居舎房と旧昭和興業製糸場の建物が移築・復元されている。

　松本市歴史の里に隣接して,日本浮世絵博物館がある。松本藩の豪商酒井家が,5代200年にわたり収集した10万点をこえる作品がある。江戸時代の菱川師宣・喜多川歌麿・葛飾北斎・歌川広重から,大正時代の竹久夢二に至るまでの浮世絵師の作品が網羅されており,浮世絵の殿堂とよぶのにふさわしいものである。スライド上映による浮世絵の鑑賞教室や浮世絵制作の実演もあり,年に数回特別展示も行われている。

　松本市歴史の里から国道158号線にでて,西へ約2.5km,下新の信号を左折して南へ2.5kmほどのところに,窪田空穂記念館がある。1993(平成5)年,松本出身の歌人である窪田空穂の生誕地に開館し,空穂の作品や日本文学・短歌に関連する資料を展示している。記念館の道路をはさんだ向かいには,1876(明治9)年にたてられた空穂の生家があり,本棟造の民家建築の特徴をよく残している。

　奈良井川にかかる月見橋の北西約500mの島立地区三の宮には,沙田神社(祭神彦火火出見尊ほか)がある。この神社は,『延喜式』神名帳に記載されており,「イサコタ」「サタ」の仮名がふられている。沙田神社のある島立から新村・和田にかけては,古代の条里制の遺構が確認されている。

3 塩尻市とその西部

松本平南端の交通の要衝として栄えた塩尻は、多くの宿駅があり、その西部地域には、洗馬を中心に多くの古刹がある。

塩尻宿 ⑫   旧中山道の宿駅 国重文の江戸時代の民家

〈M ► P.114, 137〉塩尻市塩尻町ほか
JR中央本線塩尻駅🚶25分、または長野自動車道(以下、長野道と略す)塩尻IC🚗10分

　塩尻一帯は、桔梗ヶ原とよばれ、古来より交通の要衝として栄えてきた。中山道・北国西街道(善光寺街道)・三州街道(伊那街道)が交差する分岐点にあたり、そのためしばしば合戦の場になった。とくに1548(天文17)年、武田信玄が小笠原長時を破った塩尻峠の合戦は、武田氏のその後の信濃攻略の足掛かりとなった。江戸時代には、幕府領として塩尻宿・洗馬宿・本山宿などが賑わった。明治政府の街道制度の改革以降、多くは廃業したが、当時の繁栄ぶりは現在もその面影を残している。

　塩尻ICでおりて国道20号線を松本方面に進み、高出の信号を左折し、国道153号線を南に約1km直進、下大門の信号を左へ進むと国道の両側が旧中山道塩尻宿である。往時は、上町・中町・下町が構成され、中町に本陣・脇本陣がおかれたが、1882(明治15)年の大火で宿の大半が焼失した。

堀内家住宅

小野家住宅

塩尻駅周辺の史跡

　下大門の信号から善知鳥峠方面へ約500m，国道153号線から少しはいったところに堀内家住宅（国重文）がある。江戸時代に堀之内村の庄屋をつとめた豪農の家で，18世紀末の本棟造の外観を呈し，棟の頂点には，大きな「雀おどり」とよばれる棟飾りをつけている。ここから約600m東へ進むと，国道沿いの右側に笑亀酒造があり，店舗兼主屋・穀蔵・造蔵は国登録有形文化財に登録されている。さらに100mほど進むと左側に小野家住宅（国重文）がある。上級の旅籠で1850（嘉永3）年の建築とされ，道路に面した部分は総2階建てで，裏庭の文庫蔵も2階建てである。小野家から国道153号線を松本方面に戻り，日の出町の信号を右折し約2.5km進んで長野道をくぐると，東方面に小松家住宅（国重文）がある。17世紀の建築で，東日本に残る民家のなかでもとくに古く，内厩を含む広い土間と2部屋からなる平屋である。小松家のすぐ西には，木造如意輪観音坐像のある常光寺（真言宗）があり，その1kmほど北には，島崎家住宅（国重文）がある。島崎家は江戸時代前期に北熊井村の庄屋をつとめた豪農であり，建物は本棟造の典型的な平面構造になっている。

　島崎家住宅から北へ約1kmいくと，県道290号線

塩尻短歌館

塩尻市とその西部

にでる。左折して約2.5km西へ進むと国道19号線にでるが、そのまま直進し、JR篠ノ井線広丘駅の北側の踏切を渡り、300mほどで原新田の交差点にでる。交差点を左折すると、南北に県道洗馬停車場線が走り、旧中山道郷原宿がある。松本城主小笠原秀政が整備してできた宿で、中山道と北国脇街道を連結するために整備されたものであり、問屋のほか十数軒の旅籠があり、鉄道開通まで営業されていた。また、原新田の交差点から500mほど北にいくと、塩尻短歌館(国登録)がある。当地出身の歌人太田水穂・若山喜志子、また当地に関係の深い島木赤彦らの資料が展示されている。

平出遺跡 ⓭

〈M ▶ P. 114, 137〉 塩尻市宗賀平出292 P
JR中央本線塩尻駅🚶20分、または長野道塩尻IC🚗15分

縄文時代から平安時代にわたる国内最大級の複合遺跡

塩尻駅西口から約500m西へ進み、左折して南へ約1kmいくと県道305号線にでる。その南側には、国内最大級の平出遺跡(国史跡)が展開する。1950(昭和25)年からの本格的な発掘調査により、縄文時代中期から平安時代までの長期間にわたる複合集落跡が確認されている。

平出遺跡竪穴住居(復元)

近くにある塩尻市立平出博物館には、塩尻市柴宮出土の弥生時代後期の三遠式銅鐸である柴宮銅鐸、平出遺跡出土の平安時代の緑釉水瓶、塩尻市片丘北熊井出土の2mをこえる奈良時代の菖蒲沢瓦塔(いずれも県宝)をはじめとして、石器・土器・土偶など約1200点が展示されている。

この一帯は平出歴史公園となっており、木々に囲まれ、現在までに約250軒の住居跡が確認されている。広い公園内には、古代から飲料水・灌漑用水として利用されてきた平出の泉もある。

本洗馬歴史の里 ⑭
0263-54-5520
〈M ▶ P. 114, 139〉 塩尻市洗馬元町2323-1　Ⓟ
JR中央本線洗馬駅🚶30分，または長野道塩尻IC🚗20分

　JR洗馬駅前の県道本山床尾線に沿って，旧中山道洗馬宿が約700mにわたり展開しており，道幅も広くなっている。約3.5km南に進むと中山道木曽路の入口として，松本藩の口留番所のあった本山宿があり，往時のたたずまいを伝えており，秋山家(若松屋)・田中家(池田屋)・小林家(川口屋)住宅主屋(国登録)などがある。

　再び洗馬宿に戻り，北へ約1km進み，左折して琵琶橋を渡り，県道上今井洗馬線を北へ約600m進み左折すると，西側の山沿いにシダレザクラの美しい東漸寺(浄土宗)がある。敷地内には奥田信斎の作品を収蔵している信斎館がある。

　県道上今井洗馬線に戻り，北へ進むとすぐ左手に長興山に向かう参道がある。約300mのぼると，天明・寛政年間(1781～1801)に完成された池泉回遊式庭園の美しい長興寺(曹洞宗)がある。その北には，江戸時代の文人菅江真澄が，天明年間(1781～89)に約1年逗留した釜井庵があり，隣接の本洗馬歴史の里資料館には，洗馬焼などが展示されている。この一帯は本洗馬歴史の里として近年整備された。

　洗馬小学校の南側を西へ約500m，右折して県道御馬越塩尻線を2.5kmほど朝日村方面に進むと，南に光輪寺(真言宗)がある。隣接する光輪寺薬師堂(県宝)は，源(木曽)

本洗馬歴史の里周辺の史跡

松本市今井地区・朝日村の史跡

光輪寺薬師堂

塩原家住宅・門

松本平南西部の古刹群　文人菅江真澄が逗留

義仲により再興されたと伝えられ，堂内には鎌倉時代の本尊薬師如来像のほか，脇侍の木造日光・月光菩薩立像(ともに県宝)などがおさめられている。光輪寺の背後には，戦国時代の豪族三村氏が築城したとされる武居城跡(県史跡)があり，その西山麓には茶室和合庵が設置され，周辺は公園となっている。薬師前バス停から西に約1.5km，朝日橋を渡り左折し，朝日村の中心部を北へ抜けると，古見に平安時代の開基と伝えられる古泉寺(真言宗)がある。

　洗馬小学校前の県道上今井洗馬線を北に約1km進み，岩垂橋を渡ってすぐ右手には真正寺(真言宗)があり，鎌倉時代末期の木造大日如来坐像(県宝)がある。さらに北西へ2.5kmほど進むと，松本市南西部の今井地区にでる。今井郵便局前を右折すると，義仲の家臣今井兼平により中興開基されたといわれる宝輪寺(真言宗)がある。そのすぐ北にあるアルプスグリーン道路を西へ進み，鎖川の中沢橋を渡り，古池の信号を左折すると，2004(平成16)年に国の登録有形文化財に指定された塩原家住宅がある。明治時代末期〜大正時代の主屋・門・米蔵・蚕室が残っている。

　なお，これら小曽部川流域から奈良井川左岸，さらには鎖川右岸にわたる現在の塩尻市西部・松本市今井・朝日村にかけては，かつて洗馬荘がおかれていた。

140　松本・安曇野・木曽路

若沢寺跡 ⓯

〈M▶P. 114, 141〉松本市波田 [P]
松本電鉄上高地線渕東駅 🚶10分,または長野道松本IC🚗25分

信濃日光の名刹と維新期の廃仏毀釈

松本市の西,朝日村の北に位置するのが山形村である。日本アルプスサラダ街道を波田方面に進み,唐沢地区から左折し,山手へ車で約15分の清水高原の標高1200mほどのところに,坂上田村麻呂が参詣したと伝えられる清水寺(真言宗)がある。

日本アルプスサラダ街道をそのまま約1.2km直進すると,右側に波多腰家住宅(国登録)がある。江戸時代中期にたてられた主屋・米蔵・味噌蔵・納屋など11棟が残っている。さらに直進し,波田郵便局前を左折,西へ約1.5km進むと波多神社(祭神素盞嗚命 ほか)と阿弥陀堂がある。阿弥陀堂の境内には,旧若沢寺の金堂にまつられていた田村堂(国重文)がある。田村堂は,柿葺きの厨子で,坂上田村麻呂像がおさめられているが,現在は覆屋に囲まれているため,間近でみることはできない。このほか阿弥陀堂の境内には,木造金剛力士像(県宝)や仁王門がある。

阿弥陀堂から南西へ山道を2kmほどのぼると,若沢寺跡があるが,現在は途中から入山禁止となっている。若沢寺は,行基を開基とし,坂上田村麻呂が再興したと伝えられ,江戸時代には信濃日光とよばれたが,明治時代初期の廃仏毀釈により廃寺となった。

また,田村堂の南東800mほどのところには,盛泉寺(曹洞宗)がある。明治時代初期に若沢寺から,観音堂のほか,銅造菩薩半跏像や銅造伝薬師如来坐像御正体残闕(ともに県宝)が移された。

田村堂

渕東駅周辺の史跡

水郷と街道と曼陀羅の里

④

アヤメ咲く水郷明科，街道の要所四賀，そして曼陀羅の里本城・坂北・麻績・坂井は，松本平の心の故郷である。

官営明科製材所跡 ⑯

〈M ▶ P. 114, 142〉 安曇野市明科中川手 Ⓟ（安曇野市明科総合支所）
JR篠ノ井線明科駅🚶5分，または長野自動車道（以下，長野道と略す）豊科IC🚗10分

平安・鎌倉時代の仏教文化　大逆事件発覚の歴史的現場

　JR明科駅から北に約400mいくと，安曇野市明科総合支所がある。支所の辺りは，1908（明治41）年から1913（大正2）年まで官営明科製材所が操業していたところである。松本平の国有林などから集材して，梓川・犀川を筏に組んで流し，川沿いの貯木場からトロッコで製材所に運びいれていた。1910（明治43）年に会田川流域のなつな沢で爆裂弾の実験をしたとして逮捕された宮下太吉は，明科製材所の修理工主任であった。のちに，宮下と親交のあった新村忠雄や幸徳秋水・管野スガら26人の社会主義者が，明治天皇爆殺計画を理由に逮捕され，大逆事件へと発展した。

　明科総合支所西側の河岸段丘をくだると，明科公民館に隣接して歴史民俗資料博物館がある。2階の「明科と大逆事件」コーナーでは，幸徳秋水の書状や爆裂弾の缶，宮下を逮捕した小野寺巡査関連資料などを公開している。1階には，周辺遺跡の発掘資料や養蚕道具などの民俗資料が展示されている。

　犀川西岸の南陸郷のほうろく屋敷遺跡では，縄文時代の住居や墓が発見され，多量の石器や黒曜石・ヒスイ・蛇紋岩などの原石，他の地域でつくられた土器なども出土し，石器生産と犀川水運の交易が確認された。国道19号線と長野自動車道の立体交差付近の北村遺跡では，縄文時代後期の集落が発掘され，墓から約300体の人骨が出土した。また，明科廃寺跡からは，布目瓦や瓦塔仏教遺跡が発見され，白鳳期から平安時代にかけて，県内最

明科駅周辺の史跡

古といわれる寺院の存在があきらかになった。

　博物館の南には，1926(大正15)年に設置された県営犀川孵化場以来の歴史をもつ長野県水産試験場がある。漁場環境の保全や地域産業の育成，水辺環境教育の推進などに取り組んでおり，その成果をいかしたニジマス養殖も有名である。また，犀川右岸の試験場周辺では，あやめ公園・龍門渕公園，白鳥が飛来する御法田遊水池など，水辺環境の整備が進められ，毎年8月には水郷明科薪能も開催されている。

　県道302号線を会田方面に進み，大足バス停から南に約1.5km歩くと高野山金剛峯寺(和歌山県)末寺の清水山光久寺(真言宗)がある。かつての本尊薬師如来像は現存しないが，脇侍であった木造日光菩薩立像・月光菩薩立像(ともに県宝)は，高さ約88cmのヒノキの一木造で，僧有賢や当地領主の滋野氏らの発願により，1317(文保元)年に善光寺仏師の妙海が制作した。彫りが深く写実的な作風は，鎌倉時代彫刻の特徴をよくあらわしている。現在は，地元清水集落の人びとに護持されている。

会田宿 ⑰

〈M ▶ P.114, 144〉松本市会田
JR篠ノ井線明科駅🚌会田方面行会田🚶1分．または長野道豊科IC🚗明科経由20分

　大足バス停から会田川沿いに県道302号線をさらに東へ約5kmほど進むと，古くからの交通の要所である会田宿に着く。1614(慶長19)年，松本藩主小笠原秀政の時期におかれた会田宿は，古代の筑摩郡錦織郷，中世の会田郷，近世の松本藩会田組と続いて，この地域の中核をなしてきた。善光寺街道沿いの東西約270mを中心に，西から本町・中町・立町が鉤の手状に連なり，本陣・脇本陣・旅籠・問屋などがあった。会田宿から北へ，街道最大の難所である立

岩井堂の観音堂と周辺

水郷と街道と曼陀羅の里　143

会田宿周辺の史跡

交通要所に繁栄した宿場 善光寺街道と文化の交流

峠に向かうと、本町のはずれに常夜灯がたつ。善光寺参りの旅人たちの安全を願って、1855(安政2)年に建立されたものである。そのさきの岩井堂には、「身丹志み亭 大根からし 秋乃風」ときざまれた、1849(嘉永2)年に建立された松尾芭蕉句碑や、磨崖仏2体をはじめ75体を有する観音堂周辺石仏群がある。

この一帯は古くから弘法大師伝説のある霊場で、信濃三十三番中20番札所である。街道沿いの虚空蔵山の麓には、弘法大師が掘りだしたという「うつつの清水」が湧きだしていた。大正時代ごろまでは近くに茶屋があり、泉の水を使って街道を往来する旅人ののどをうるおしていた。会田宿から北へ約2km、立峠の登り口には1817(文化14)年に建立された、高さ150cmの三面六臂忿怒像の馬頭観音像がある。

松本市四賀化石館 ⑱
0263-64-3900

〈M▶P. 114, 144〉 松本市七嵐85-1 P
JR篠ノ井線松本駅・明科駅🚌保福寺行化石館🚶1分、または長野道豊科IC🚗田沢経由15分

旧東山道と古代錦織郷 世界最古のクジラ化石

会田宿から県道302号線で会田川を渡った板場地区には、古墳時代末期から平安時代のものとみられる、須恵器を製作した十数基の窯跡が発見された斉田原古窯跡群がある。さらに県道を南下すると、刈谷原地区の県道302号線と国道143号線との交差点手前の西側に洞光寺(真言宗)がある。ここには、河内国(現、大阪府)錦織寺伝来とされる1407(応永14)年につくられた絹本著色真言八祖像(県宝)がある。901(延喜元)年に完成した史書『日本三代実録』の、貞観8(866)年の条に「信濃六カ寺に列せられた錦織寺」とあるのは、洞光寺の前身と考えられる。

県道302号線と国道143号線の交差点のさきには、1989(平成元)年に開館した松本市四賀化石館がある。1988(昭和63)年、地元の小学生が約1km下流の保福寺川で動物の歯の化石を発見し、それを機

に本格的な発掘が行われ、マッコウクジラの全身骨格化石が掘りだされた。地元の信州大学の協力を得て調査した結果、この化石があったのは、約1500万〜1300万年前に海底だった泥岩の地層で、化石はクジラのものとしては世界最古の１つであると判明した。化石館では、ほかにもシナノトド・クジラ（ともに県天然）などの大型海棲哺乳類や魚類、植物など数多くの化石を展示している。

化石館前の県道302号線は、『延喜式』にある旧東山道である。東へ約3.5km向かうと左手に、１月15日の厄除の神事で有名な保福寺（曹洞宗）があり、さらに進むと、北アルプスの眺望がすばらしい保福寺峠に至る。

福満寺 ⓳
0263-67-2651

〈M ► P. 114, 146〉東筑摩郡麻績村日2120 Ｐ
JR篠ノ井線 聖高原駅🚌日向行上井堀🚶15分、または長野道麻績IC🚗10分

宿場を舞台に文化交流 円仁ゆかりの密教文化

聖高原駅前から北へ歩くと、善光寺街道の宿場として栄えた麻績宿がある。東西約700mの宿場は、上町・中町・下町に分かれ、1850（嘉永３）年には戸数240軒を誇った。月の名所である姨捨山をひかえ、古くは西行が訪れ、江戸時代には松尾芭蕉や十返舎一九が街道を往来した。明治時代以降も、旧本陣中橋臼井家出身の山崎斌らが中心となり、若山牧水や太田喜志子を招いて歌会を開くなど、宿場文化の伝統が継承されてきた。宿場裏手の城山にのぼると、十数段の郭と空堀を残す麻績城跡（県史跡）がある。

明治維新直後の1869（明治２）年８月26日、伝馬人足を中心に世直しを要求する一揆が、乱橋（現、筑北村本城）から青柳宿をこえてはいりこみ、麻績宿の18軒を打ちこわした（麻績騒動）。一揆は翌27日には鎮圧されたが、柱に傷跡のある建物が昭和時代末期まで残っていた。

麻績宿から約500m西方の叶里地区には、古墳時代中期から後期の叶里古墳群がある。

福満寺薬師如来坐像

水郷と街道と曼陀羅の里

聖高原駅周辺の史跡

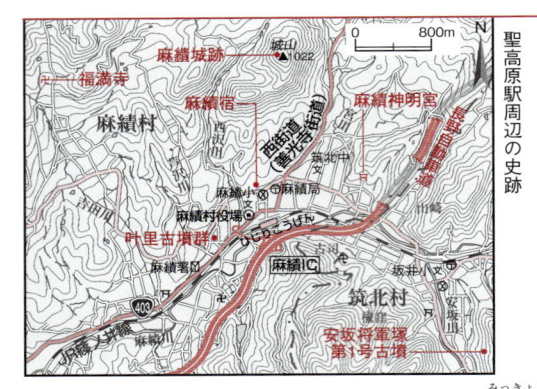

さらに北西へ約3.5km進み、上井堀から聖山南腹の坂道をあがると、849(嘉祥2)年に比叡山延暦寺座主慈覚大師円仁の開基と伝えられる布光山福満寺(天台宗)がある。鎮護国家・五穀豊穣・除災招福を祈る天台密教の祈禱寺で、檀家をもたないため、上井堀地区村もちの寺として維持されてきた。境内の瑠璃殿におさめられた平安時代末期の木造薬師如来坐像(国重文)は、総高387.9cmで、東日本最大の坐像である。かつては50年に1度の開帳のほかは秘仏とされてきたが、現在は、大晦日の2年参りと5月3日の縁日に拝観できる。瑠璃殿には、平安時代末期の木造不動明王立像・木造毘沙門天立像(ともに国重文)、鎌倉時代末期の善光寺仏師妙海の作である脇侍の木造日光菩薩立像・月光菩薩立像(ともに国重文)など各時代に造顕された仏像や、1296(永仁4)年の藤原時盛願文、1584(天正12)年の青柳頼長寄進状などの文書も収蔵されている。

麻績神明宮 ⑳
0263-67-3241

〈M▶P. 114, 146〉 東筑摩郡麻績村麻5583 P
JR篠ノ井線聖高原駅🚌真田行神明宮🚶1分、または長野道麻績IC🚗5分

麻績御厨の壮麗な鎮守社　国重要文化財の社殿群

麻績宿から東へ約1kmほどのところに、平安時代末期に伊勢神宮内宮領の麻績御厨を鎮護する神社として勧請されたと伝えられる麻績神明宮がある。近世には、麻績郷10カ村の惣社として信仰されてきた。

街道沿いの大鳥居をくぐって参道を北に進み、下馬橋から二の鳥居をすぎると、鎮守の森におおわれた閑静な境内に、本殿・拝殿・仮殿・神楽殿・舞台(いずれも国重文)がたち並ぶ。1684(貞享元)年に再建された本殿は仁科神明宮(大町市、国宝)よりやや大型の神明造で、本殿修理・改築のおりに、神体を一時安置した仮殿も残

麻績神明宮拝殿

っている。1783(天明3)年に建造された寄棟造の舞台は，全国的にも古い農村舞台である。境内には樹齢800年ともいわれる大スギもある。

修那羅峠の石仏群 ㉑

〈M▶P.114〉東筑摩郡筑北村坂井真田 P
JR篠ノ井線聖高原駅🚌真田行終点🚶20分，または長野道麻績IC🚗15分 P から🚶3分

筑北地方最古の古墳群 民間信仰縮図の石神・石仏

　麻績神明宮前から安坂川沿いに南へ約2km向かうと，安坂中村地区の東山腹に安坂積石塚古墳群がある。1962(昭和37)年に発掘調査された安坂将軍塚第1号古墳は5世紀なかばの方墳で，竪穴式石室から出土した鉄剣・鉄鉾・直刀・きさげ・砥石などの古墳出土品(県宝)は，冠着荘隣の坂井歴史民俗資料館で展示されている。

　安坂の谷をさらに進むと，青木村と境を接する修那羅峠に至る。峠から舟窪山にのぼると，江戸時代末期の創建と伝えられる安宮神社がある。大国主命と修那羅大天武をまつった神社は，地元では「しょならさん」とよばれて親しまれ，境内の裏手から細い山道沿いには，人びとが奉納した1100余体の石神像・石仏がたち並んでいる。

修那羅峠の石仏群

岩殿寺大日堂 ㉒

〈M▶P.114, 148〉東筑摩郡筑北村坂北仁熊細田 P
JR篠ノ井線坂北駅🚌差切峡行仁熊細田🚶1分，長野道麻績IC🚗10分

　国道403号線から西へ差切峡に向かい，途中今井地区から約1km

水郷と街道と曼陀羅の里

坂北駅周辺の史跡

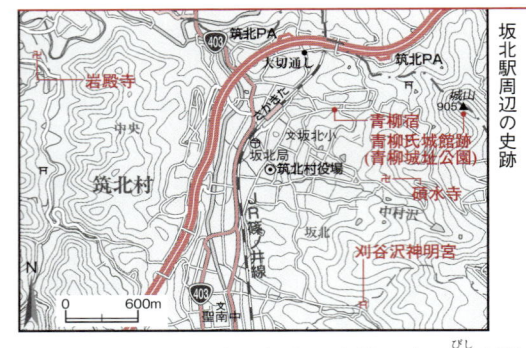

平安密教霊場と鎌倉時代の仏像 青柳氏が開いた社寺と宿場

南側へくだると富蔵山岩殿寺(天台宗)がある。848(嘉祥元)年に円仁が、仁明天皇の勅命を奉じて開基したと伝えられ、川中島合戦で当寺の観世音の霊験があったとして、武田信玄が寺紋に武田菱を贈った。1982(昭和57)年に本堂と仏像の大部分は焼失したが、「建長元(1249)年」銘の金銅十一面観音釈迦聖観音像御正体(国重文)は、東京国立博物館へ出品中で焼失を免れた。

差切峡への道に戻ると、仁熊細田の道路沿いに岩殿寺大日堂がある。1100年以上の歴史をもつ霊場で、本尊の木造大日如来坐像(国重文)は鎌倉時代の作である。

坂北駅から東の善光寺街道沿いを約500mいくと青柳宿がある。下町・中町のさきで鉤の手におれて横町となり、街道は切通しを抜けて麻績宿へと続いている。切通しは大小2カ所あり、1580(天正8)年に青柳頼長が開削した大切通しは、高さが約6m、長さ約26mで、かたわらには馬頭観音像や百体観音がある。青柳宿から青柳清長の菩提寺清長寺(曹洞宗)を経て山道をのぼると、青柳氏城館跡(県史跡)に至る。三方が急斜面、東に大小8つの郭と7条の空堀をもつ山城で、現在は青柳城址公園として整備され、聖高原や北アルプスを見渡すことができる。

坂北駅から南東へ山沿いに約1.2kmあがると、龍沢山碩水寺(曹洞宗)に至る。この地にあった真言宗の古寺を青柳清長が再興し、1532(天文元)年に創建した。本尊の木造阿弥陀如来坐像(県宝)は鎌倉時代初期の作である。国道403号線を南下し別所から東へ約1.2kmはいると、青柳氏が伊勢神宮(三重県伊勢市)の分霊を勧請して白鳳期に創建したと伝えられる刈谷沢神明宮に至る。神明宮では毎年3月上旬に、白い狩衣姿の人たちが祭文をとなえ、張り子の牛が鋤を引く作始めの神事(お田植え祭り、県民俗)が行われる。

5 北アルプスにいだかれた里々をいく

飛騨―信州を結ぶ野麦街道，北陸―信州を結ぶ塩の道と仁科の里大町，両道の間に広がる日本の原風景安曇野を訪ねる。

大宮熱田神社 ㉓
0263-78-2040

〈M▶P.114〉松本市梓川梓4419 P
JR篠ノ井線松本駅🚌中塔行大宮前🚶すぐ，または長野自動車道(以下，長野道と略す)松本IC🚗20分

禅宗様の手法を多用した社殿

国道158号線新村交差点を右折し，梓川にかかる倭橋を渡り倭交差点を左折，小室方面に向かい，丁字路を左折し，本神山の山麓を500mほど南へ進むと，樹齢600年をこえるモミの大木(県天然)などの木立に囲まれた大宮熱田神社(祭神天照大神 ほか)がある。本殿(国重文)は，一間社流造・柿葺，向拝柱が円柱で，その柱上に複雑な組物をあげて3本の桁をささえるなど，各所に珍しい手法が用いられ，信濃国の地方色豊かな社殿である。また社殿建築などに禅宗様がみられることから，室町時代末期の造立と考えられる。

神社から約1km南方の南北条の林のなかに，若宮八幡宮本殿(国重文)がある。この地方の豪族西牧氏の氏神として創立されたものと伝えられる。本殿は覆屋のなかにあり，一間社流見世棚造としては，県内ではもっとも大型のものである。

若宮八幡宮から大宮熱田神社まで戻り，神社前の道を南へ向かい，西牧山の山麓を道なりに約3km進み，右方向にのぼっていくと，木造阿弥陀如来及両脇侍像(いずれも国重文)で知られる西牧山真光寺(曹洞宗)がある。中尊の阿弥陀如来坐像はヒノキの寄木造で，鎌倉時代の作であり，胎内銘から，当時佐久郡望月(現，佐久市)から進出してこの地方をおさめていた地頭滋野氏(のちに西牧氏を名乗る)が，真光寺と強い関わりをもっていたことがうかがえる。右脇侍の勢至菩薩立像は，中尊とほぼ同じころの作と思われるが，左脇侍の観音菩薩立像は後補で，15世紀ごろの造像と推定されている。

上高地 ㉔
0263-94-2301
(松本市役所安曇支所観光課)

〈M▶P.114,151〉松本市安曇(上高地)
松本電鉄上高地線新島々駅🚌上高地行終点，または長野道松本IC🚗沢渡まで65分 P に車をおき，乗換え🚌上高地行終点

新島々駅から白骨温泉行きのバスに乗り，国道158号線を西に向

北アルプスにいだかれた里々をいく　149

かう。梓川沿いに進み，いくつものトンネルを抜けておよそ20分で沢渡に至る。途中，駅から11kmほどのところで，右手に奈川渡ダムがみえる。島々から沢渡までの梓川は深いＶ字谷であったが，1969(昭和44)年に完成した一連の発電用のダムで，その美しさは残念ながら失われてしまった。沢渡から梓川の左岸に沿って進むと，やがて左に白骨温泉へと続く道がある。

「白骨」という名の由来には，2つの説がある。1つは，温泉の色が白濁し，湯船にこの湯花が付着するところからついたというもの。つまり，白い湯船が「白船」とよばれ，これが転じて「白骨」になったというもの。もう1つは，当地の見どころである噴湯丘と球状石灰石(国特別天然)や鍾乳石などが白い骨のようにみえたからというものである。白骨温泉は，「三日入ると，三年風邪をひかぬ」といわれる名湯で，中里介山の『大菩薩峠』によって広く知られるようになった。白骨温泉バス停の上の丘に介山の記念碑がある。

白骨温泉から上高地行きバスに乗ると途中，中の湯から釜トンネルを抜け，左に焼岳をのぞむころ，視界が急に開ける。眼前には碧水をたたえた幽玄の大正池が横たわり，その彼方には穂高岳の3峰と明神岳の英姿がそびえたつ。車道の終点のバスターミナルが上高地(国特別名勝・特別天然)探勝の中心である。徒歩約5分で芥川龍之介の風刺小説『河童』の舞台となった河童橋があり，橋上からの景観は，上高地の風景を代表する。河童橋から梓川右岸を徒歩で約15分くだると，日本アルプスの魅力を世界に紹介した英国宣教師ウォルター・ウェストンのレリーフ広場にでる。この広場は，毎年6月第1日曜日のウェストン祭の会場となる。

河童橋と穂高岳

穂高の山々にいだかれた山紫水明

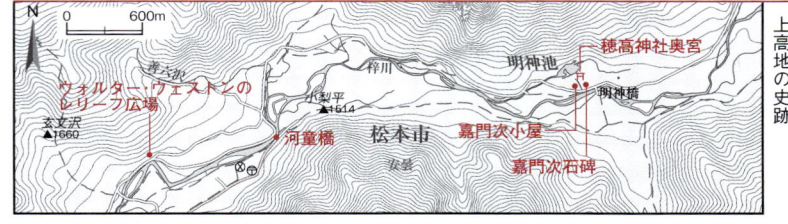

河童橋から上流に50分ほど歩き，明神分岐を左へ進む。明神橋を渡り左折し，道なりに明神池方面にいくと，ウェストンを案内した名ガイド上条嘉門次の住んでいた嘉門次小屋(再建)と，道をはさんで嘉門次のレリーフをはめ込んだ石碑がある。小屋のすぐさきは里宮を安曇野市穂高にもつ穂高神社の奥宮で，その奥が明神池である。祭神の1人穂高見命が安曇族のために，それまで湖水だった安曇野を干して土地をつくったという言い伝えにより，毎年10月8日の例大祭には，明神池に平安時代を彷彿させる舟が浮かべられる。

　なお，上高地は自然保護・交通渋滞緩和のため，通年マイカーは通行止めになっているので，自家用車の場合は，沢渡駐車場からシャトルバス(約15分ごと)かタクシーを利用する。

野麦峠 ㉕
0263-79-2121(松本市役所奈川支所観光課)

〈M▶P.114〉松本市奈川ワサビ沢　Ｐ
長野道松本IC🚗95分

　国道158号線を上高地・乗鞍方面に進み，奈川渡ダムでせき止められた梓湖沿いを左におれ，県道26号線にはいると，まもなく奈川である。さらに10kmほど南下し，右折して県道39号(奈川野麦高根)線にはいりのぼっていくと，野麦峠(1672m)に着く。

　野麦街道は，松本から奈川を経て野麦峠をこえ，飛驒高山から越中(現，富山県)，加賀・能登(現，石川県)，越前(現，福井県)へとつうじ，かつて信州と北陸を結ぶ歩荷や牛方のかよう重要な交易の道であった。松本地方の正月の食膳になくてはならない飛驒鰤(能登鰤ともいう)もこの道をこえてきた。とくに冬期は，牛馬の物資運搬もままならない険難の道であり，明治時代から大正時代にかけて，出稼ぎの糸引き工女も苦難を重ねて行き来した。

　峠の信州側は川浦で，峠の手前4kmほどのところには，江戸時代に松本藩の番所がおかれていた。川浦から野麦峠へ向かって車でおよそ5分いくと，川浦歴史の里がある。歴史の里には，往時の宿

北アルプスにいだかれた里々をいく

「扇屋」が移築され,昔日の生活の様子がしのばれる。さらに車で約10分,わさび沢に至る。ここから右手の旧野麦街道(県史跡)の急坂をのぼると野麦峠にでる。「野麦」とは,この峠一帯をおおうクマザサのことをいう。糸引き工女たちが急峻な坂をのぼりつめ,ホッとしたであろう峠に「あゝ野麦峠」碑がたっている。岡谷で100円工女ともてはやされた政井みねが病に倒れ,兄に背負われて故郷の飛騨に向かった。何泊も重ねてたどり着いた野麦峠の茶屋で,「あゝ飛騨が見える」といってこときれたという。1909(明治42)年のことであった。

多田加助宅跡 ㉖

〈M▶P.114〉安曇野市三郷明盛3330-1
JR大糸線中萱駅🚶10分,または長野道豊科IC🚗15分

愛と正義に生きた義民　民権運動の先駆者

JR中萱駅から西へ約10分歩くと,貞享の義民多田加助宅跡(県史跡)があり,南東の隅に当時の堀と土塁の一部が残っている。

加助は,江戸時代前期に,松本平約1万人におよぶ農民蜂起へと発展した,いわゆる「加助騒動」の指導者である。

1686(貞享3)年,中萱村の庄屋であった加助は,圧政に苦しむ農民救済のため,同志とともに近隣藩並みの2斗5升までの年貢減免を奉行所に直訴した。いったんは成功したかにみえたが,首謀者はことごとく捕らえられ,日をおかずして家族もろとも磔・獄門の酷刑に処せられた。28人が死罪という百姓一揆史上まれにみる多数の極刑であった。加助は磔柱から松本城をにらみ「2斗5升」を絶叫しつつ絶命したと伝えられる。以来,加助は農民を救った神として崇拝され,隣接する貞享義民社にまつられている。

また,近代になると,自由民権運動の先駆者としても注目されたことが,社内左手の貞享義烈碑からうかがえる。自由民権運動の高揚期,

多田加助宅跡

法蔵寺山門

この地方の民権家たちが加助の正義を慕い、「民権の宗」とみたと碑にきざまれている。撰文は武居用拙である。

さらに、義民社の裏手には、加助の墓がある。角が削られているのは、墓石の粉をお守りにすると御利益があるとして、農民たちが削ったためである。

義民社から西へ約1km、広域農道を右におれ1kmほどいくと、拾ヶ堰が豊かな水をたたえ、農道を横切っている。この堰の開削は、1816(文化13)年、柏原村の庄屋等々力孫一郎の手によって行われた。元来、不作の扇状地であった傾斜地を、農民の知恵と努力で豊かな米作地帯に転換させた一大事業でもあった。奈良井川から揚水し、梓川を横切って西に向かい、上堀金で屈曲して北進し、烏川に合流している、長さ約15km、勾配3000分の1で、それまで原野であった烏川扇状地約1000haを水田化した。その名のとおり、吉野・成相・新田・上堀金・下堀金・柏原・矢原・保高・保高町・等々力町の10村をうるおした。

拾ヶ堰との交差点から広域農道を南に約4km進み右折、さらに、上長尾地区を400mほど西にいき左折すると、平福寺(真言宗)がある。安曇野市最古の仏像である木造聖観音立像(県宝)を伝えている。

JR豊科駅前の道をまっすぐ進み、1つ目の信号をこえて左折すると、右手に法蔵寺山門(県宝)がみえてくる。1789(寛政元)年、大工棟梁伊藤(柴宮)長左衛門らによりたてられたことが棟札に記されている。この山門最大の特徴は、唐獅子・竜・麒麟・鳳凰など、各所にケヤキの白木の彫刻がついていることで、屋根が大きい特異な形式もそのための工夫と理解できる。

法蔵寺(浄土宗)は、廃仏毀釈後に廃寺となったが、漢学者武居用拙が、自由民権運動に活躍した松沢求策らの教育にあたった武

北アルプスにいだかれた里々をいく

居塾があったところとして知られる。

穂高神社 ㉗　〈M▶P.114, 154〉安曇野市穂高6079　P
0263-82-2003　　JR大糸線穂高駅🚶5分，または長野道豊科IC🚗15分

> 海人安曇族をまつるか
> 畿内安曇族をまつるか

　JR穂高駅の駅前通りを約50mいき東へ右折すると，穂高神社の鳥居がみえてくる。神社本殿は中殿・右殿・左殿の3殿で，本殿右の若宮とともに一間社流造である。祭神は穂高見命，綿津見命ほかをまつる『延喜式』式内社で，奥社は上高地の明神池のほとりにある。『延喜式』巻三では，祭神について「穂高神社一座」と記されているので，主神は穂高見命であり，綿津見命を含め，他の祭神は後からつけ加わったものと考えられる。

　祭礼は，いわゆる宵祭が奥社で行われ，ここから神を迎えて，里宮にあたる穂高神社で本祭が行われる。毎年9月27日に行われるお船祭りは，古代海人安曇族(筑前安曇族)の伝統をふまえた宗教行事であり，穂高神社は筑前安曇族がまつった神社であるというのが大方の見方である。しかし，主神が海神綿津見命でないことや，お船祭りが安曇比羅夫の鎮魂の祭りとしてはじまったことなどから，畿内安曇族がまつったのではないかという興味深い見方もある。

碌山美術館 ㉘　〈M▶P.114, 154〉安曇野市穂高5095-1　P
0263-82-2094　　JR大糸線穂高駅🚶10分，または長野道豊科IC🚗15分

> 「東洋のロダン」荻原碌山の
> 全作品を展示

　JR穂高駅前を北方向へ線路沿いに進むと，線路向こうにツタのからまるレンガ造りの北欧教会風の建物がみえてくる。日本近代彫刻の先覚者で，東洋のロダンと称された，穂高出身の荻原碌山(守衛)の作品が展示されている碌山美術館である。扉を開けてはいると，碌山の芸術信条である「LOVE IS ART, STRUGGLE IS BEAUTY」(愛は芸術なり，悶えは美なり)ときざまれた金

穂高駅周辺の史跡
- 松沢求策墓
- 若松屋(松沢求策生家)
- 碌山美術館
- 井口喜源治記念館
- 穂高神社
- 大王わさび農場
- 松沢求策胸像
- 相馬愛蔵生家
- 研成義塾跡
- 荻原碌山生家

安曇野水祭り

コラム

水の恵みに感謝

安曇野水祭りは，春の「お水迎え」，秋の「お水取り」「お水返し」の神事からなっている。「槍で別れた梓と高瀬　めぐり逢うのが押野崎」と安曇節にうたわれているが，お水迎えとお水取りは，犀川・穂高川・高瀬川の３川合流点（安曇野市）で行われる。

お水迎えは５月７日，参列者が川の水を桶にくみ，安曇野市の穂高神社に奉納する。10月15日のお水取りも川の水を樽にくみ，一晩穂高神社に奉納したあと，翌16日に上流にあたる松本市上高地の明神池に返すのがお水返しである。明神池には穂高神社の奥宮が

まつられている。ちなみに奥穂高岳山頂には，穂高神社嶺宮がまつられ，登山者が手をあわせている。

安曇野市の観光協会主催による比較的新しい祭りであるが，水の恵みに感謝する土地の人びとの素朴な心をよくうつしだしている。

奥穂高岳山頂の穂高神社嶺宮

文字が目にとまる。館内には，ロダンに学んだ彫刻の代表作である「坑夫」や「北條虎吉像」（国重文），女性の絶望をあらわそうとしたが，ポーズが悪いと文展で採点されなかった「デスペア」，人妻相馬黒光との恋の懊悩を作品に転化させた「文覚」，片山潜を感動させた，日本の近代彫刻を代表する絶作「女」（国重文）などが並んでいる。これらの作品のほかに，海外留学中の書簡類も展示され，日露戦争に悲観的だった一面を伝える手紙や本への書き入れが注目される。また，隣接する新館には，高村光太郎・戸張弧雁・中原悌二郎ら碌山と関係の深い作家の作品を展示している。

碌山美術館から東へ約５分，市道穂高２級22号線沿いに長野県における自由民権運動の中心人物である松沢求策の生家「若松屋」がある。求策は，武居塾で学び，松本に奨匡社を設立，２万余人の署名を集めて国会開設請願運動を展開，さらに自由党の基礎づくり，『東洋自由新聞』発刊の中心となった。求策は石川島牢獄で32歳の波乱の生涯を閉じて以来，長く歴史の底に埋もれていたが，近年その業績に光があてられつつある。求策の墓は碌山美術館の東にある。

また，旧国道の南小学校入口交差点近くの三枚橋公園内に，求策の胸像が「嗚呼諸君と共に自由の花に遊び自由の月を賞するの日は其将た何の時ぞ蓋し遠きに非るべきを信ず」の文とともにたてられている。

「若松屋」から旧国道を南に進み，穂高駅前通りを100mほど東へいくと右手に，研成義塾創立者である井口喜源治記念館がある。喜源治は1870（明治3）年に穂高町等々力に生まれ，上京中，内村鑑三に感化されクリスチャンとなった。郷里に帰ってからは禁酒・廃娼運動に挺身し，教職を捨て，新宿中村屋の創業者相馬愛蔵らの応援を得て，1898（明治31）年研成義塾をおこした。多いときでも30人余りの塾生しか集まらなかった万年赤字の私塾であったが，聖書と論語を中心に「えらい人になるよりよい人になれ」というキリスト教的人格主義に基づいた教育が行われた。喜源治を生涯の師と仰いだ荻原碌山，アジア・太平洋戦争中『暗黒日記』を書いて戦争に反対した気骨の外交評論家清沢洌ら異色ある人材をうんだ。校舎は現存しないが，三枚橋地区に，矢内原忠雄筆の研成義塾跡の碑がたてられている。

井口喜源治記念館をでて右，国道147号線を右折し，約800m南へいった白金交差点を左折，約1km東に進むと，屋敷林に囲まれた集落の道沿いに，この地方独特の双体道祖神が多くみられる。この集落の東端に，洋館建ての相馬愛蔵の生家や荻原碌山の生家がある。愛蔵のもとに仙台から嫁いできた黒光のために，この洋室の応接間は用意された。ここで碌山・愛蔵・黒光が深い縁で結ばれるようになったのである。碌山を芸術の道へと開眼させた絵「亀戸風景」とともに，応接間は当時のままに保存されている。

愛蔵の生家から田園風景のなかを北東方向へ進み，万水川を渡ると安曇野を象徴する風景の1つ，大王わさび農場がある。この辺りは，烏川および梓川扇状地の扇端部にあたり，伏流してきた常温13度前後の豊富な湧水が得られるところで，ワサビ栽培に適した土地である。明治時代中期から商品としてのワサビ栽培が本格化した。当時，安曇野の代表的果物であったナシの畑や桑畑がワサビ栽培に切りかえられた。全国一の規模をもつ「穂高わさび」の栽培地も，

地域住民の知恵と汗と涙の賜物であることに思いを馳せたい。

農場駐車場北の万水川に,水車小屋が3つ並んでいる。安曇野の原風景ともいわれる安曇野水車の風景は,黒澤明監督の映画『夢』第8話の「水車のある村」のロケ地としても知られる。なお,大王農場の名前は,安曇野の代表的伝説の1つ,「八面大王物語」に由来する。当農場の一角に,バラバラにされた八面大王の遺体の胴体部分が埋められたとの言い伝えがあり,現在大王神社としてまつられている。

松尾寺 ㉙
0263-83-4171

〈M▶P.114, 158〉安曇野市穂高有明7327 P
JR大糸線有明駅🚗10分,または長野道豊科IC🚗30分

一見五間堂ともみえる軒の出の深い大堂

4月24日〜5月5日,7月17日〜8月31日の期間はJR穂高駅から周遊バス(1回乗車100円)がでているのでこれを利用できるが,そのほかの期間はバス路線がないので注意を要する。

有明駅から西へ約2km,広域農道の有明交差点をこえ,二股の道を左方へ進むと,曽根原家住宅(国重文)がある。曽根原家は江戸時代初期から代々庄屋をつとめてきた豪農で,平面や構造などからみて17世紀中期から後期にかけての建設と推定される。また,本棟造系統の民家としてはもっとも古い部類に属し,その成立過程を示唆する重要な例である。

二股まで戻り,左折して約3km,交差点を左折して100mほどいくと,右手に松尾寺(真言宗)がある。本尊薬師如来を安置する本堂(薬師堂,国重文)は,寺の過去帳では,1528(大永8)年に仁科盛政が再建したものとあるが,板壁の書込みにより,少なくとも1534(天文3)年以前には建立されたことがわかる。一見すると五間堂とも思えるが,桁行3間(約5.5m)・梁間3間,寄棟造の仏堂で,頂上に箱棟をのせている。軒の出が非常に深いので,四方に総

松尾寺本堂(薬師堂)

北アルプスにいだかれた里々をいく 157

松尾寺周辺の史跡

計20本の支柱をたてて軒をささえている。このように創建当初から支柱を設けている三間堂建築は、盛蓮寺観音堂（大町市社、国重文）をのぞいては県内に例はなく、全国的にも珍しいとされる。

松尾寺の北隣に2つの建物がある。

1つは安曇野市穂高郷土資料館である。古代安曇族の生活史を物語る資料、天蚕関係資料、『きけわだつみのこえ』冒頭の上原良司の遺品が保管されている。「繊維のダイヤモンド」とよばれる天蚕の詳しい資料を展示している天蚕センターにも足を運んでみたい。県道小岩岳穂高停車場線（通称山麓線）穂高温泉郷入口の東に、天蚕の形を模した建物がみえる。

もう1つは鐘の鳴る丘集会所である。敗戦後の暗い世相に、人間のあたたかい愛と明日への希望の灯を掲げようと制作された、ＮＨＫのラジオドラマ「鐘の鳴る丘」の舞台となった場所である。赤い屋根にとんがり帽子の時計台で有名な歌詞どおりの建物で、現在は青少年健全育成の施設として活用されている。

寺の前の道を左折し100mほど進むと、大きな交差点にでる。ここを左折して北西方向に約1kmいくと、有明山神社（祭神手力雄命ほか5神）の里宮がある。神社の鳥居脇の石段をのぼり、正面の正福寺不動堂から右手の自然歩道に沿って100mほど進むと、安曇野伝説の八面大王の魏石鬼の窟がある。この横穴式古墳には、平安時代に八面大王とよばれる鬼が住み、村人を苦しめたため、坂上田村麻呂が退治したという。しかし、最近の地域史・民衆史の見直しのなかで、八面大王は逆に圧政に苦しむ安曇野の人びとを守るためたたかった、たくましい指導者として描き直されている。聞く者の心を切なくもあたためてくれる八面大王伝説の話の筋が、窟の前の碑面に書かれている。なお、穂高温泉郷のなかに、八面大王の足湯があるが、八面大王の8つの顔を想像した彫刻はなかなかユニークで、足湯につかりながら歴史のロマンに浸るのも一興である。

満願寺の仏迎え

コラム

安曇地方の新盆行事

　安曇地方では新盆をアラボンといい、アラボンの家では8月になると木戸さきに「高燈籠」あるいは「迎え燈籠」とよばれる電燈を高く掲げる。この灯で先祖が帰ってくるというのである。

　また、新仏は、8月9日の早朝3時か4時ごろ、安曇野市穂高牧の栗尾山満願寺へ迎えにいく。このことを「仏迎えにいく」という。この寺は山中の別世界という趣のある寺で、栗尾山という山号からクリョサマとかクリョーサマとかよばれ親しまれている。

　かつての新仏迎えは、クリョサマへいくといって、月遅れの七夕がすんだ8月8日の晩に、一晩泊りでお迎えにいった。お籠もりといって、米をもってでかけ、本堂で大般若経のおつとめをしたり、念仏をとなえたりして、「おつうや」をする。翌朝は法要に参列して、いただいた板塔婆を背負うようにして帰ってきたという。

　穂高温泉郷から主要地方道塩尻鍋割穂高線を南へ2kmほど進み、川窪沢川手前の草深交差点を右折、道なりに2kmほどのぼると、満願寺（真言宗）に着く。この寺は「信濃高野山」ともよばれ、毎年8月9日の縁日（本尊千手観音の4万8千日）には、安曇野一円から宗派の関係なしに新盆の仏迎えに集まる人びとで賑わう。「三途の川」にかけられた微妙橋を渡ると、あの世（地蔵堂）、さらに暗い急坂をのぼりきったところに、千手観音の救いの手が待っているという場面設定がされている。この寺の湧水は身体によいと、近隣の人はもちろん、遠方よりくる人があとをたたない。

仁科神明宮 ㉚
0261-62-9168

〈M▶P.114〉大町市 社 1159　P
JR大糸線信濃大町駅🚌社（宮本）方面コース宮本公民館🚶2分、または長野道豊科IC🚗40分

わが国で現存する最古の神明造

　大町市市民バスふれあい号の宮本公民館バス停から東へ坂道をあがると、仁科神明宮（祭神天照大神）の一の鳥居が迫ってくる。平安時代中期の1050（永承5）年ごろ、伊勢神宮内宮の御厨が、仁科の地に設けられたとみられる。仁科神明宮はその御厨鎮護のために建立されたものである。仁科氏は小豪族であったが、戦国時代までの間に力をたくわえ、この地に京風文化を開花させた。

　社殿の建築様式は、わが国で現存する最古の神明造で、棟持柱

仁科神明宮本殿(中門・釣屋)などの原初形態を示している。**本殿・中門・釣屋**は一体のものとして国宝に指定されている。本殿をくだった左手には宝物館がたてられ、16面の銅製御正体(5面、国重文)をはじめ、遷宮棟札27枚(国重文)などが保管されている。棟札は、つくり替えの状況・費用や仁科氏の系譜・家臣団の変遷などを詳細に伝えている。

毎年3月15日の祈年祭に作始めの神事(県民俗)、毎年9月15日の例大祭に太々神楽(県民俗)が奉納される。なお、ここから盛蓮寺を経て薬師寺に至る約8kmの道は、「塩の道」の古道であり、仁科氏ゆかりの史跡・石仏をみながら往時をイメージするのも一興である。

その古道を北へ約1kmいくと、曽根原地区に盛蓮寺(真言宗)観音堂(国重文)がある。寺所蔵の古文書に、1470(文明2)年建立と伝えられる室町時代後期の建築である。屋根の頂上にきわめて短い箱棟をのせているので、一見すると宝形造のようにもみえるが、松本地方最古の寄棟造建築である。

さらに古道を北へ3kmいった木舟地区には、仁科氏祈願寺の浄福寺(天台宗)のものとされる、わが国最古の鉄製鰐口(国重文)が伝わる。現在、大町山岳博物館に保管されている。

神明宮から県道大町明科線を池田方面へ、池田5丁目交差点を左折し、山道を約5km進むと右手に、木造毘沙門天立像(県宝)を安置する栂ノ尾の毘沙門堂がある。像は、ヒノキの一木造で、平安時代中期ごろの制作とされる。

若一王子神社 ㉛ 〈M▶P. 114, 161〉大町市大町2097 P
0261-22-1626 JR大糸線信濃大町駅 木崎湖方面行上大黒町 2分、または長野道豊科IC 50分

JR信濃大町駅から北へ1.5km、市街地を抜け、国道148号線にはいると、左手の大きな社叢(県天然)のなかに、若一王子神社(祭神

伊弉冉尊・仁品王・妹耶姫・若一王子)がある。神社の創建は鎌倉時代初期～中期といわれ，仁科神明宮とは表宮・裏宮という兄弟社の関係を保っていた。本殿(国重文)は，一間社・隅木入春日造・檜皮葺きで，各所に奇抜ともいうべき手法をとっており，地方色豊かな地域の大社としての風格を感じさせる。本殿東には，「火不見の観音様」とよばれる像高19cmの銅像十一面観音坐像御正体残闕(県宝)を本尊とする観音堂がある。また，境内入口には，木食故信法阿の勧進によって江戸時代に建立された三重塔(県宝)がある。蟇股の十二支にあわせた人身獣面の彫刻は非常に珍しく，貴重である。毎年7月29日の例大祭には，夏祭りの中心である流鏑馬の神事(県民俗)や，大黒町舞台(県宝)など6台の舞台巡行があり，雅やかである。

信濃大町駅周辺の史跡

優雅かつ奇抜な組物は信濃の地方色の極限

若一王子神社をでて，県道を信濃大町駅に戻る途中，九日町交差点を右におれると，右手に弾誓寺(曹洞宗)がみえる。仁科氏が鎌倉時代中期，「館之内」から大町市街地の天正寺付近に居館を移した際，社区木舟地区にあった祈願寺の浄福寺を移築したものとされる。浄福寺は江戸時代初期に弾誓寺と改称されている。本尊の木造観音菩薩立像(県宝)は，像高162cm，ケヤキの一木造で，衣紋や印相から貞観様式から藤原様式に移行する平安時代中期初頭の造像と考えられるが，後補のあとがところどころにみられる。

弾誓寺をでて右折し，国道148号線を信濃大町駅方面に進むと右手に仁科氏居館跡に建立された天正寺(曹洞宗)がある。ここには若一王子神社三重塔の原型と伝えられる，江戸時代中期の三重小塔(県宝)がある。また，霊松寺山中腹にある霊松寺(曹

天正寺三重小塔

北アルプスにいだかれた里々をいく

洞宗)には、廃仏毀釈で廃寺となった松川村の観松院(曹洞宗)から1883(明治16)年に移築された、江戸時代末期の山門(県宝)がある。

豊科方面から国道147号線を大町方面に向かい、信濃松川駅前を松川村役場方面に左折して300mほど行くと、銅造菩薩半跏像(国重文)がまつられている観松院(曹洞宗)がある。県内最古の金銅仏として知られるこの像は、飛鳥時代に新羅で制作され、渡来人によってわが国にもたらされたと考えられている。

大町市街地から山清路方面へ県道55号線を進み、相川トンネルをこえて約200mを右折、約2kmくだると覚音寺(修験本宗)がある。本尊の木造千手観音立像(国重文)は平安時代末期の作で、頭部内面には、「仁科」の墨書きがある。脇侍木造持国天・多聞天立像(ともに国重文)は鎌倉時代初期の作だが、その作風は一見に値する。

また、若一王子神社から国道148号線を約1kmほど北上し、南借馬交差点を右折、美麻方面に向かって約10kmのところに、旧中村家住宅(国重文)がある。主屋は1698(元禄11)年の建築で、年代が明確な民家では県内最古のものである。

神明社 ㉜
0261-72-5000(白馬村役場観光課)

〈M ▶ P.114〉北安曇郡白馬村神城13166
JR大糸線南神城駅🚶20分、または長野道豊科IC🚗90分

細かく書かれた棟札が語る造営のいきさつ

仁科三湖(木崎湖・中綱湖・青木湖)の北方、南神城駅を東へ約200m、国道148号線を左折し500mさきを右折すると沢渡地区である。平安時代末期、沢渡・佐野・飯田・飯森の4カ荘は、千園荘とともに、長講堂領5カ荘であった。沢渡から東へ約2km進むと、山の麓に神明社の森がみえる。神明社の境内には、神明社(祭神天照大神)・諏訪社(祭神建御名方命)・八幡社(祭神誉田別尊)の3社が、1つの覆屋のなかに並んでおり、中央の神明社を本殿、ほかの2社を相殿とする。神明社本殿と諏訪社本殿(ともに国重文)の2社は、1588(天正16)年、沢渡九郎盛忠・牛乗親子が造営に奉仕し、大町の宮大工金原周防によりたてられたことが、棟札よりわかる。

神明社は屋根の反りのない、いわゆる神明造の形をとり、一間社切妻見世棚造で、諏訪社は反りのある一間社流見世棚造である

が、いずれも信濃の地方色をあらわすものである。また、神明社には2面の銅製御正体(県宝)があり、鎌倉時代から、仁科氏と深い関係にあったことが想像される。

大宮諏訪神社 ㉝
おおみやすわじんじゃ
0261-82-2001（小谷村役場観光課）

〈M ▶ P.114〉北安曇郡小谷村中土宮の湯13722 P
JR大糸線中土駅🚌小谷線中土局前🚶10分、または長野道豊科IC🚗140分

小谷地方の諏訪神社の中心的存在

中土局前バス停の前を左折し、道なりに10分ほど歩くと、大宮諏訪神社(祭神建御名方命・八坂刀売命)がある。本殿(県宝)は一間社流造で、造立棟札によると、1619(元和5)年に「両小谷惣社」として宮大工金原周防により造立された。小谷地方にとくに多くある諏訪神社の中心的存在であった。

毎年8月の最終日曜日に例祭があり、狂拍子と奴踊り(ともに県民俗)が奉納される。奴踊りでは、その年の作柄や世相などを風刺した歌がうたわれ、その歌詞が保存されてきた。世相の風刺・為政者への揶揄などで鬱憤を晴らしてきた村人の思いを知ることができる。

戸土の境ノ宮と小倉明神では、諏訪大社御柱祭の前年に行われる式年薙鎌打ち神事(県民俗)が、7年目ごと交互に行われている。神事では、諏訪明神の表象である薙鎌が、境内にある神木に打ち込まれる。戸土は、古くは「塩の道」の重要な中継点であり、信州で海がみえる唯一の集落であった。現在は、深刻な過疎問題に悩まされている。

国道148号線の外沢トンネルを抜け、北小谷駅方向に右折、小谷大橋の下をとおり、道なりに進むと常法寺(曹洞宗)がある。本尊の銅造阿弥陀如来及両脇侍立像(県宝)は鎌倉時代後期の作で、光背などに特徴がある。県内では数少ない善光寺式阿弥陀三尊像である。

大宮諏訪神社

北アルプスにいだかれた里々をいく

木曽十一宿と御嶽山

❻

自然豊富な木曽。宿場がよく保存され，数々の木工芸品をみるのも楽しい。信仰の山御嶽山には畏怖さえ感じる。

贄川宿 ㉞　〈M▶P.114〉塩尻市贄川
JR中央本線贄川駅🚶5分

贄川関所　木曽十一宿の北の入口

　JR贄川駅から北へ20分ほど歩いた桜沢集落の北はずれに「これより南　木曽路」の碑がある。江戸時代は，松本藩と尾張藩の国境でもあった。

　贄川駅南のメロディ橋（関所橋）を渡ると，木曽十一宿最初の贄川宿がある。ここには木曽福島関所の副関の贄川関所があって，女人改めや木曽の特産品である漆器・曲物など不正移出の監視にあたった。現在，番所が復元され，近くから出土した遺物を展示する木曽考古館も併設された。中山道の通りで，国重文の深沢家住宅の外観をみることができる。宿場から国道にあがると，観音寺（真言宗）がある。

漆器の里平沢 ㉟
0264-34-3888（木曽くらしの工芸館）
〈M▶P.114〉塩尻市木曽平沢2272-7　Ⓟ
JR中央本線木曽平沢駅🚶20分

長野冬季オリンピックの漆のメダル　漆器で栄えた町

　JR木曽平沢駅からでたところに，漆器店がたち並ぶ平沢宿がある。贄川宿と奈良井宿の間の宿で，江戸時代に，漆器技術が木曽福島の八沢から伝えられ，庶民向けの木目のみえる春慶塗（木曽春慶塗）がつくられるようになった。明治時代にはいると，下地をつくって（堅地）から漆を重ねて塗る高級漆器として，堆朱塗も考案された。1949（昭和24）年に国から重要漆工業団地の指定をうけ，1974年には，国の伝統工芸品に選定された。

　宿場から奈良井川対岸に10分ほど歩くと木曽漆器館があり，漆製品だけではなく

漆器の里平沢の町並み

164　松本・安曇野・木曽路

職人の生活用具が展示されている(木曽塗の製作用具及び製品，国民俗)。また平沢の漆器は，1998(平成10)年の長野冬季オリンピック・パラリンピックの入賞メダルにも採用され，木曽くらしの工芸館でメダル作製の工程について，地場産業の紹介とともに展示・紹介している。

奈良井宿 ㊱

〈M►P. 114, 166〉塩尻市奈良井 Ｐ
JR中央本線奈良井駅 徒歩 1 分

古い町並みが残る上問屋資料館・中村邸

奈良井駅をでた左手側に，奈良井宿がある。木曽11宿ではもっとも高い標高930mに位置するが，「奈良井千軒」とよばれるほど繁栄した宿場であった。幕末の史料から，家屋数は信濃26宿にあっていちばん多く，唯一400軒をこえる規模を誇り，人口も上松宿についで２番目に多かった。宿場でありながら，塗櫛・漆器・曲物の産地でもあった。

いく度か大火に見舞われたが，天保から弘化年間(1830～48)の建物が多く残されている。1978(昭和53)年に重要伝統的建造物群保存地区に指定された。国道19号線の開設以来，そのルートから免れたことから，建物の２階部分が１階よりつきだした出梁造が今も残され，つきでた小屋根には「猿頭」の飾りがついている。１階の蔀戸や大戸，とくに２階の千本格子に目をとめたい。

宿場の北と南には他の宿と同様に桝形があり，ここではさらに宿場の途中に鉤の手がある。鉤の手から北には，公用の人馬を管理した問屋場上問屋資料館(手塚家住宅)がある。このほか『東海道中膝栗毛』の弥次さん・喜多さんが泊まったゑちご屋(寛政年間〈1789～1801〉創業)，明治時代には幸田露伴(紀行文『酔興記』に記述)や正岡子規・坪内逍遙も泊まった徳利屋，大きな杉玉のかかる平野酒造などが続く。

奈良井宿の賑わい

鉤の手より南，鳥居峠側

奈良井宿の史跡

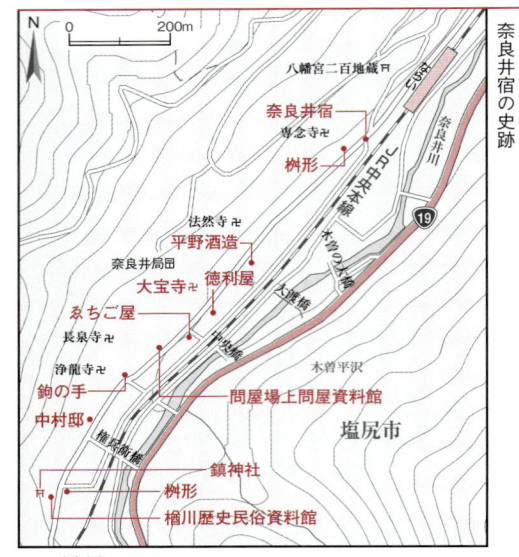

に400mほど歩くと右側に櫛問屋中村邸がある。木肌をいかした藪原宿のお六櫛に対して、奈良井宿の櫛は漆塗りである。1740（元文5〜寛延2）年代に、中村恵吉が創始したという。

南の桝形をでると、すぐに鎮神社がある。本殿は一間社流造で、1664（寛文4）年の造立である。もとは鳥居峠にあり、木曽義仲を養育した中原兼遠をまつっていたとされるが、1582（天正10）年の武田氏と木曽氏との戦いで焼失し、のちに奈良井の領主奈良井義高がここに移したという。1618（元和4）年に「すくみ」という難病がはやったため、下総（現、千葉県・茨城県・東京都の一部）の香取神社から「経津主命」を迎えてまつり、宿全体の鎮守となった。神社の一角に、楢川歴史民俗資料館が併設されている。

奈良井宿には北から、うなり石のある専念寺（浄土真宗）、関ヶ原の戦いのとき徳川秀忠が陣屋にしたと伝える法然寺（浄土宗）、隠れキリシタンの伝承をうかがわせる頭部のないマリア地蔵（胸に十字架）のある大宝寺（臨済宗）、茶壺道中の本陣をつとめたこともある長泉寺（曹洞宗）、ほかに浄龍寺（浄土真宗）と5つもの寺があり、宿の繁栄がうかがえる。なお、大宝寺裏山は奈良井氏の山城という。

宿場から権兵衛峠へ向かう権兵衛橋近くには、1970年ごろまで中央西線で活躍した機関車C12が展示されている。また駅近くには、樹齢300年の木曽ヒノキでつくられた木曽の大橋が、奈良井川にかかる。山口県岩国市の錦帯橋を模した太鼓橋である。

6月の初め、贄川宿の漆器祭りと同じ日に奈良井宿場祭が開かれ、

お茶壺道中の行列がもよおされる。また、節分の厳寒期、奈良井アイスキャンドル祭りでは、2000の氷の器にろうそくがともされ、旅情を誘う。

鳥居峠から藪原宿へ ㊲

〈M▶P.114〉藪原宿：木曽郡木祖村藪原
JR中央本線藪原駅 🚶 5分

鳥居峠は日本海と太平洋の分水嶺 藪原宿といえばお六櫛

奈良井宿と藪原宿の間に、菊池寛『恩讐の彼方に』最初の舞台（茶屋）となる鳥居峠がある。信濃川の一源流奈良井川と木曽川との分水嶺となっており、峠にふった雨水は、日本海と太平洋に別々に流れていく。中山道のなかでは、和田峠につぐ標高1197ｍの難所であるが、今は贅沢な森林浴コースといえる。

『続日本紀』大宝2（702）年12月と和銅6（713）年7月に、吉蘇路開通がふれられ、『日本三代実録』では県坂岑（元慶3〈879〉年9月の記事）が、信濃と美濃の国境と記される。この県坂岑が鳥居峠と考えられている。

鳥居峠の由来は、木曽義仲から16代目と称する戦国武将木曽義元が、明応年間（1492〜1501）に小笠原氏とたたかう前、この峠で御嶽山に遙拝し無事勝利した義元が、頂上に鳥居をたてたのにはじまるという。

奈良井宿を南に抜け、信濃路自然歩道にはいり、石畳をあがっていくと、なかの茶屋につく。『恩讐の彼方に』の主人公市九郎が浅草で人を殺し、主人の愛妾と逃亡をはかり、やがてこのなかの茶屋を営むかたわら、追いはぎをして暮らすという小説の舞台となった。

茶屋から急坂をあがっていくと頂上に至るが、その途中に「葬沢」がある。1582（天正10）年に、木曽・武田両軍が鳥居峠で激突した際、戦死者500余人を葬ったとされる。坂をあがると栃の木群生地があり、幹の空洞に捨て子があって、藪原の夫婦が育て、幸せに

鳥居峠御嶽山遙拝所（明治時代中期）

木曽十一宿と御嶽山　　167

なったと伝える子産のトチもある。

頂上にある峰の茶屋をすぎると御嶽山遙拝所があり、さらにくだって義仲硯水の場や丸山公園などをすぎ、カラマツ林をくだっていくと、10分ほどで藪原宿へと至る。宿場にはいる手前には、尾張藩が鷹狩りのタカを飼育した御鷹匠役所跡や藪原神社（祭神熊野大神）がある。

藪原宿にはいって目にはいるのが、お六櫛の看板である。この櫛はミネバリの木からつくられ、歯が非常にこまかいのが特徴である。妻籠宿のお六という娘が、御嶽権現のお告げでミネバリの櫛で髪を梳いたところ、持病の頭痛がなおったことからこの名がついたという。

宿場には、文人らが利用した旅籠米屋・湯川酒造・雪舟や応挙の書画が残る極楽寺（臨済宗）・宮川資料館などがある。資料館には、代々診療所を営んでいた宮川家で使用されていた医療道具が残る。

宿場を南に抜けた一里塚跡に木祖村郷土館があり、その前庭にはD51蒸気機関車も展示されている。中央本線藪原駅から5分ほどの場所である。

中山道藪原宿は、境峠・野麦峠から高山へ抜ける飛騨街道奈川道の分岐点であり、奈川道に沿って流れる笹川上流の小木曽地区に田ノ上観音堂があり、平安時代後期の聖観音菩薩が安置されている。近くにレジャー施設としてスキー場やこだまの森、さらにその奥に水木沢天然林がある。

宮ノ越宿 ㊳

〈M ▶ P. 114, 169〉徳音寺：木曽郡木曽町日義124-イ　P
JR中央本線宮ノ越駅 🚶13分

木曽義仲ゆかりの宮ノ越「らっぽしょ」

JR宮ノ越駅をでて坂道をくだると、宮ノ越宿が左右に広がる。この地は木曽大工が多くでたところで、街道筋の宿場の家々に2階出梁をささえる「持ち送り」に、匠の技術が残されている。

宿場から義仲橋を渡り、700mほど西へ進むと義仲館や宣公郷土館があり、木曽義仲の生涯が解説されている。この場所は、義仲の母小枝と愛妾巴の菩提寺である徳音寺（臨済宗）への参道につながる。寺の北に続く徳音寺集落を抜けて、山沿いをさらに北へ1500m進むと巴淵に至る。竜の化身であった巴伝説の地である。その淵

徳音寺

にのぞむ背後の山も、愛妾の名にちなみ山吹山という。お盆には倶利伽羅峠の戦いに由来する松明祭り「らっぽしょ」が行われる。

そのまま道を進み、国道19号線にでて南にまがると、南宮神社がある。南宮神社（祭神金山彦命）は、1180（治承4）年、平家打倒をめざした木曽義仲が、戦勝祈願をしたという。宮ノ越駅の方向にくだっていく途中に、義仲が旗挙げをした旗挙八幡宮（義仲居館跡）があり、さらにくだると、宮ノ越宿・宮ノ越駅に戻る。この1周のコースはおよそ5kmである。

なお、宮ノ越宿から南へ約4kmいった原野には、2歳の義仲を引き取って育てたという豪族中原兼遠が眠る林昌寺（臨済宗）がある。

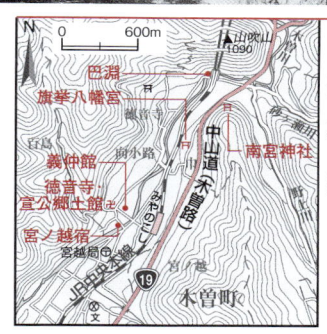

宮ノ越宿周辺の史跡

木曽福島 ㉟　〈M ▶ P.114, 170〉福島関跡：木曽郡木曽町福島関町4748-1　P
　　　　　　JR中央本線木曽福島駅🚶20分

宮ノ越宿から福島宿へはいっていくと、右手に上田集落がある。この集落に、木曽義仲の養父中原兼遠の居館があったと伝えられ、一族の学問向上のために勧進された手習神社がある。

中山道福島には、日本四大関所の1つといわれる福島関跡（国史跡）がある。1975（昭和50）年から翌年にかけて発掘調査され、今は史跡公園として整備され、福島関所資料館がたつ。関所近くには、島崎藤村の小

福島関跡

木曽十一宿と御嶽山

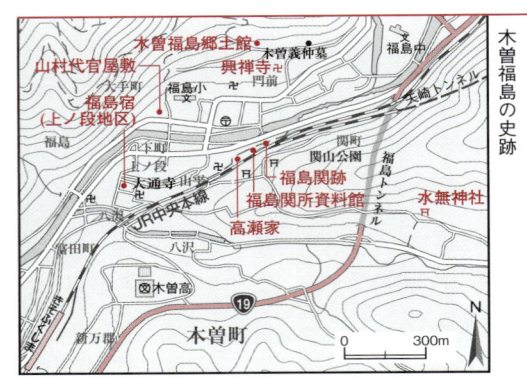

木曽福島の史跡

福島関と山村代官屋敷 奇祭みこしまくり

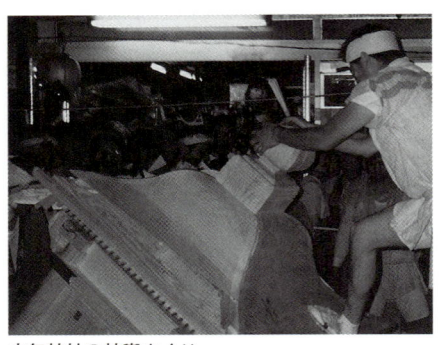

水無神社の神輿まくり

説『家』のモデルとなり、藤村の実姉園（作中ではお種）が嫁いだ旧家高瀬家（作中では橋本家）がある。

　福島関所を預かったのは、木曽氏の家臣であった山村氏で、関ヶ原の戦いで功績をあげ、尾張藩木曽代官に任じられた。山村氏の屋敷地の大半は福島小学校となってしまったが、小学校に接して下屋敷が残っている。その山村代官屋敷には、駒ヶ岳を借景した庭園、木曽を支配した山村家の資料が展示されている。また代官屋敷から山沿いに歩いたところに、山村家菩提寺の興禅寺（臨済宗）がある。この寺は、木曽義仲追善のために再興されたといわれ、木曽氏代々の墓碑がたち、愛妾巴がもち帰った義仲の遺髪も埋葬されている。

　福島宿は、昭和の大火（1927年）により往時の面影は薄れてしまったが、火災を免れた上ノ段地区は静かなたたずまいをみせている。上ノ段の大通寺は、室町時代中頃から戦国時代まで支配した木曽氏の居館があった場所とされる。戦国時代末期の武将木曽義昌は、武田信玄正室の3女萬里姫をここに迎えている。また町の再建にあたって、木曽川にせりだすようにたてられる崖家造が踏襲され、宿の対岸からの景色も一風かわっている。

　かわっているといえば、毎年7月に行われる奇祭「みこしまくり」が見ものである。「宗助」「幸助」の掛け声で、神輿を縦に横に地面

木曽踊り

コラム 芸

先祖はオヤマに

　木曽踊りは，旧木曽福島町（現，木曽町）をはじめ，木曽谷一帯で行われている。いわゆる「木曽節」は，「木曽踊り」と総称される民謡のうち，「中乗さん」の唄が全国に有名になったものである。旧木曽福島町では，水無神社の例祭のころからお盆にかけて，役場前広場などで行われる。

　「木曽のナー中乗さん　木曽の御嶽ナンチャラホイ　夏でも寒いヨイヨイヨイ」。この「中乗さん」とは何だろうか。木曽の人びとにとって，御嶽山は死者の赴くオヤマであった。木曽には「御座立て」といって，オヤマにいる死者の声を聞く儀式があり，そのとき死者の声を生者に伝える民間巫者が「中座」である。中乗はおそらく「中宣り」の意で，この中座のことだろう。

　他界した先祖が，中座というシャーマンをとおして，こちら（つまりオヤマ）は「夏でも寒い」と訴えているのである。そして生者がそれに対して，「袷ナー中乗さん　袷やりたやナンジャラホイ　足袋を添えてヨイヨイヨイ」とこたえる。オヤマのご先祖様に，袷に足袋をそえてやりたいというわけである。

を転がし壊してしまうというもの。壊してしまうので毎年神輿を新調する。400kg近くもあるという神輿であるが，祭りの終わりにはほとんどかつぎ棒だけになる。

　その由来は，飛驒国の一宮水無神社（祭神御歳大神，岐阜県高山市）近くで戦乱がおこったときに，巻き添えをさけるため信心篤い宗助と幸助が，神輿をかつぎだして木曽へもち去っていくことにはじまる。2人は途中で追い手ともみあいになるが，とにかく転がしてでも神輿をもち帰ろうと，お互いの名を掛け声にして峠道を転がして，福島伊谷地区まで運んだという。

　その伊谷に水無神社（祭神高照姫命）が勧進された。ここには鎌倉時代の太刀（県宝）も残されているが，一般公開はしていない。また鎌倉時代から室町時代の制作とされる懸仏も残されており，興禅寺近くの木曽福島郷土館に展示されている。木曽福島郷土館には，宿場にちなんだ交通資料などが展示され，江戸時代の民家も移築されている。

木曽ヒノキの集散地上松 ㊵

〈M ▶ P. 114〉 寝覚ノ床：木曽郡上松町寝覚　P

JR中央本線上松駅🚶25分

浦島太郎伝説・寝覚ノ床
赤沢自然休養林

木曽桟跡

　福島宿と上松宿の中間に，木曽桟跡（県史跡）がある。かつては，急峻な斜面に沿って木を組んで道としていたが，1648(慶安元)年に木曽川の縁から斜面に沿って石を13m積みあげ，全長102mにおよぶ石垣の山道をつくった。今は国道19号線に改変されたが，対岸からは残された石垣をみることができる。

　上松宿は，幕末には人口2482人を数え，木曽11宿では最大，中山道67宿のうちでも6番目の多さを誇った。旅籠数も多かったが，たび重なる大火で大半を失っており，現在では，JR上松駅から10分ほどのところにある上町地区でその面影をみることができるのみである。宿場には玉林院(臨済宗)があり，1766(明和3)年の棟札をもつ山門がたつ。

　上松は木材の里として知られ，上松駅の貯木場には木曽の山々から，森林鉄道によって大量の木材が集積された。森林鉄道は1975(昭和50)年で役割をおえているが，今もたくさんの木材をみることができる。王滝と赤沢の旧御料林への2方向に向かう森林鉄道があり，王滝へ向かう十王沢に鬼淵鉄橋がかかる。明治時代，日本の架橋技術は欧米に頼っていたが，大正年間(1912〜26)につくられた純国産第1号の鉄橋である。設計は，宮内省技師三根奇能夫といわれている。上松駅から車で30分のところにある赤沢自然休養林では，往時の森林鉄道の車両に体験乗車できる。赤沢自然林は樹齢300年という天然ヒノキにおおわれ，日本三大美林の1つとして知られる。

　この山深い上松に，浦島太郎伝説が残る。竜宮城から戻った浦島

駒ヶ岳神社の太々神楽

コラム

芸

一子相伝の舞

　5月3日、上松町の徳原地籍にある駒ヶ岳神社の里宮で、駒ヶ岳神社の太々神楽（国選択）が行われる。ここは木曽駒ヶ岳登山道の1合目にあたり、奥の院は山頂にまつられる。

　「太々神楽」は中部・関東地方に多く、その呼称は神楽奉納時の初穂料の多寡による「小・大・大々」という等級づけの「大々」に由来し、のちに奉納神楽の一般名称となった。

　苗代づくりをおえた農家の人びとが、本格的な農作業を前に、重箱を持参して駒ヶ岳神社に集まり、地面にゴザを敷いて、神楽見物で春の1日を楽しむ。

　「岩戸開舞」「御神入舞」など、全部で13座の演目が演じられる。これらの演じ方は、氏子のうち里宮付近の、決められた農家の長男にのみ継承されていくという、いわゆる「一子相伝」の形式が古くからまもられているという点が、最大の特徴である。とりわけ第7座の「四神五返拝」では、天狗姿の演者が宙に飛びあがって舞い、その迫力で神楽は最高潮に達する。

太郎が、さまよい歩いたのち寝て覚めた場所で、その名も寝覚ノ床（国名勝）という。上松駅から南に2kmいったところにある。屏風岩・獅子岩・烏帽子岩などとよばれる花崗岩の巨石が、深淵なる水面に映える景色は絶景。床岩の上には弁財天をまつる浦島堂がある。裏寝覚まで足をのばすのもよい。寝覚ノ床をみおろすのが臨川寺（臨済宗）で、その宝物館に浦島太郎が使ったという釣竿も展示されている。寝覚ノ床をみおろす木曽路美術館には、安藤広重の「木曽街道六十九次」の浮世絵すべてが収蔵されている。国道19号線を南に2kmいくと落差20mの小野の滝があり、夏の涼風が心地よい。

　寝覚ノ床からみる木曽駒ヶ岳（2956m）は勇壮である。登山道としては、登山者のもっとも多い敬神の滝コース、落差40mという奇美世の滝コース、JR中央本線倉本駅から空木岳コースという、3コースがある。

　倉本地区には、発電王福沢桃介の名から

駒ヶ岳神社の太々神楽

木曽十一宿と御嶽山　　173

1字とった桃山水力発電所がある。1923(大正12)年の完成で、関西(60Hz)と関東(50Hz)の異なる周波数の地域へ送電をした日本初の画期的な発電所であった。

なお上松では、神社の祭礼がよく保存されており、なかでも5月の駒ヶ岳神社(祭神保食大神・豊受大神)奉納の太々神楽(国選択)は一見したい。さらに9月、宿場近くの諏訪神社若宮八幡宮では、男衆による「芸ざらい」とよばれる地歌舞伎が演じられる。

須原宿から野尻宿 ❹

〈M ▶ P. 114, 174〉須原宿：木曽郡大桑村須原,
野尻宿：木曽郡大桑村野尻
JR中央本線須原駅🚶2分

須原定勝寺
渓流美しい阿寺渓谷

JR須原駅をでて左が須原宿である。須原宿は木曽川べりの段丘下にあったが、1715(正徳5)年の洪水により今の位置に移った。水の湧く宿場として知られ、水舟にはいつも水がたたえられている。

幸田露伴の小説『風流仏』の舞台でもある。

宿場にある定勝寺(臨済宗)は、1430(永享2)年に木曽親豊が創建、1598(慶長3)年に豊臣氏の木曽代官石川光吉が現在地に再興した。再興時の本堂、1654(承応3)年の庫裏、1661(万治4)年の山門(いずれも国重文)が残っている。美術品としては、室町時代の香林和尚像・貴山和尚像・玉林和尚像・

定勝寺山門

須原宿周辺の史跡

須原ばねそ

コラム

芸

はねず踊りの系譜

　大桑村須原には「須原甚句」「よいこれ」「竹の切り株」という3つの歌が伝わり、「須原ばねそ」とは、それらの歌に合わせて踊る踊りを総称したものである。

　たとえば「よいこれ」は、「ハァよいこら」からはじまり、「須原はねそを習いたかござれ　金の四五両ももてござれ」などとうたわれている。これらの歌は「須原節」ともよばれた。

　もともと盆踊りとして伝えられてきたものであるが、定勝寺の花祭りや学校の運動会のおりなどにも、随時踊られている。京都賀茂の「はねず踊り」が流れてきたものともいわれ、「ばねそ」とは「はね人」か「はね衆」または「はねんず」(＝はねよう)の転訛したものであろう。村の盆踊りをハネソオドリなどと称したところは、鳥取県・福井県・富山県など、全国に数カ所ある。

木曽義元像、桃山時代の天心和尚像(いずれも県宝)がある。また、境内には伝統芸能「須原ばねそ」の碑がある。

　定勝寺から中山道を南へ1時間ほど歩いていくと、崖家造の岩出観音堂がある。たくさんの絵馬が奉納されており、一部が宿場の対岸の和村地区にある大桑村歴史民俗資料館に展示されている。和村地区の西はずれに、1922(大正11)年建造の須原発電所がある。そこには関西電力木曽川電力資料館も併設されている。大正年間(1912〜26)に電灯が全国に普及していったが、木曽の発電事業がその背景にあったことを知ることができる。

　須原宿からつぎの野尻宿の間に、JR大桑駅がある。駅をおりて15分ほど坂をあがっていくと、マリア地蔵のある天長院(臨済宗)に至る。この一帯の長野地区は、1329(元徳元)年の史料に「永野保」の名称で、京都高山寺の荘園として記録が残されている。

　大桑駅から北西へ30分ほど歩いて、木曽川を渡った殿地区には、100段をこす石段

須原宿水舟

木曽十一宿と御嶽山　　175

のある白山神社(祭神菊理姫命)がある。白山社のほか境内社として、伊豆社・熊野社・蔵王社をあわせて4つの社殿が重要文化財に指定されている。白山神社近くの池口寺薬師堂(県宝)は、年輪年代法という科学分析で1289(正応2)年に伐採された木曽ヒノキで建立されたことが判明し、さらに本尊の薬師如来坐像は平安時代末期の作とされてきたが、1200年前後に伐採された関西のヒノキであることもわかった。ここには「徳治三(1308)年」銘のある銅製鰐口(県宝)が所蔵されている。

　JR野尻駅から右に進むと野尻宿がある。「野尻の宿の七まがり」とよばれるように、町並みはまがっている。敵の侵入を防ぐためといわれる。脇本陣木戸家には多くの文書類が残され、宿場の両端には「東のはずれ」「西のはずれ」という屋号の家がある。野尻にはのぞきど森林公園、フォレスパ木曽などリゾート施設があり、また美しい阿寺渓谷の清流がある。林間を歩くと線路の痕跡に気づく。上松の森林鉄道敷設以前に設けられたもので、機関車はまだ導入されていなかったため、トロリーを人や大型犬が引いていた。

三留野宿 ㊷　〈M▶P.114〉福沢桃介記念館:木曽郡南木曽町読書2941-1　P
JR中央本線南木曽駅🚶15分

電力王福沢桃介の史跡　田立の花馬祭り

　JR南木曽駅をおりると、北が三留野宿である。三留野宿も大火などでかつての家屋を失っているが、往時の雰囲気も残っている。読書小学校の方向には、鐘楼門のたつ等覚寺(曹洞宗)があり、1686(貞享3)年ごろの作とされる韋駄天像・天神像・弁財天十五童子像(9体)のあわせて11体の円空仏が残されている。円空は現在の岐阜県羽島市の出身で、木仏12万体の像をつくる悲願をたて、全国行脚の旅にでた人物である。

　三留野宿の木曽川対岸には、1923(大正12)年に完成した読書発電所施設(国重文)がある。電力王ともよばれた福沢諭吉の養子福沢桃介が、社長をつとめた大同電力(現、関西電力)の建設による初期の水路式発電所で、木曽川には建設資材を運搬するため桃介橋(国重文)が、1922(大正11)年にかけられた。全長247mを測るこの橋は、木製吊橋としては国内最大級である。橋を渡ると天白公園のなかに、桃介の旧別荘を改造した洋風建築の福沢桃介記念館がある。旧別荘

は，桃介と女優第1号の川上貞奴とのロマンスの場でもあった。

　国道19号線を南木曽駅から北へ進み十二兼駅手前を左折して10分ほどいくと，花崗岩の間を清水が縫う柿其渓谷がある。

　中山道から大きくはずれるが，南木曽町田立地区に10余りの瀑布をみることのできる田立の滝（県名勝）がある。なかでも天河滝は96尺（35m）の落差がある。滝の奥地には，天然公園である高層湿原（1530m）もある。享保年間（1716〜36）から伝わる田立五宮神社の花馬祭り（10月3日，県民俗）は，豊作を祈る華やかな祭りである。

妻籠宿 ⑮

0264-57-3123（妻籠宿観光案内）

〈M▶P. 114, 178〉 木曽郡南木曽町吾妻　P
JR中央本線南木曽駅🚗8分

妻籠宿の古い町並み
漆畑のろくろ細工

　JR南木曽駅から国道19号線を車で南へ走り，吾妻橋の信号を国道256号線にはいると妻籠宿がある。南木曽駅から8分。妻籠宿は，木曽11宿のうち標高がもっとも低くおよそ420mに位置し，奈良井宿・藪原宿にくらべると500m以上の差がある。

　妻籠宿は出梁造や竪繁格子を残す民家が並び，全国ではじめて町並み全域を復元・保存するために，南木曽町妻籠伝統的建造物群保存地区に指定された。島崎藤村の母の生家である妻籠宿本陣は，明治時代に取りこわされたが，保存が進められるなかで，1995（平成7）年に復元された。また脇本陣の林家住宅（国重文）は，藤村の詩「初恋」のおゆふさんの嫁ぎ先であり，林家の屋号をとって脇本陣奥谷（奥谷郷土館）とよばれている。隣接して歴史資料館があり，宿場の歴史や保存運動に関する展示がされている。脇本陣の墓の奥には，藤村の小説『新生』のモデル島崎こま子の墓もある。

　歴史資料館をすぎ，馬籠方向へ約300mいくと，道が鉤の手にまがる辺りの山手側に，石段のある光徳寺（臨済宗）がある。ここに，「初恋」のおゆふ（林ゆふ）の墓がある。寺の裏手には

妻籠宿

木曽十一宿と御嶽山　　177

妻籠宿から馬籠宿の史跡

大きなギンモクセイ(県天然)があり、10月ごろになると、香りを楽しめる。毎年11月23日には、文化文政風俗行列がもよおされる。

妻籠宿から飯田へつうじる、いわゆる古道飯田道(国道256号線)を車で15分ほどいくと、江戸時代に名を馳せた蘭ヒノキ笠(県の伝統工芸品)の産地がある。近辺には温泉もあり、保養地になっている。

さらに車で5分ほどで、木地師の里漆畑集落にはいる。ろくろ細工(国指定の伝統的工芸品)を生業とする集落で、作業工程を間近にみることができる。丈夫な製品は、長い間使用し続けると味わいも増し、木の優しさをみせる。

妻籠宿から馬籠峠(801m)をとおって馬籠宿までのおよそ9kmは、ハイキングコースとして整備されており、案内板を頼りに歩くことができる。妻籠宿から徒歩で1時間の大妻籠集落をすぎたところに藤原家住宅(県宝)があり、そのさきに吉川英治『宮本武蔵』の武蔵とお通の恋の舞台となった男滝・女滝がある。

この辺りの石畳の道をすぎると、妻籠宿から2時間ほどのところに、一石栃の白木改番所跡がある。木曽11宿は、京方にこの番所があり、江戸方には贄川番所がある。この番所は、文字通り白木改めが中心で、櫛やヒノキ笠などの特産品の持ち出しを監視した。番所をすぎると、まもなく馬籠峠頂上にたどり着く。峠頂上からおよそ50分くだると馬籠宿に至る。

田立の花馬祭り

コラム

祭

厄除の花を奪いあう

田立の花馬祭り（県民俗）は，毎年10月3日に行われる南木曽町田立の五宮神社の例祭である。

よくしなる竹を棒状に縦割りにして，5色の紙をつけたものを「花」といい，3頭の馬の鞍に200本ほど装着する。この馬を「花馬」とよび，3頭の花馬は列をつくり，田立駅前から五宮神社までを練っていく。到着した行列が境内を2回まわると，待ちかねた人びとがわっと馬に駆け寄り，さきを争って花をとる。もち帰った花を戸口にさしておけば病気にかからないといわれ，また，農作物の病害虫除けに田畑にさす人もいる。

なお，木曽南部には同様の祭りがほかにもあったが，残るのは馬のかわりに大八車を使う旧山口村（現，岐阜県中津川市）の諏訪神社のみとなっている。

かつては，県境をこえた岐阜県中津川市の八幡神社などにもみられ，同県瑞浪市の桜大権現の祭りでも，馬をかざりたてて背に花をつけ，神社に参拝させた。その花はやはり群衆がきそって奪いとったという。

田立の花馬祭り

斜面につたう古い宿場 島崎藤村の故郷

馬籠宿 ㊹
0264-59-2336（馬籠観光協会）

〈M▶P. 114, 178〉岐阜県中津川市馬籠 P
JR中央本線中津川駅🚌馬籠行終点🚶30分，または中央自動車道中津川IC🚗25分

「名も知らぬ遠き島より　流れ寄る椰子の実一つ……」（大中寅二作曲）。郷愁を感じるこの有名な抒情歌は，島崎藤村の作である。藤村の故郷馬籠宿は，「木曽路はすべて山の中である」ではじまる小説『夜明け前』の舞台，といったほうがむしろ馴染みがあろう。

馬籠宿は，山の斜面にへばりつくようにして，街道沿いに民家が列をなしている。北隣の妻籠宿からは，およそ9kmの距離があるが，遊歩道として整備されており，自然を楽しみながら歩く人を多くみかける。観光シーズンになると，妻籠・馬籠間の手荷物輸送を観光案内所で取り扱っている。妻籠からきて，馬籠峠頂上からほどなくくだると，峠集落がある。陸路輸送で活躍した，牛方の集落である。

木曽十一宿と御嶽山　　179

藤村記念館

　峠集落から40分ほどくだると馬籠宿につく。宿の中ほどに，馬籠宿本陣である藤村の生家(島崎藤村宅跡・岐阜県史跡)があり，今は藤村記念館として整備され，藤村の遺品や原稿などが展示されている。

　記念館裏から西には，島崎家菩提寺の永昌寺(臨済宗)の森がみえる。藤村終焉の地である神奈川県大磯の地福寺(真言宗)から遺髪・爪が分骨埋葬されているほか，冬子夫人と3人の娘も眠る。『夜明け前』では万福寺としてあらわされており，平安時代末期の阿弥陀如来坐像や江戸時代初期に活躍した円空の作とされる聖観音像がある。

　記念館をあがった蜂谷家の跡地に馬籠脇本陣史料館がたてられ，蜂谷家伝承品が展示されている。記念館と脇本陣との間には，詩「初恋」のモデルとなったおゆふの生家大黒屋がある。おゆふは妻籠宿脇本陣林家に嫁ぐ。また藤村の小説『嵐』に登場する「森さん」こと原一平の屋敷が，清水屋資料館として公開されている。藤村とは親交厚く，藤村の長男帰農のおりには手を尽くしており，藤村の書簡などが展示されている。

　宿場鉤の手から岐阜県中津川方面におりていくと，芭蕉の句碑や正岡子規の句碑もあり，少しくだったところに「一里塚古跡」碑があって，「是より北木曽路」の碑(藤村筆)がたつ。県境に位置するこの辺りは，十曲峠(550m)で，ここを境として，中山道は美濃路と木曽路とに分かれる。一里塚より下には，石畳の道(岐阜県史跡)がある。

信仰の山御嶽山 ㊺　〈M▶P.114〉田の原天然公園：木曽郡王滝村田の原　P　JR中央本線木曽福島駅🚌80分，または🚌田の原行終点🚶すぐ(運行時期注意)

霊山御嶽　田の原天然公園

　北アルプス連峰の南端御嶽山は，最頂部で3067mの高さをもつコ

霊峰御嶽山

ニーデ型火山で、周囲に高い山がなく独立峰となっており、太古より信仰の対象となった。

奈良時代の774(宝亀5)年、日本国内に疫病が流行したため、天皇は諸国の神神に悪疫退散を命じたことが『続日本紀』にある。伝承によれば、信濃国ではこの年に信濃守石川望足が、御嶽山頂に大己貴命と少彦名命の2柱の神をまつったとする。木曽町三岳支所に保管されている文書では、延長年間(923〜931)に御嶽山頂奥社が再建されたとある。また、平安時代末期、後白河法皇が急病のおり、祈願がなされたという伝承も残る。

室町時代には厳しい修行が課され、登拝は一般的ではなかったが、江戸時代になると全国各地で霊山への登拝が盛んになる。御嶽山でも1785(天明5)年、尾張の覚明行者が重潔斎をせずに簡単な水行だけをすませて黒沢口からのぼり、さらに1792(寛政4)年に、武蔵野の普寛行者が、やはり重潔斎をせずに王滝から登拝したことにより、一般にも登拝が広まり、講(御嶽講)が組織化された。御嶽教は、1882(明治15)年に成立し、以来今でも白装束に身をまとい、「六根清浄」ととなえ、鈴をならしながら登拝する姿をみることができる。

なお、普寛行者は、天のお告げで出家したといわれる人物で、腹痛薬として有名な百草丸の創始者ともいう。百草丸は黄檗(キハダ)やゲンノショウコなど、多種の生薬を配合した漢方薬である。普寛行者は王滝口1合目講祖本社にまつられ、また4カ所に分骨された遺骨のうちの1つは、4合目十二権現に至る手前にある花戸普寛堂にも埋納された。

御嶽山は、1979(昭和54)年に有史以来の噴火を記録し、また1984年におきた震度6の長野県西部地震により、山腹が大きく崩壊した。山頂は起伏に富み、剣ヶ峰(3067m)、摩利支天山(2959m)、継子岳(2859m)などの5峰と一ノ池から五ノ池までの5池がある。登山道

としておもなコースは、2人の行者がのぼった黒沢口と王滝口のほか、開田口や岐阜県側の飛騨口がある。

王滝口は、7合目の田の原まで車(JR木曽福島駅から80分)でいくことができ、一帯の田の原天然公園散策も楽しい。田の原から剣ヶ峰までは往復で約6時間を要する。黒沢口は、6合目の中の湯まで自動車道があり、剣ヶ峰まで往復8時間を要するが、黒沢口近くの開田村境に御岳ロープウェイが設置され、15分ほどで7合目に着く。

登拝途中の風景は絶景であり、高山植物も美しい。山頂には御嶽神社奥ノ院(祭神 国常立尊・大己貴命・少彦名命)があり、西には1979年10月に噴火して以来、今でも水蒸気があがる噴火口地獄谷がある。剣ヶ峰に近い一ノ池に水はないが、その下にある二ノ池は日本最高位(2905m)の湖といわれ、覚明行者は1786(天明6)年、この二ノ池でたったまま入定をとげたという伝説もある。三ノ池の水を信者は御神水とよぶ。四ノ池の湿原もみのがせない。

王滝村と木曽町三岳 ㊻

〈M▶P.114〉王滝里宮:木曽郡王滝村東 Ⓟ
JR中央本線木曽福島駅🚗30分

王滝里宮 油木美林といくつかの滝

御嶽山への登山道王滝口のある王滝村は、1984(昭和59)年の長野県西部地震で御嶽山山腹が大崩落した際、土石流により村の風景が一変してしまうほどの甚大な被害をこうむった。

王滝口1合目にある御嶽神社王滝里宮(祭神国常立尊・大己貴命・少彦名命)の368段の長い参道を歩けば、信仰の山に一歩足をふみいれた雰囲気を味わえる。3合目半には、清滝と新滝があり、御嶽教の信者が身を清める姿がある。4合目には銀河村キャンプ場があり、スターウォッチングやトレッキングが楽しめる。また5合目八海山では、毎年8月7日

王滝村御嶽神社王滝里宮

夜10時から，信者による荘厳な火祭り「御神火祭」が行われる。

　木曽町三岳から，黒沢口に至る途中で，霊場である滝をいくつかみることができる。御嶽山の裾野に広がる油木美林は，黒沢口の4合目から遊歩道があり，樹齢300年をこえる木曽五木の原生林が生いしげるなかを歩くことができる。その道の山をめぐれば，こもれびの滝や落差50mともいう不易の滝，その上流には百間滝があり，車道のある黒沢口6合目の中の湯，または御岳ロープウェイの終着7合目に至る。

　木曽町三岳の御嶽神社若宮・里宮（祭神大己貴命）から，開田村方向に抜ける道を車で10分ほどたどれば，2月の極寒期に見ごろとなる白川氷柱群がある。氷柱は高さ最大で50mにもおよぶとされ，幅も200mをこえ圧倒される。夕方からはライトアップもされ，幻想的な風情を楽しむことができる。さらに木曽町開田方向へ車で15分ほど進むと，三岳牧場へはいる倉越パノラマラインといわれる道がある。この道路は，御嶽山東麓にある倉越高原の360度に広がる景色をみることができる。

　王滝・三岳境にある王滝川につくられた牧尾ダムは，1961（昭和36）年に完成した。名古屋市東方の丘陵地帯と知多半島の乏水地域に，上水，工業・農業用水としての愛知用水を引くことを目的に，当時例のない大事業であった。これにより移転した家屋は，両地区あわせて240戸・1003人におよんだ。このダムは，御岳湖ともよばれている。ダムの下流，王滝川と西野川が合流する手前に，関西電力御岳発電所がある。アジア・太平洋戦争中の1942（昭和17）年に，軍需用電力を確保するために着工されたが，労働力不足から県内での学徒動員のほか，中国人労働者を強制使用した。衣食環境劣悪な下で，多くの人を犠牲とした戦争遺跡でもある。木曽町三岳地区大島橋近くに，中国人慰霊碑がたつ。

木曽馬のふるさと開田　㊼　〈M▶P. 114〉木曽馬の里：木曽郡木曽町開田高原末川1897-4　P
JR中央本線木曽福島駅🚗30分

　御嶽山を間近にみることのできる開田高原は，中央本線木曽福島駅から車で40分ほどのところにある。標高1000mをこえ，夏でも涼

木曽馬乗馬体験

木曽馬の里・柳又ポイントのある開田考古博物館

しい。木曽馬の故地として知られ，その歴史は古く，6世紀には飼育されていた。体高130cm代の中型馬で，農耕馬として活躍したが，農業の近代化により数を減じ，純血種は絶滅の危機に至った。木曽福島駅から車で30分ほどの末川地区にある開田郷土館には，最後の純血馬といわれる「第三春山号」の剝製や馬具などが展示されている。いく多の困難を経て，現在ようやく全国に100余頭までふえ，1983(昭和58)年に天然記念物に指定された。

郷土館近くには，木曽馬の里・木曽馬乗馬センターがあり，西野地区にも木曽馬トレッキングセンターがあって，木曽馬に親しむことができる。馬の医者として，また馬主として活躍した西野地区の庄屋山下家は，その建物が江戸時代末期の建築であり，山下家住宅として保存されている。隣には土蔵を改装した開田考古博物館があり，考古資料などが展示されている。とくに村内の柳又遺跡から出土した「柳又ポイント」は，1万年以上前の旧石器時代最終末期の石器(槍先)で，全国的に名の知れた考古遺物である。

開田高原は，標高が高く気温が低いため，水田耕作には困難を伴ったが，この高原に江戸時代に，水田を切り開いた中村彦三郎をたたえた稗田の碑が，末川地区をはじめとして，把ノ沢・西野地区の3カ所にある。

西野地区から，開田高原キャンプ場，あるいはマイアスキー場方面の冷川上流に，落差30m以上の尾ノ島の滝がある。激しい轟音とともに，飛び散る水の迫力は満点である。

Nanshin 文化の十字路伊那谷

高遠のサクラと仙丈ヶ岳

飯田のお練り祭りに登場する東野獅子舞

文化の十字路伊那谷

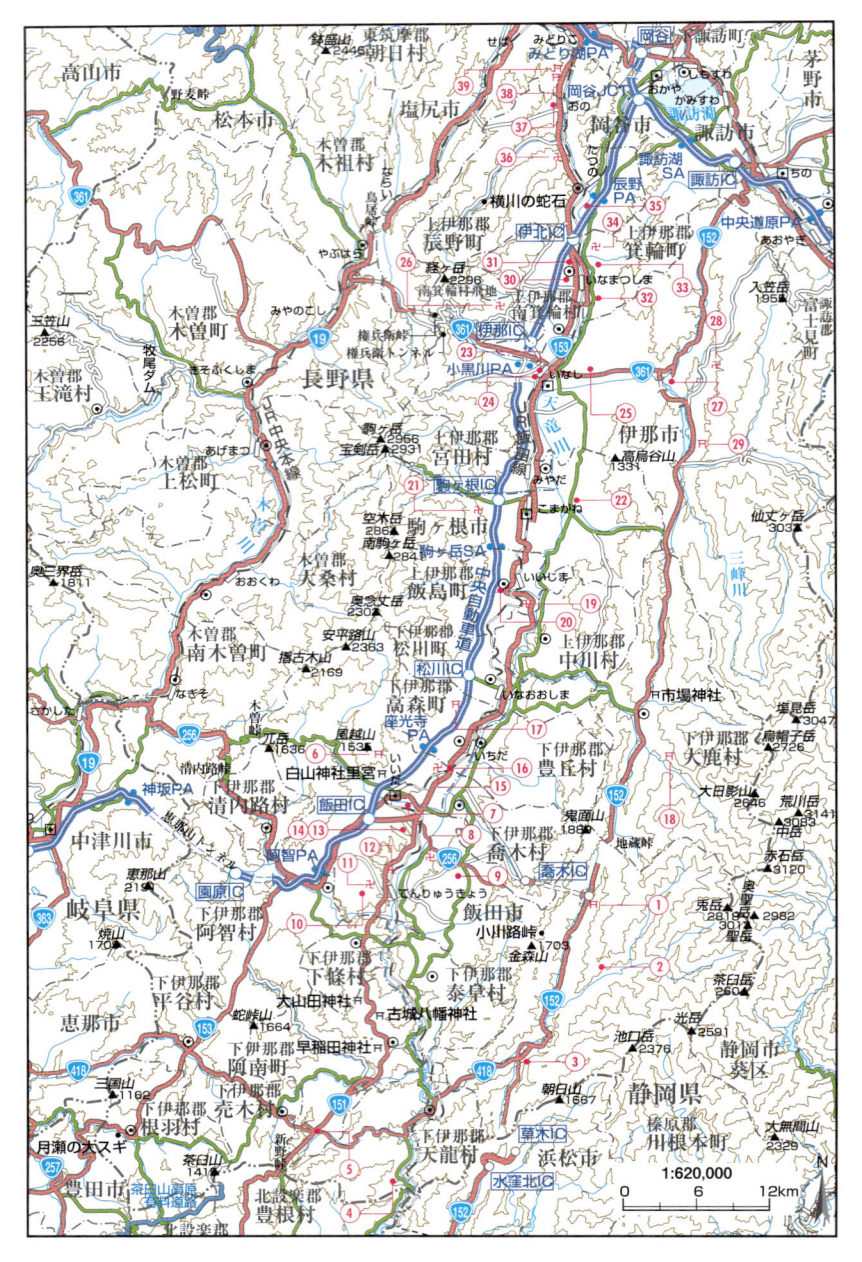

◎南信散歩モデルコース

伊那谷コース　　中央自動車道飯田IC ,60, 程野 ,30, 下栗 ,25, 和田 ,45, 坂部 ,40, 新野 ,80, 飯田IC

飯田城コース　　JR飯田線飯田駅 ,15, 柏心寺 ,5, 元結文七記念碑 ,10, 太宰春台生家跡 ,15, リンゴ並木（日夏耿之助詩碑・岸田国士歌碑・田中平八碑）,10, 専照寺 ,5, 永昌院 ,10, 飯田城赤門 ,5, 飯田美術博物館 ,5, 飯田城跡（長姫神社）,15, JR飯田駅

飯田市南部コース　　中央自動車道飯田IC ,30, 旧小笠原屋敷 ,15, 立石寺 ,20, 開善寺 ,5, 飯田市考古資料館 ,10, 御猿堂古墳 ,5, 馬背塚古墳 ,10, 天竜峡 ,5, 大願寺（南山一揆碑）,15, 文永寺 ,25, 神之峰城跡 ,30, 飯田IC

高遠町（６時間）コース　　JR飯田線伊那市駅 ,25, JRバス高遠線高遠駅 ,5, 建福寺 ,5, 満光寺 ,10, 蓮華寺 ,15, 伊澤修二の生家 ,10, 桂泉院 ,10, 峰山寺 ,15, 進徳館 ,2, 高遠城址公園 ,5, 高遠町歴史博物館 ,15, 遠照寺 ,15, JRバス高遠線高遠駅 ,25, JR伊那市駅

高遠町（３時間半）コース　　JR飯田線伊那市駅 ,25, JRバス高遠線高遠駅 ,5, 建福寺 ,10, 蓮華寺 ,10, 伊澤修二の生家 ,10, 進徳館 ,2, 高遠城址公園 ,5, 高遠町歴史博物館 ,15, JRバス高遠線高遠駅 ,25, JR飯田線伊那市駅

伊那北部の文化財をめぐるコース　　JR飯田線伊那松島駅 ,5, 松島王墓古墳 ,10, 無量寺 ,8, 辰野美術館 ,11, 上島観音堂 ,12, 小野宿 ,3, 矢彦神社・小野神社 ,10, JR中央本線小野駅

①上村程野の八幡神社	⑪立石寺	㉑光前寺	㉙熱田神社
②下栗の里	⑫開善寺	㉒駒ヶ根シルクミュージアム	㉚箕輪町郷土博物館
③旧南信濃村和田	⑬松尾城跡	㉓伊那市創造館（旧上伊那図書館）	㉛松島王墓古墳
④天龍村坂部	⑭鈴岡城跡	㉔伊那部宿	㉜福与城跡
⑤新野	⑮元善光寺	㉕旧陸軍伊那飛行場跡	㉝上ノ平城跡
⑥白山社奥社本殿	⑯座光寺古墳群	㉖仲仙寺	㉞無量寺
⑦飯田城跡	⑰本学霊社	㉗高遠城跡	㉟辰野美術館
⑧文永寺	⑱宗良親王信濃宮神社	㉘遠照寺	㊱上島観音堂
⑨神之峰城跡	⑲西岸寺		㊲小野宿問屋
⑩旧小笠原家書院	⑳飯島陣屋跡		㊳矢彦神社
			㊴小野神社

神々の里——下伊那南部

①

下伊那南部はまさしく民俗の宝庫。南信州はおりにふれ，ところに応じ，神々や祖霊の訪れを体感できる異境の地である。

上村程野の八幡神社 ❶

〈M▶P.186〉飯田市上村程野
中央自動車道（以下，中央道と略す）飯田IC🚗40分

遠山の霜月祭
湯立て神楽

　下伊那の遠山地方，遠山谷，あるいは遠山郷といわれる一帯を訪れるには，天龍村のJR飯田線平岡駅から北東へ遠山川沿いに山谷をさかのぼるルートが一般的だった。しかし，三遠南信自動車道の整備が進むにつれて，伊那谷を南北につらぬく国道153号線沿いの飯田市から弁天橋，または阿島橋で天竜川を渡り，喬木村経由で矢筈トンネルをぬけて，上村の谷へはいることが容易になった。

　遠山郷とは，下伊那郡旧上村から，南隣の旧南信濃村（現，飯田市）にかけての谷一帯である。旧南信濃村では毎年12月6日から23日にかけて，旧上村では12月11日から14日まで，村内の各集落において，遠山の霜月祭（国民俗）が行われる。これらの祭りでは，遠山霜月祭の芸能（国選択）が繰り広げられ，旧上村では12月11日に上町，12日に中郷，13日に下栗，14日に程野の各集落で霜月祭が行われる。

　矢筈トンネルをぬけて，旧上村にはいると，最初の集落が程野である。14日に霜月祭の本祭りが行われるのは，程野の八幡神社（男山八幡宮）である。「霜月」とは旧暦11月のことだが，今は12月に夜を徹して行われている。大きな釜に湯をわかし，面をかぶった神が煮えたぎる湯を素手で周囲にまき散らすという，いわゆる「湯立て神楽」がおごそかに行われるのである。

旧南信濃村の湯立て神楽

　霜月祭は，座揃え，

文化の十字路伊那谷

天白様

コラム

民俗の古層に位置づく神

　旧上村や旧南信濃村（ともに現，飯田市）木沢地区の霜月祭では，神面の舞の最後に天白の舞が行われる。上村一般と木沢地区上島が「弓の天白」であるのに対し，上村下栗や南信濃木沢地区一般では「剣の天白」が登場する。

　一般に「弓の天白」は祭りの最終場面で，弓に鏑矢をつがえて天を射る。下栗などの「剣の天白」は剣をふるって舞う。この違いは谷筋により，「本谷川」と俗称される遠山川沿いが「剣」であり，支流に相当する上村川沿いが「弓」と考えてよい。ただし，下流の和田・南和田・八重河内地区の霜月祭では，天白は登場しない。

　天白様という謎の神は，本来は海人族などが信仰した星神だといわれ，民俗の古層に位置づき，王権側から貶められた神である。産鉄などを司る神であり，金属神・天狗などとも同化したといわれている。

神おろし，ついで湯立て，最後に神面がでて，釜のまわりをめぐり，神送りをするというのが基本の形である。神面の舞は「木」「火」「土」「水」の神の四面の舞で最高潮に達し，神々と人びとがいったいとなって踊りが展開する。最後をかざるのが静かな「金」の神，天白神面の舞である。これらの霜月祭は，当地の豪族遠山氏の死霊を慰めるためにはじめられたという伝説を伴っている。

下栗の里 ❷　〈M ▶ P.186〉飯田市上村下栗
中央道飯田IC 🚗 55分

日本のチロル

　旧上村程野から国道152号線を南下し，旧上村役場に近づく辺りから，やや細めの道を斜め左方向にあがると，しらびそ高原から続く尾根筋にでる。そこから山をまくように細い道を進むと，下栗の里である。

　集落のなかをさらにあがっていくと，急に平地が開け，そこに「高原ロッジ下栗」という宿泊施設がある。施設のある広場には，この下栗を「日本のチロル」と名づけるという，地理学者市川健夫による碑がたっている。

　下栗では，斜度45度もあるような急傾斜地を畑として切り開き，麦やコンニャクを栽培するほか，さまざまな生業が複合的に行われている。

神々の里—下伊那南部

旧 南信濃村和田 ❸ 〈M ► P. 186〉飯田市南信濃和田
中央道飯田IC🚗60分

山肉料理店内の様子

南アルプス山麓の文化「山肉」料理

下栗は旧上村では最南端の集落で、国道152号線に戻って南下すると、旧南信濃村の木沢地区に至る。旧上村で霜月祭が行われるのは先述の4集落で、旧南信濃村では、木沢・上島・和田・小道木・中立・八重河内・大町の7集落で行われる。かつては、梶谷・此田・八日市場・中根・須沢などの集落でも行われていた。

霜月祭の芸能には、修験道の影響がみられるといわれる。芸能だけではなく、養蜂の様式などについても、南アルプス山麓の山峡の文化形成に、熊野（和歌山県）の修験者のはたした役割が注目されている。

旧南信濃村は、南アルプスの南端の山麓にある村で、遠山谷の山の深さは日本有数といえる。旧南信濃村には、シカやイノシシなどの「山肉」（獣肉）を賞味できる店もあり、人気を集めている。天龍村の「ゆべし」などと並んで、「味の文化財」といえるものだろう。

天龍村坂部 ❹ 〈M ► P. 186, 191〉下伊那郡天龍村神原坂部
国道418号線🚗7分

ユズの里 1月4日は坂部の冬祭

国道152号線から国道418号線にはいり、遠山川に沿って南下すると、下伊那郡天龍村にはいり、天竜川沿いの道にでる。そこは天龍村の平岡地区であり、さらに天竜川に沿って南下していくと、小沢の集落で、静岡県方面と阿南町新野方面との分岐点に達する。JR飯田線と天竜川に沿って静岡県方面にさらに南下していくと、神原地区の坂部に至る。この坂部も、天竜川の峡谷がつくりだす斜面に展開する集落である。集落の入口には、「ゆずの里」「ゆべしの里」といった案内標示もみられる。この地はユズの産地であり、ゆべし

坂部の冬祭

コラム

赤い鬼「たいきり面」の登場

天龍村坂部の諏訪神社は，大森山の中腹にある。神社のまわりの森を「上の森」とよんでいる。祭りの夜には，若者たちが「下の森」の「火ノ王社」にまず集まり，神輿をだして「上の森」の社殿に向かう。神おろしなどの神事ののち，笹の湯たぶさで，湯をはねあげる湯立てに移る。

夜もふけて面役による神面の芸能が行われ，赤い装束の鬼「たいきり面」や湯立てをする水王様などさまざまな神々が登場する。こうした坂部の冬祭の芸能（国選択）も，天龍村の霜月神楽のなかに位置づけられるものである。

とは，ユズを使った伝統的な食品である。

虫川と天竜川が合流する地点が坂部の集落への入口で，そこから坂道をあがっていくと，大森諏訪神社の広大な境内にでる。この諏訪神社の境内が，毎年1月4日に行われる「坂部の冬祭」の舞台となる。かつては陰暦12月の霜月祭，あるいはお潔め祭ともいわれ，同じ神原地区の向方・大河内の集落でも同様の祭りが続けられている。毎年1月3日の向方のお潔め祭では，向方のお潔め祭の芸能（国選択）が行われる。これらは天龍村の霜月神楽（国民俗）という名称で一括され，遠山の霜月祭と同系統の祭りと考えられている。また向方から大河内川に沿っていくと大河内の集落があり，池大神社では毎年4月上旬に，大河内の鹿追い行事（国選択）が行われる。坂部と向方とは，地蔵峠をこえて行き来ができた。

坂部から天竜川沿いにさらに南下すれば，まもなく静岡県浜松市である。坂部から北上し，小沢の分岐から阿南町新野方面に向かう。

天龍村から阿南町の史跡

神々の里―下伊那南部

小宇宙新野とその周辺 ❺

〈M▶P.186, 191〉下伊那郡阿南町新野
中央道飯田IC🚗80分（国道151号線経由）

即身成仏の行人様
新野の雪祭

阿南町の新野は丘陵状の盆地であり、千石平ともよばれた。盆地を取り囲む峠は、サイノカミのいるところだと信じられた。また、旧村の村境には瑞光院（曹洞宗）があり、その裏山にあたる新栄山は、奥山の堂に行人様という即身成仏のミイラがまつられており、行人山ともよばれている。

瑞光院から南西へ1.5kmほどのところに伊豆神社（祭神天津彦彦火瓊瓊杵尊）があり、参道脇に、新野の雪祭を紹介した折口信夫の碑がたっている。急な石段をのぼると、

新野の雪祭でのさいほう

「庭」とよばれる伊豆神社境内の広場にでる。ここが雪祭の中心となる舞台である。

新野全体でまつる神社に伊豆神社と諏訪神社とがあり、有名な新野の雪祭（国民俗）の本祭りは、毎年1月14日夜から翌朝にかけて伊豆神社境内を中心に行われる。

新野の雪祭は、たんに「ご神事」とか「田楽祭り」とかよばれていた。民俗芸能史的には、三信遠の国境地帯の修正会（寺社の小正月の神事）の芸能のうち、田楽とよばれるものの系統に属する。新野は長野県内では、温暖で雪の少ないところだが、雪は豊年

新野の盆踊

192　文化の十字路伊那谷

かけ踊り・念仏踊り・樽木踊り

コラム

山村の夏の風物誌

「かけ踊り」の語源についてははっきりしないが、いずれにしても盆踊りの古い形といわれ、旧上村下栗(現、飯田市)では毎年8月15日に、天龍村の坂部・向方・大河内では、毎年8月14日に行われている。これらの集落は、冬に霜月神楽が行われるところでもある。

阿南町和合の念仏踊(県民俗・国選択)は、毎年8月13日から16日まで続く盆の行事で、熊野社・宮下家・林松寺で行われる。飾りをつけた菅笠に半じゅばん、素足といういでたちの若衆たちが、太鼓と鉦を打ち鳴らしながら、身をよじるようにして踊る。「ヤートオセッ」などととなえながら、境内で輪をつくる「庭入り」の儀式(舞)にはじまり、竹の棒をもって踊る「ひっちき」で最高潮を迎え、慰霊の「和讃」におわる。荘厳な宗教的雰囲気をたたえるなかに、躍動感あふれる力強さ・激しさをもちあわせた祭りである。

8月22日夜には、泰阜村温田の南宮神社夏祭りで、樽木踊りが行われる。山村の集落では稲作が少ないので、米のかわりにサワラの斧割りを年貢としておさめるところもあった。それを樽木といい、樽木踊りは、無事樽木をおさめることができた人びとの喜びを伝えるものといわれる。

のしるしであり、雪がなければ高い山から雪をもってきて、ひとつかみでも神前にそなえる。この祭りは折口信夫の紹介によって、「雪祭」とよばれるようになった。

新野の雪祭の本祭りでは、ビンザサラの舞などが行われたあと、大松明に点火され、その明かりの下でさまざまな庭能(夜田楽)が演じられる。さいほう・もどき、競馬・お牛、鍛冶・田遊びといった舞が、翌朝7時ごろまで続けられる。雪祭の芸能(国選択)は、小正月に夜を徹し、「寒い・眠い・煙い」の3拍子揃った祭りといわれる。

一方、新野の盆踊(国民俗・国選択)は、毎年8月14日から3晩、夜を徹して新野の本町通りで行われる。人びとが列をなして、楽器などの鳴り物を使わずに、唄と手拍子だけで粛々と踊り、最後には旧村境における神送りの儀礼を伴う。日本の盆踊りの原型などといわれている。民俗学者の福澤昭司によれば、踊りの最終場面で、進行する踊りの行列に、くずされてもくずされてもその進行をじゃ

神々の里―下伊那南部

まするようにできる小さい踊りの輪は，日本人の「循環する時」を表徴するものだという。

　下伊那の南部には，新野の盆踊のように，夏の行事にも古い作法を残すものが多く伝えられている。それらは古来からの盆踊りの形態を今に伝えるものだが，場所によって，かけ踊り・念仏踊り・榑木(くれき)踊りなどと，異なった呼称で地域に定着している。

　新野地区の北はずれには，新野のハナノキ自生地(国天然)がある。ハナノキはカエデ科の植物である。

　新野から国道418号線を西に進み，売木(うるぎ)村をすぎ，平谷(ひらや)村で国道153号線にはいって南下し，根羽(ねば)村に至ると，国道153号線沿いに信玄塚(げんづか)といわれる墓塔があり，毎年11月15日に信玄塚祭りが行われる。また，月瀬(つきせ)地区に月瀬の大スギ(国天然)がある。幹囲約12m・樹高約40mの大木である。

　また，新野から国道151号線を北へ9kmほど進んだ阿南町西條(にしじょう)早稲田(わせだ)の早稲田神社(祭神大山祇命(おおやまつみのみこと)・倉稲魂命(くらいなたま)・誉田別命(ほんだわけ))には，銅製鰐口(どうせいわにぐち)(県宝)がある。鎌倉時代作の金工品で，径21cm・厚さ8.1cm，「正応三(1290)年五月廿三日観進法橋覚舜(しょうおう)」の銘がある。阿南町深見(ふかみ)では夏の祇園(ぎおん)祭りが伝承されており，深見の祇園祭りの習俗(県選択)がみられる。西條から国道151号線を北に進んだ阿南町の富草古城(とみくさ)には八幡(はちまん)神社(国重文)がある。室町時代の神社建築で，本殿・摂社諏訪神社本殿は，ともに一間社流造(いっけんしゃながれづくり)・柿葺(こけらぶ)き建物である。神像に「永正三(1506)年」の銘がある。

　泰阜村家ノ上の諏訪社(やすおか)(国重文)は，室町時代末期の神社建築である。本殿は一間社流造，若宮八幡宮(わかみやはちまんぐう)本殿は二間社(にけんしゃ)流造のいずれも板葺(いた)きで，「元亀(げんき)四(1573)年」の棟札(むなふだ)がある。

　下條(しもじょう)村陽皐(ひさわ)には，合原区が所有する木造阿弥陀如来坐像(あみだにょらい)(県宝)がある。像高87cm，ヒノキの彫刻で，平安時代後期のものである。また，陽皐の大山田(おおやまだ)神社(国重文)は，室町時代の神社建築で，一間社流造・柿葺き建物である。神社は，1506(永正3)年の建立(こんりゅう)だといわれ，1912(明治45)年2月8日付で旧国宝に指定されていたが，現在は国の重要文化財である。

街道を訪ねる——古東山道

コラム

『万葉集』を片手に歩いてみたい峠道

中津川から馬籠方面に向かい、湯船沢(いずれも岐阜県中津川市)をぬけると、道は険しい山道となる。すれ違いがやっとの道を15km、40分ほどかけてのぼると、神坂峠に至る。林道脇に車を止め、50mほどいったところに神坂峠遺跡(手向ケ丘祭祀場)がある。標高1595m、100㎡ほどの広場だが、昭和20年代にはじまった発掘調査で、幣・勾玉・石製模造品などが多数出土した。縄文時代にさかのぼる遺物もあった。荒ぶる神をしずめ、峠越えの無事を祈る場だったのだろう。『万葉集』には「ちはやぶる 神の御坂に 幣まつり いわういのちは 母父がため」と、神坂でうたわれた作品がおさめられている。

神坂峠は、古代国家の東国経営上重要だった東山道の最大の難所である。中津川から飯田への道は、ほぼ今日の中央自動車道に沿っているが、現在は恵那山トンネルが、神坂峠遺跡直下をつらぬいている。往時は、中津川側の坂本駅をでて、神坂越えで長野県側の阿智駅(阿智村)まで約40kmあった。峠での野宿もしばしばだったであろう。漆黒の夜、激しい風雨のなか、旅人はさまざまな神とこの場所で出会ったのである。東国布教に赴く最澄が、峠越えの苦難をやわらげるため、峠の西に広済院、東に広拯院を建立したとの言い伝えがある。

阿智側から神坂峠へは、昼神温泉から分かれ、園原へ向かう。広拯院跡とされる月見堂から暮白の滝、『源氏物語』の題材となった箒木を経て、神坂神社までは車で通行が可能。神社から遊歩道を6.5kmほどのぼって峠に至る。

神坂神社の下方200mほどのところには、恵那山トンネル換気塔工事に伴い発掘された、杉の木遺跡がある。土師器・須恵器にまじって、大陸渡来の青磁・白磁も出土した。

また、海神3神をまつる神坂神社には、富岡鉄斎の万葉歌碑、北原阿智之助の防人歌碑、犬養孝の東歌碑などがあり、神坂越えの旅をしのぶことができる。

神々の里——下伊那南部

小京都飯田 ❷

下伊那地方は、東西交通の要路としての歴史をきざんできた。小京都といわれた城下町の飯田と、農村文化を探る。

風越山と白山社奥社本殿 ❻

〈M▶P.186〉飯田市丸山（登山口） P
JR飯田線飯田駅🚌10分（風越山登山口まで）、登山口より風越山頂まで🚶3時間

飯田市のシンボル 風越山麓に広がる寺社

飯田駅から市道を西へ1kmのぼり、登山口に駐車して登山道にはいる。風越山(1535m)は、旧城下町飯田の丘を懐にいだいて整った姿をみせ、「風越を 夕越えくれば ほととぎす 麓の雲の 底になくなり」(藤原清輔)と、平安の昔から歌枕として知られている。

この山の麓と頂には、白山権現社(祭神伊弉諾神・伊弉冊神)があり、山頂の白山社奥社本殿(国重文)は、地頭坂西氏の造営になる三間社流造で、室町時代初期の技法を残しており、1509(永正6)年の創建とされる。秋にはベニマンサクの群落(県天然)が、美しい紅葉をみせる。

風越山の東側山麓の飯田市滝の沢には、白山神社里宮(祭神伊弉諾神・伊弉冊神)があり、随身門は彫刻装飾が多様な楼門で、1828(文政11)年の建造と伝えられる。里宮から南東に徒歩で15分ほどくだると阿弥陀寺(浄土宗)がある。境内にある千体仏観音堂には、鎌倉時代の作と伝えられる阿弥陀如来坐像が安置されている。

さらに南へ徒歩10分ほどのところに、花の権現堂がある。日蓮宗不受不施派の僧日樹が配流の日を送ったところであり、1643(寛永20)年につくられた日樹上人墓がある。

ここから北へ徒歩20分ほどで、今宮神社(諏訪社)に着く。1864(元治元)年の水戸浪士通過を記念する水戸浪士甲子殉難記念碑がある。水戸浪士通過事件は、島崎藤村の『夜明け前』にも描かれている。

風越山麓の飯田市宮の前には大宮諏訪神社があり、その式年大祭にあわせて7年目ごと、3月下旬に、飯田のお練り祭りが行われる。練り物のなかでも、大名行列や東野獅子舞が人気を集める。

飯田城跡 ❼

〈M▶P.186, 197〉飯田市追手町2-655
JR飯田線飯田駅🚶15分

JR飯田駅前の道を南東へ徒歩15分ほどいくと、飯田城跡に着く。

文化の十字路伊那谷

飯田城桜丸御門（赤門）

慶長年間（1596〜1615）に，地頭坂西氏が現在の愛宕神社の辺りに城を築いて飯坂城と称したが，9年後に現在の長姫神社の地に移築したのが飯田城である。1593（文禄2）年に封ぜられた京極高知は，京にならって碁盤目の町筋を整え，10万石の城下町として，近隣の旧城下町から町人を移住させた。

小京都飯田の中心 城下町の名残り

長姫神社から西に向かうと二の丸跡で，飯田市美術博物館がある。博物館には，飯田出身の日本画家である菱田春草の絵画をはじめ，聖徳太子絵伝や松尾の妙義大塚古墳から出土した眉庇付冑（国重文）などが所蔵され，地域にかかわる美術・歴史民俗部門と，段丘地形が発達した伊那谷形成史を示す地学を中心とする自然科学部門などで，展示が構成されている。

旧家老屋敷跡の博物館前庭には，安富桜（県天然）が春ごとに咲きでている。ここには旧飯田藩士で，柳田家の養子となった民俗学者の柳田国男の喜談書屋を移築した柳田国男館と，飯田出身の詩人日夏耿之介記念館もある。その北西にベンガラ塗りの飯田城桜丸御門があり，通称赤門とよばれている。1754（宝暦4）年建造の美しい門で，飯田城跡唯一の木造建築である。

赤門から西方へ銀座通りを横断して徒歩5分ほどで，南北にりんご並木道がある。飯田東中学校の生徒によって手入れされ，今は飯田のシンボルとなっている。この並木道には，日夏耿之介詩碑・菱田春草記念碑・田

飯田城跡周辺の史跡

小京都飯田　197

中平八碑・岸田国士歌碑がある。田中平八は，飯田町の田中家に養子にはいり，明治時代初期の生糸貿易商として活躍し，「天下の糸平」と称された。

この並木道から中央通りを西に向かうと，古学派の荻生徂徠の高弟として知られる儒学者太宰春台の生家跡があり，マツと石碑が昔をしのばせている。北東に進むと伝馬町で，永昌院(浄土宗)には，自由民権運動で飯田事件(1884年)に関係する『深山自由新聞』主幹，また「愛国正理社」総理であった坂田哲太郎の墓がある。さらに東の仲ノ町には下伊那教育会参考会館があり，飯田・下伊那地方の考古・歴史の諸資料が保存されている。その東には，菱田春草の生家跡がある。

飯田駅から南西に徒歩で15分のところに柏心寺(浄土宗)があり，菱田春草や日夏耿之介の墓がある。ここから箕瀬通りを東に徒歩10分ほどで，江戸時代に元結の江戸への売込みに活躍した元結文七の墓がある。江戸時代以来の飯田の伝統産業である元結は，今日では水引産業として発展し，飯田市郊外に展示観光施設がいくつかある。

文永寺 ❽
0265-29-8114
〈M▶P. 186, 202〉 飯田市下久堅南原1142　P
JR飯田線駄科駅🚶30分

天竜峡東岸の中世寺院
百姓一揆の史跡

天竜峡(国名勝)は，JR飯田線天竜峡駅から徒歩3分で，多くの文人が訪れている。龍角峰の絶壁には，明治時代の日下部鳴鶴の揮毫になる文字をのぞむことができる。

天竜峡から東岸の龍江へ車で5分ほどいくと，大願寺(天台宗)がある。境内には，幕末におきた南山一揆の碑がある。またここから車で10分ほどの県道米川線沿いの右側に東照寺(臨済宗)があり，ここには，1809(文化6)年におきた旧今田村(現，飯田市龍江)の紙漉業者らによる紙問屋騒動記念碑があり，犠牲

石室五輪塔

文化の十字路伊那谷

よみがえった集落——大平宿

体 コラム

囲炉裏の暮らしを体験できる宿場

大平宿は、伊那谷と木曽谷を結ぶ大平街道の休憩所の役割をもつ宿として発達した。飯田からも木曽からも約20km、標高は1100m。道幅はせまく、急峻であるが、今は車で40分ほどである（冬季は通行止め）。街道の開通は18世紀なかば。安政年間（1854〜60）には28戸・170人が住んでいた。善光寺や御嶽に詣る巡礼者や文人の往来も多く、十返舎一九も大平に宿泊した。

宿の最盛期は、明治時代から大正時代にかけてである。旧国鉄中央本線の開通により、木曽谷・飯田間の人・物資の往来が増し、乗合バスも運行されるようになった。大正時代の戸数は70をこえた。しかし、伊那鉄道が飯田まで開通すると、大平峠越えの必要はなくなり、炭焼きや養蚕などで生計を保ったものの、人口は激減、1970（昭和45）年11月に、集団移住記念碑を飯田市立丸山小学校大平分校入口に残して、28戸・176人全員が村を離れた。

1971年、名古屋の観光業者による別荘計画がもちあがると、飯田市民有志が「大平の自然と文化を守る会」を結成、環境保護運動にたちあがった。これは市民が中心となった、ナショナルトラスト運動の先駆けといえる。現在は「大平宿をのこす会」が民家を借りうけ、生活体験の場として開放している。休憩も宿泊も可能。

現存する民家の多くが、江戸時代から明治時代中・後期のもので、囲炉裏や道具類もよく保存されており、貴重な体験ができる。詳細は「大平宿をのこす会」、または飯田市役所にたずねるとよい。

者を追悼している。ここから北へ車で5分ほどのところに、大宮八幡神社（祭神品陀和気命）があり、人形浄瑠璃今田人形が毎年10月に上演される。

駄科駅から市道を東へいき、天竜川にかかる南原橋を東へ渡り、県道龍東線を南へ500mほどいき、東へ300mぐらいのぼると文永寺がある。文永寺（真言宗）は、1264（文永元）年に御家人の知久氏によって創建され、京都の醍醐寺（真言宗）の末寺として、天皇の祈願寺となった。紙本墨書後奈良天皇宸翰女房奉書・紙本墨書正親町天皇宸翰女房奉書などの寺宝は、宮中との関係が深いこの寺の歴史を伝えている。創建当時の梵鐘（県宝）や、鎌倉時代中期の火輪の軒が垂直に切ってある石室五輪塔（国重文）がある。

小京都飯田

神之峰城跡 ❾

〈M▶P.186〉飯田市上久堅下平 P
JR飯田線伊那八幡駅🚗30分

> 武田軍への抵抗戦で有名
> 伊那谷の展望は絶景

　知久氏は勢力を拡大して室町時代中頃に，知久平城から北の神之峰(771m)に移居した。下平で国道256号線から分岐して，車で10分ほどのぼると神之峰城跡で，天然の要害を利用した山城である。1554(天文23)年に，武田信玄に攻められ落城した。展望はすこぶるよく，天竜川対岸の西岸地域まで一望することができる。

　神之峰から国道256号線に戻り，北へ徒歩約10分で，北田遺跡公園に着く。縄文〜古墳時代までの住居跡をはじめ，各種遺構が発掘されている。ここから国道256号線に戻って東に向かい3kmほどいくと上久堅越窪集落で，ここをぬけると，国道256号線は車での通行は困難な細い道となる。3時間ほど歩くと，諏訪大社(諏訪市)と秋葉神社(静岡県浜松市)を結ぶ旧秋葉街道の小川路峠に到達する。

　神之峰への国道256号線分岐点に戻り，6kmほど県道下條米川線に沿って南にいくと，千代の法全寺(臨済宗)がある。文永寺とともに知久氏が開基したとされる。梵鐘は1439(永享11)年の作である。ここで出家した天与清啓は，室町幕府8代将軍足利義政によって遣明正使に任じられ，外交僧として活躍した。帰国後も郷里の法全寺に暮らしたとされる。

旧小笠原家書院と立石寺 ❿⓫
0265-27-4178 / 0265-27-3482

〈M▶P.186〉飯田市伊豆木3942 P ／飯田市立石140 P
中央自動車道(以下，中央道と略す)飯田IC🚗20分(旧小笠原家書院)・30分(立石寺)，またはJR飯田線川路駅🚶20分

> 地方豪族屋敷の典型
> 伊那谷を代表する木造建築

　中央自動車道飯田ICから東へ進み，殿岡交差点を右折し，南へ県道491号線に沿っていき，三穂の盆地の伊豆木にはいると，旧小笠原家書院(国重文)がある。これは，松尾小笠原氏から分立した小笠原長臣の居館で，安土・桃山時代から江戸時代初期の地方豪族の邸宅の姿を伝える重要な遺構である。邸宅の北側には，小笠原資料館があり，小笠原家関係の諸史料を展示している。

　県道49号線を南に車で10分ほどのところに，古刹立石寺(真言宗)がある。本堂には平安時代の作である木造十一面観音立像(県宝)

旧小笠原家書院

が秘仏として安置され、立石柿出荷天竜川通船絵馬が奉納されている。江戸の正月行事に欠かせない串柿の多くは、立石産のものであった。山門の梵鐘は「嘉吉三(1443)年」の銘がある。門前の立石集落には、巨大な雄スギ・雌スギ(県天然)がたっている。

　伊豆木から県道49号線を北へ約4kmのところにある山本久米の光明寺(真言宗)は、奈良時代創建の古刹である。秘仏の阿弥陀如来坐像(国重文)は、12世紀の藤原時代末期から鎌倉時代初期の作とされる。薬師如来坐像(国重文)は、1140(保延6)年の作とされている。光明寺は平安時代に伊賀良荘との関係で興隆し、立石寺とともに平安時代の伊那谷の荘園文化を伝える山岳寺院である。

　また国道153号線にでると、沿線の山本南平の石子原遺跡から、県内でも最古に属する約3万年前のものと推定される旧石器群が出土した。出土品は、飯田市考古資料館で保管されている。また近接する竹佐中原遺跡でも、近年、ほぼ同時代の石器が出土し、全国的にも注目されている。

開善寺 ⑫　〈M ▶ P. 186, 202〉飯田市上川路1000　P
0265-26-9026　中央道飯田IC🚗20分、またはJR飯田線時又駅🚶20分

　中央自動車道飯田ICから国道151号線に沿って時又にはいり、上川路交差点を天竜川方面に左折すると、開善寺(臨済宗)がある。開善寺は武士建立の禅寺としては伊那谷屈指の古刹で、鎌倉時代に権力をふるった北条氏一門の江間氏が伊賀良荘の地頭となり、川路に

開善寺山門

小京都飯田

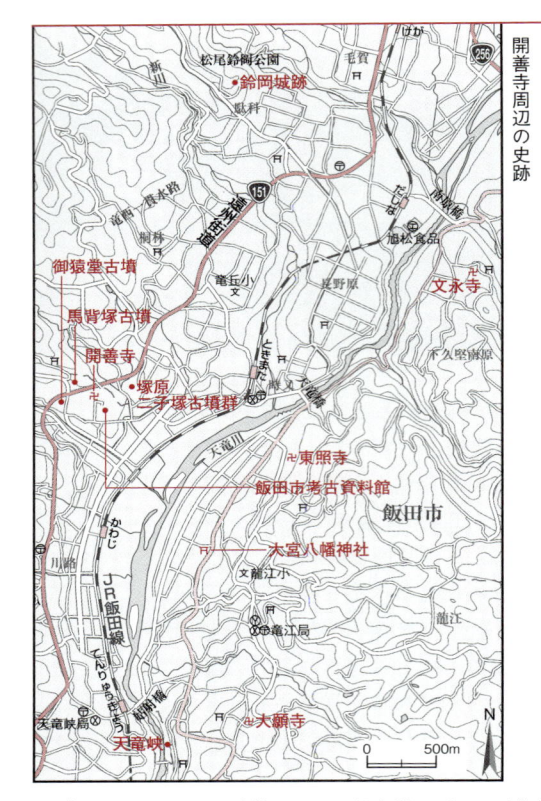

伊那谷の中世文化の拠点 当地最大の古墳群

開善寺周辺の史跡

建立した寺である。鎌倉幕府が滅亡し、室町時代には江間氏にかわり、この地を支配した小笠原氏の庇護をうけ、室町幕府によって十刹に指定された。

現存する開善寺山門(国重文)は、三間一戸の切妻造。県内では善光寺山門につぐ規模で、室町時代初期の創建である。全国でも希少な絹本著色釈迦八相涅槃図(国重文)や、南北朝時代から室町時代作の大鑑禅師坐像、御猿堂古墳出土と伝えられ、ヤマト政権による配布鏡である可能性が高い銅鏡として注目される画文帯四仏四獣鏡(国重文)など、寺宝も豊富である。境内の東側には飯田市考古資料館がある。

開善寺の西には、前方後円墳の御猿堂古墳(県史跡)がある。北には、国道151号線を隔てて馬背塚古墳(県史跡)がある。古墳の石室内部は、南信では最大規模である。さらに国道151号線沿い、東へ徒歩約10分のところに、7基の古墳群からなる塚原二子塚古墳群がある。古墳群からは、ヤマト政権との関連を示す武具・馬具類が多数出土している。御猿堂古墳・馬背塚古墳を含めて、これらを総称して竜丘古墳群という。

飯田の地場産業──水引と菓子

コラム 産

ともに全国産業となった「水引」と「半生菓子」

　水引業の歴史は、元結業の歴史と密接な関係をもっており、元結は17世紀後半に、飯田藩主堀氏が奨励したのが起源とされる。元結の原料の晒紙は、飯田周辺の農村から供給され、晒紙を原料として飯田の町民が内職として紙を縒り、周辺農民が副業として元結に仕上げたものである。正徳年間(1711〜16)には桜井文七が元結を江戸で販売したところ好評を博し、元結の全盛期となった。しかし、明治時代以降結髪風俗がすたれるとともに、元結も衰退した。

　これにかわり、水引は明治時代以降に需要が増加し、さらに、昭和時代初期の蚕糸業の不況下で、蚕糸業からほかの在来産業への転換の動きも加わり、全国市場に進出するようになった。戦後は販路も拡大・発展し、現在では全国の販売量の7割を占めるに至っている。また水引製作体験もできる観光施設が市内にある。

　飯田の菓子の歴史は、明治時代から大正時代にかけて、蚕糸業が発展し、農村の消費生活水準が向上したことにより発展した。また大衆的な駄菓子から、高級な生菓子・洋菓子に至るまで盛んにつくられるようになった。戦後の高度経済成長期には、水分含有量を30％以下にして、日持ちをよくした「半生菓子」が製造され、とくに「栗しぐれ」が人気となり、全国的に商圏を拡大し、飛躍的発展の契機となった。現在では、下伊那地方の半生菓子は、全国の生産量の4割までを占める産地となっている。

松尾城跡と鈴岡城跡 ⓭⓮

下伊那の代表的中世城郭中世武家神社をめぐる

〈M▶P.186, 202〉飯田市松尾代田　P
中央道飯田IC🚗15分、または松尾城：JR飯田線伊那八幡駅🚶10分／鈴岡城：JR飯田線毛賀駅🚶20分

　JR飯田線駄科駅から西方へ殿岡方面に向かって歩くと、60分ほど段丘面をのぼった下殿岡共同墓地に、大江磯吉の墓があり、大江磯吉の像は円通寺にある。大江はこの地の出身で、島崎藤村の『破戒』の猪子蓮太郎のモデルとなった人物である。ここから徒歩で15分ほど戻ると飯田市駄科の鈴岡城跡(県史跡)に到達する。信濃の守護小笠原貞宗の2男宗政により築城され、数多くの壕や郭を設けた、段丘地形を利用した典型的な中世平山城である。1554(天文23)年、武田信玄の伊那攻略によって落城した。北は毛賀沢川の渓谷をはさんで松尾城跡(県史跡)があり、松尾小笠原氏の居城であった。

小京都飯田

1590(天正18)年に小笠原信嶺が、武蔵国本庄(現、埼玉県本庄市)に移封したのちに、松尾城は廃城となった。

松尾城から国道151号線にくだり、伊那八幡駅前交差点を西へおれると旧道となり、旧道前に鳩ケ嶺八幡宮がある。鎌倉時代に、地頭の江間氏によって建立されたといわれる。本殿主神である誉田別尊坐像(国重文)は、1277(建治3)年から1288(正応元)年にかけて制作された、威厳に満ちた武神像である。

元善光寺 ⑮
0265-23-2525

〈M ▶ P. 186, 204〉 飯田市座光寺2638 Ｐ
中央道飯田IC🚗20分、またはJR飯田線元善光寺駅🚶10分

善光寺参りとともに参詣豊かな農村芸能文化

飯田市北部の名刹元善光寺を訪れ、人形浄瑠璃の農村文化にふれる。JR飯田線元善光寺駅より旧道に沿って西南方向に徒歩10分ほどで、元善光寺(天台宗)に着く。長野市の善光寺の本尊伝承では、阿弥陀三尊は若麻績東人(本多善光)によりここに安置され、のち水内郡芋井郷(現、長野市)に移築されたと伝える。宝物殿の釈迦涅槃像は、江戸時代の貴重な作例である。

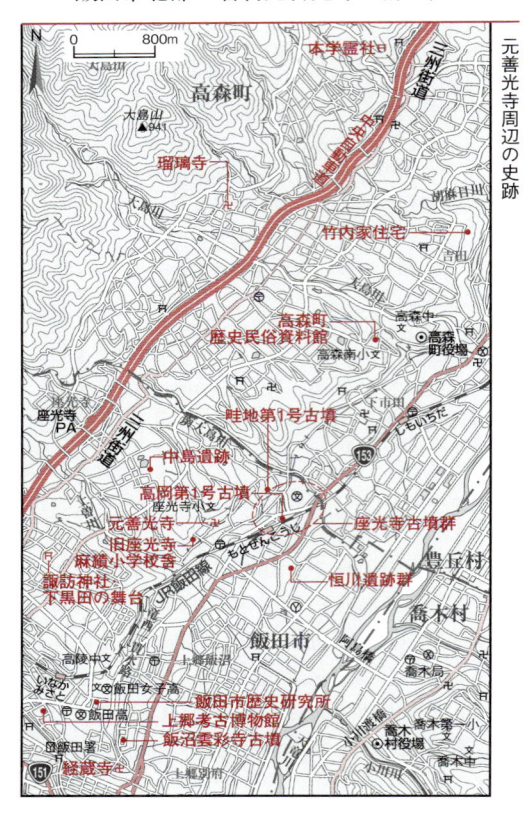

ここから南西に、旧座光寺麻績小学校舎(県宝)がある。木造2階建て、一部3階の入母屋造で、演劇用舞台としてつ

元善光寺周辺の史跡

204　文化の十字路伊那谷

伊那谷の花火

コラム

行

花火づくりの文化

　下伊那郡の旧清内路村を中心に、伊那谷には花火づくりの文化が存在する。飯田市も花火の盛んなところで、市内各地の秋祭りには、豪壮な花火が打ちあげられる。飯田では「花火を語るなら、飯田の花火を見てからにしてくれ」と語られる。

　阿智村清内路の下清内路諏訪社の横には、お建神社がある。南朝滅亡のとき、後醍醐天皇の第7皇女がこの地にのがれてきたが、飯田愛宕城主の家臣にみつかってしまった。皇女の侍女の建女はひとり捕手とたたかい、捕らえられて火あぶりにされた。人びとは刑場まで見送り、建女の命を惜しんだという。「飯田焼けるはお建の罰よ　お建まつらにゃまた焼ける」という俗謡は、建女の最期の言葉を伝えたものだという。

　お建神社は建女をまつった神社で、毎年10月8日夜、花火祭りが行われる。「火の神」として、花火を打ちあげるともいう。清内路村の手づくり花火(県民俗)は、江戸時代の1731(享保16)年以来250年余りの伝統をもつ。

　また、上伊那郡飯島町でも、上伊那郡内としては、地理的に飯田とつながりが深く、上伊那郡内でもいち早く花火製造とその打上げの技術が伝来し、花火は人びとの娯楽として定着した。

くられ、麻績小学校に転用された舞台造の校舎である。現在は、「竹田人形座」関係の糸繰人形などが展示されている。さらに西へ段丘面をのぼり、山側へ進むと下黒田地区の諏訪神社(健御名方命)がある。神社には1840(天保11)年建立の下黒田の舞台(県民俗)があり、黒田人形浄瑠璃伝承館も併設されている。毎年4月の祭礼には、元禄年間(1688〜1704)より伝わる人形浄瑠璃黒田人形(国選択)が奉納される。

座光寺古墳群 ⑯

〈M▶P.186, 204〉飯田市座光寺から上郷地区
JR飯田線元善光寺駅🚶2分

前方後円墳が集中する古墳群ヤマト政権の軍事拠点

　JR元善光寺駅付近には、座光寺古墳群が分布している。元善光寺駅の北200mほどに、高岡古墳群の主墳で、前方後円墳の高岡第1号古墳がある。ここから北方約300mには畦地第1号古墳があり、銀製垂飾付長鎖式耳飾が出土している。高岡1号墳の南500mほどのところに、恒川遺跡群があり、弥生時代から中世までの各時代の遺構が発掘され、伊那郡衙跡と想定されている。

ここから国道153号線に戻って，南の飯沼方面へ車で10分ほどいくと，雲彩寺（曹洞宗）があり，境内には飯沼雲彩寺古墳（県史跡）がある。この地方では最大級の前方後円墳で，全長が74mある。下伊那では24基の前方後円墳をはじめ，約700基の古墳がつくられた。これらの古墳は馬関係の出土品が多いことで注目されており，古墳時代には，全国屈指の馬集積地域と位置づけられ，ヤマト政権と直結した地域的特性をもっていたのではないかと考えられている。

雲彩寺から南へ500mほどのところに，経蔵寺（日蓮宗）の山門がある。これは安土・桃山時代の建立で，旧飯田城門を移築したものである。飯沼の段丘上にあがると，北西には上郷考古博物館があり，下伊那地方の考古学の展示を行っている。また北東には飯田市歴史研究所があり，地域史資料の収集・保存とその利用を進める拠点になっている。さらに，段丘北側には座光寺原が広がり，中島遺跡は，伊那谷を中心として三河（現，愛知県）から松本地方までの広がりをみせる，弥生時代後期の中島式文化圏の代表的遺跡である。

本学霊社 ⑰　〈M▶P. 186, 204〉下伊那郡高森町道分 P
中央道松川IC🚗15分，またはJR飯田線下平駅🚶20分

中世の山岳寺院　平田国学の史跡

JR飯田線市田駅から西へ徒歩20分ほどいくと高森町歴史民俗資料館があり，武陵地１号古墳から出土した富本銭（県宝），本学霊社の御霊代，名産の市田柿資料などが展示されている。

ここから県道（旧伊那街道）にいき，北へさらに１kmほどの高森町大島山地区に，平安時代創建の山岳寺院瑠璃寺（天台宗）がある。本尊は，平安時代末期（1112〈天永３〉年）の薬師三尊像（国重文）である。観音堂の本尊は聖観音立像（県宝）で，平安時代末期の1186（文治２）年の作と推定される。地蔵堂の地蔵菩薩立像は，損傷は

瑠璃寺

サクラの下で獅子が舞う

コラム

芸

春の祭りには獅子舞が欠かせない

　飯田・下伊那地域では90近い団体が獅子舞を奉納しており、全国的にも珍しい。なかでも7年目ごとに開催される飯田市の「お練り祭り」に登場する東野の大獅子は、長さ約25m・高さ約3.2m、獅子頭は約30kgで、日本一の獅子といわれ、1998（平成10）年の長野冬季オリンピックにも出演した。獅子が舞い込むと悪霊が取り去られ、福がくるといわれる。獅子が玄関の床板をふみはずすと縁起がよいともいわれる。宇天王とよばれる獅子曳きの華麗な舞と、お囃子の調べが一体となって、みる者を圧倒する。

　伊那谷の獅子舞鑑賞の楽しみは、2系統の獅子舞を同時にみることができる点である。寺院の法要の際に行われた舞楽系の獅子舞が、瑠璃寺（下伊那郡高森町）に伝わり（1727〈享保12〉年に「竜王の舞」を興行したとある）、飯田周辺に広がった。東野の獅子舞も舞楽系で、明治時代に伝播した。獅子舞の隆盛は、養蚕で栄えた明治時代の飯田地方を象徴している。

　一方、東海地方からの大神楽系の獅子舞が、天竜川を遡上して広がった。大型の獅子頭を備え、ホロ（胴幕）に2人から2人以上の者がはいって獅子をあらわすのが特徴である。二人立ちのうち、ホロのなかに前足と後ろ足役がはいり、神楽舞を演じるのが「大神楽獅子」。二人立ちのホロのなかに、さらに大勢の囃子をいれ、獅子が行道するものが「練り獅子」。ホロのなかに囃子方の屋台がはいると「屋台獅子」とよぶ。

　舞楽系の獅子舞と大神楽系の獅子舞が、お互いに競り合うような恰好で分布しているのが、非常に興味深い。

激しいが、藤原時代風の特徴がみられる。

　ここから県道に戻り、2kmほど北上し、さらに北西の山麓に向けて500mほどいくと、本学霊社がある。山吹藩家老片桐春一らは、平田篤胤の国学を信奉し、国学四大人（荷田春満・賀茂真淵・本居宣長・平田篤胤）をまつるため、1867（慶応3）年にこの社を創建した。下伊那地方は平田国学門人の一大拠点で、伴野（現、豊丘村）の松尾多勢子や島崎藤村の『夜明け前』に描かれた座光寺の北原稲雄ら、平田門下の勤王家を輩出した。

　さらに段丘面を村道に沿って南に4kmほどいくと、吉田地区に竹ノ内家住宅（国重文）がある。これは棟札により、1799（寛政11）年建造とみなされた本棟造の民家である。

小京都飯田

宗良親王史跡 ⑱

〈M ▶ P. 186, 209〉 下伊那郡大鹿村大河原 P
中央道松川IC🚗45分,またはJR飯田線伊那大島駅🚌大河原行終点🚶30分

福徳寺本堂

大鹿村大河原は,南北朝時代には秋葉街道を経由して,遠見から吉野(現,奈良県吉野町)の南朝勢力と結びついており,後醍醐天皇の第8皇子宗良親王が30年余りの間拠点とした地である。

県道赤石公園線をいくと,上蔵集落に福徳寺(曹洞宗)がある。福徳寺本堂(国重文)は,天台座主である宗良親王がたてた室町時代前期のものと推測される。県内では,中禅寺(上田市,真言宗)について古い仏堂である。南方には大河原城跡がある。この東側山中の信濃宮神社(祭神宗良親王)は,アジア・太平洋戦争前の1940(昭和15)年に,宗良親王をまつり,たてられた。さらに村道を小渋川に沿って東へ4kmほどの釜沢に,宇佐八幡神社(祭神応神天皇)があり,境内に宗良親王の墓と伝えられる宝篋印塔がある。

大河原の国道152号線に戻ると,ろくべん館(大鹿村郷土民俗資料館)があり,郷土の歴史や民俗などを展示している。隣接する大鹿村中央構造線博物館は,地質学を中心とした展示がされている。

国道152号線を南方へ地蔵峠に向かって2kmほどの引野田には,松下家住宅(国重文)がある。1820(文政3)年の建造であり,松下家が江戸時代には「御館」とよばれた往時の姿をうかがうことができる。御館とは,江戸時代の伊那地方

大鹿村の史跡

南朝の宗良親王の史跡
中世南朝文化と結ぶ

街道を訪ねる──伊那街道（三州街道） コラム

中馬が行き来した庶民の道　県史跡浪合関所

　足助・根羽・浪合経由で飯田に至る国道153号線は，伊那街道あるいは三州街道とよばれた。文禄年間（1592〜96），毛利秀頼によって開かれた。

　飯田以南は大名・旗本の通行がなく，整備されない小規模な宿場をつぐ道であったが，そのため統制はゆるく，庶民の道として賑わった。とくに「中馬」とよばれる民間輸送業者が活躍した道としても知られており，中馬街道とも称される。

　中馬は江戸時代初期，農村の農閑期の副業としてはじまったが，安価で迅速なために繁盛し，のちに専業化した。1人が3〜4頭の馬を引き，100kgほどの荷を運んだ。積み荷は，塩・海産物・綿・菜種などである。

　1日の行程は約30km。飯田から三河（愛知県）までは約80km。中間地となる浪合・根羽が宿場として栄えた。浪合宿の1833（天保4）年の史料では，十数軒の馬屋と旅籠・茶屋があった。旅籠は3階建てで，馬とともにはいれる間口の広さが特徴だった。

　伊那街道の中馬は，「岡船」ともよばれた。五街道のように宿々で荷のつけ替えを行う必要がなく，産地から目的地まで直送できたからである。積み荷の損傷も少なかった。

　古道は保存されていないが，峻険な山地をぬう国道153号線をたどると，中馬稼ぎが盛んであった往時をしのぶことができる。街道は，明治時代末期から大正時代にかけての鉄道開通（旧国鉄中央本線・伊那鉄道）で，急速に衰退した。

　街道の面影をわずかに残す浪合宿は，国道153号線を飯田方面に向かい，治部坂をすぎ，浪合トンネルの手前を右におれ，谷をくだったところにある。

　宿場南はずれに，武田晴信が天文年間（1532〜55）に設置したといわれる，浪合関所の跡（県史跡）がある。江戸時代中期に現在地に移され，旗本知久氏が管理した。南門が復元されている。なお，中馬関係の史料は，根羽村歴史民俗資料館でみることができる。

にあった土地制度である。被官という農民に依拠した賦役農業の経営である。太閤検地以前の土豪による中世的農業経営が，江戸時代初期の兵農分離政策により再編されるなかで，残存したものである。

　大鹿村には大鹿歌舞伎が継承されており，地元の小・中学生にも引き継がれている。毎年5月に大河原の大䃰神社（祭神建御名方命），10月に鹿塩の市場神社で奉納される。

小京都飯田　209

光前寺と上伊那南部の史跡

3

上伊那南部は中央・南アルプスを眺望できる盆地である。南信州随一の中世寺院である光前寺と、周辺農村の歴史を探る。

西岸寺 ⑲
0265-86-3939

⟨M▶P.186⟩ 上伊那郡飯島町本郷1724 P
中央自動車道(以下、中央道と略す)松川IC🚗15分、またはJR飯田線伊那本郷駅🚶30分

渡来僧蘭渓道隆が開祖
開祖像は随一の鎌倉彫刻

　国道153号線の伊那本郷で、西岸寺の表示案内に沿って西におれ、5分ほど山側にはいると、西岸寺に着く。西岸寺(臨済宗)は、大覚禅師(宋僧蘭渓道隆)を開祖として、1261(弘長元)年に創建され、室町時代には諸山に列せられている。山門は1844(天保15)年作で、江戸時代末期の特徴を示す。開山堂には、開祖大覚禅師像(県宝)がまつられ、14世紀なかばの作と推定されている。6世大徹至鈍和尚の残した西岸寺規式「臨照山記録」(県宝)には、寺の沿革などが書かれており、県内でも古い文書の1つで、南北朝時代の地方禅院規式で現存する貴重な記録である。

　瑶林正玖住西岸寺京城諸山疏(県宝)は、10世瑶林正玖和尚が、1466(文正元)年に室町幕府から任命されて、鎌倉(神奈川県)の寿福寺から西岸寺住職に転じるときに贈られた寄せ書きである。また白隠禅師の書画も数点ある。

飯島陣屋跡 ⑳
0265-86-4214

⟨M▶P.186⟩ 上伊那郡飯島町飯島2309 P
中央道駒ヶ根IC🚗20分、またはJR飯田線飯島駅🚶10分

幕府領統治の拠点
旧伊那県庁舎

　飯島駅から北西へ約600mいくと、飯島町歴史民俗資料館飯島陣屋(県史跡)がある。1672(寛文12)年に飯島を含む大島(松川町)以北の旧飯田領が幕府領に編入された。幕府は当初、片桐町(現、松川町)に陣屋をおいたが、5年後の1677(延宝5)年に飯島町へ移した。

復元された飯島陣屋

210　文化の十字路伊那谷

JR飯田線のあゆみ

コラム

渓谷をぬって走るローカル鉄道

　JR飯田線は、豊橋（愛知県）と辰野を結ぶ全長195.7kmの単線で、94もの駅がある。駅間の平均距離は2.1km、JRの平均距離の半分である。各駅停車を利用して全線を走破しようとすれば、6時間近くを要するローカル鉄道だが、豊橋から伊那谷へと向かう車窓には、板敷川の美しい川床や天竜川がきざんだ深い渓谷、青空に向かって聳立する、中央アルプス・南アルプスの3000m級の山々がつぎつぎにあらわれ、旅人の目をあきさせない。

　駅数の多さは、飯田線がもともと4つの私鉄からはじまったことに起因する。旧国鉄東海道本線から豊川稲荷（愛知県豊川市）への参詣の便をはかるべく、豊川鉄道（豊橋・大海間）が開通したのが1900（明治33）年、その後1925（大正14）年に、鳳来寺鉄道（大海・三河川合間）が開通。辰野からは伊那電車軌道（伊那電気鉄道）が工事を進め、1927（昭和2）年、天竜峡に達した。

　全線が開通したのは、1936（昭和11）年12月であった。線名案は「三信線」もあったが、中間の都市名の飯田をとって線名とした。

　飯田線最大の難所は、電力会社を中心に設立された三信鉄道が担当した、三河川合・天竜峡間67kmだった。峻険な地形のため、全路線の5割がトンネルか橋梁で、殉職者は50人をこえた。「現在の技術力では、建設はきわめて困難」といわれた工事を可能にしたのは、川村カ子ト率いる「アイヌ測量隊」8人の活躍だった。アイヌ特有の手を使った目測は、計器類をもち込むことすら容易でなかった現場で、絶大な力を発揮した。彼らの技術なくして、1936年の開通はありえなかった。

　1943年、東海道本線と中央本線との連絡線としての役割が非常に大きいとする国策により、私鉄4社は旧国鉄に買収され飯田線が誕生、現在のJR飯田線となる。

飯島陣屋はそれから幕末に至るまで、駿府（現、静岡県静岡市）支配の支庁として、伊那郡の幕府領を統治する拠点となった。1868（明治元）年政府は、信濃国の旧幕府領を伊那県とし、ここを伊那県庁とした。その後、1870年に北半分を中野県として分け、1871年に松本を県庁とした筑摩県が設置されたことにより、伊那県は廃止された。1994（平成6）年に旧陣屋が復元されている。

光前寺と上伊那南部の史跡

光前寺 ㉑
0265-83-2736 〈M▶P. 186, 212〉 駒ヶ根市赤穂29 ⓟ
中央道駒ヶ根IC🚗5分，またはJR飯田線駒ヶ根駅🚌駒ヶ根高原行光前寺前🚶5分

光前寺三重塔

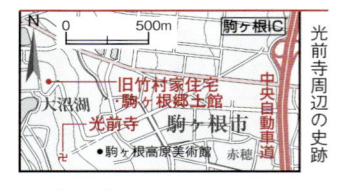

光前寺周辺の史跡

駒ヶ根ICから西へ約500mいき左折，道なりに約1km進むと，光前寺(天台宗)に着く。光前寺は寺伝によれば，平安時代の860(貞観2)年に本聖上人が開山したとされる。広大な境内の全域約7.6haが国の名勝指定をうけている。客殿の庭園は夢窓国師により築かれたとされる築山式枯山水である。境内のシダレザクラは，花見の名所ともなっている。また，本殿前には，この寺で飼われていた早太郎という犬が，遠州見附(現，静岡県磐田市)の天満宮で怪物を退治したという「霊犬早太郎」の墓石がある。室町時代末期の入母屋造の弁天堂(1871〈明治4〉年建立，国重文)は，光前寺の建築でもっとも古く，堂内には弁財天をまつる厨子(国重文)を安置している。三重塔(県宝)は南信唯一の塔であり，1806(文化3)年の建造である。

光前寺の北には旧竹村家住宅(国重文)がある。天竜川東岸の駒ヶ根市中沢にあったものを移築したもので，江戸時代中期の上層農家の典型的な建築である。隣接して，旧赤穂村役場を市内から移築して開館した駒ヶ根郷土館があり，考古・民俗・郷土資料などを展示している。

駒ヶ根シルクミュージアム ㉒
0265-82-8380 〈M▶P. 186〉 駒ヶ根市東伊那482 ⓟ
中央道駒ヶ根IC🚗20分，またはJR飯田線駒ヶ根駅🚌15分

駒ヶ根駅から東へ向かい，天竜川を駒見大橋で東岸に渡ると駒ヶ

上伊那の名刹　駒ヶ根高原の史跡

文化の十字路伊那谷

根市東伊那で，中央アルプスの眺望がよい丘陵上に，駒ヶ根シルクミュージアムがある。伊那地方は近代になって養蚕業の発展した地域で，養蚕農家の出資による独特の産業組合製糸が，大正時代に発展した。上伊那では組合製糸連合会龍水社，下伊那では組合製糸連合会天竜社が結成され，地域の蚕糸業の発展をささえた。ミュージアムでは，養蚕農家の民俗や龍水社などの地域における蚕糸業の歴史を，最新の蚕糸学研究の成果まで含めて，幅広い視点からの展示を行っている。

天竜川東岸の農山村伊那谷蚕糸業の興隆の歴史

駒ヶ根市東伊那と伊那市との境界の高烏谷山(1331m)は，修験道の信仰で知られ，高烏谷神社(祭神猿田彦神・天鈿女命)は1829(文政12)年の創建で，その社殿は，立川和四郎2代富昌の会心の作である。神社の社叢(県天然)は，樹齢300年の大木が生い茂る。

伊那市創造館(旧上伊那図書館) ㉓
0265-72-6220

〈M▶P.186, 213〉伊那市荒井桜町3520 Ｐ
JR飯田線伊那市駅 徒 3分

JR伊那市駅から西へ250mほど歩くと，1930(昭和5)年に郡教育会と製糸家の篤志によってたてられ，開館時には新聞で，「壮麗完備天下に誇る」と報道された旧上伊那図書館に着く。2003年に閉館となり，2010(平成22)年5月に伊那市創造館としてリニューアルオープンした。歴史的建造物を文化財として保存し，市民の生涯学習の場として活用するとともに，教育・学術・文化の発展に寄与することを目的とする。国重要文化財や俳人井上井月に関する展示室とユニークな企画展示を常時開催し，また，縄文から宇宙までをテーマに多彩な活動を行っている。隣接した収蔵庫には，明治以来上伊那教育会を中心に蒐集した2万点に及ぶ貴重な資料が保管され，これらに関する研究が行われている。

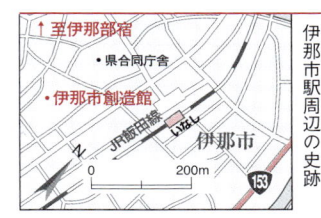

「壮麗完備天下に誇る」建物再利用し，思索・学習の場に

伊那市駅周辺の史跡

伊那部宿 ㉔
0265-74-8102

〈M▶P.186〉伊那市西町伊那部 Ｐ
JR飯田線伊那市駅 徒 7分

旧上伊那図書館から西南に向かうと，まもなく，江戸時代に伊那

光前寺と上伊那南部の史跡　　213

街道の宿場として栄えた伊那部宿にたどり着く。明治時代にはいり，段丘崖下に現在の市街地をとおる道路が新設され，また飯田線が開通するに伴い，賑やかさは失われ，1948（昭和23）年には大火に見舞われた。高度経済成長期に歴史遺産がしだいに失われるなか，1995（平成7）年に「ふるさとの歴史を残し，次代に伝えていこう」との気運が高まり，「伊那部宿を考える会」が発足。江戸時代（1782〈天明2〉年）に酒造販売を創業した旧井澤家住宅が2005年に復元され，そこが宿場の保存活動や遺産の掘りおこしの拠点となっている。

伊那街道の宿場　地道な保存活動を展開

旧陸軍伊那飛行場跡 ㉕

〈M▶P.186〉伊那市伊那部上の原　P
JR飯田線伊那市駅🚗7分

　伊那市駅から車で天竜川を渡り，段丘崖を上がると広々とした台地にでる。その一角に1943（昭和18）年2月熊谷陸軍飛行学校（埼玉県）の伊那分教場が開設された。同年8月六道原の広大な畑や山林が接収され，2つの沢を埋め立てる大規模な工事が開始された。11月からは上伊那各地の住民に勤労奉仕の命令が出され，翌春には地元の旧制中学，上伊那農学校，飯田や諏訪の旧制中学，旧制松本高校などの学徒の勤労動員が行われた。会社に雇用された朝鮮人労働者には過酷な作業が課せられた。

　伊那飛行場では，少年航空兵や見習士官などの学生がそれぞれ3カ月の訓練を受けた後，戦地に配備され特攻隊員となる訓練生もあった。4回生まで送り出した後，1945年2月からは各務原航空廠に所属し，特攻機作りの工場となった。1945年8月の敗戦に伴い米軍によって解体された。

戦争を知る貴重な遺産　語り継ぎたい平和の尊さ

仲仙寺 ㉖
0265-73-5472

〈M▶P.186〉伊那市西箕輪羽広　P
伊那バスターミナル🚌西箕輪羽広行終点🚶8分

　羽広バス停でおり，まっすぐ西に向かうと，まもなく羽広山仲仙寺（天台宗）に着く。平安時代の弘仁7（816）年慈覚大師によって創建されたとされる名刹である。かなりの傾斜の参道を登り仁王門（仁王像は県宝）をくぐると左手に十王堂，右手には客殿がみえてくる。急な階段を登ると三門，本堂に至る。本尊は十一面観世音菩薩，その両脇に4天王（内2体は市文化財指定）が座し，外陣には鰐口，千匹馬に代表される絵馬（いずれも市文化財指定）が掲げられ，「馬

平安時代創建の古刹　文化財の集積地

伊那谷の珍味——ザザ虫と蜂の子

コラム

内陸の貴重なタンパク源
高級珍味で高価

　海の幸に恵まれない内陸伊那谷では，貴重なタンパク源として，河川のザザ虫・山野の蜂の子などが，古くから珍重されてきた。両者とも高級珍味で，ビン詰め（佃煮）で，ザザ虫25g・1150円，蜂の子60g・980円が相場（2015年聞き取り），高級珍味である。特にザザ虫は年による採取量の変動が大きく，仕入れに苦労している現状である。

　ザザ虫は，トビゲラ・カワゲラなどの水生幼虫をいい，真冬の天竜川であぶらの乗ったものが絶品となる。その青緑がかった姿からは，食卓にのぼるものとは想像しがたいが，いったん煮つけを口にすると，その風味は格別である。浅瀬を流れる「ザザー」というせせらぎの音が，その名の由来という。

　水揚地は辰野町から駒ヶ根市の間の上伊那地域に限られ，捕獲期は12月1日から翌年の2月末である。捕獲には漁業組合の鑑札が必要で，2006年度には50人ほどで年間1500kg捕獲したが，2014年度は16人・1人当たり平均45kgほどだと言うから人数と捕獲量は激減している。高齢化と天候や護岸工事などによる影響という。

　蜂の子は，クロスズメバチ（地蜂，スガリ・スガレともいう）の幼虫を食用にした，ザザ虫と並ぶ高級珍味である。7月以降，山野で蜂追いを行い，巣をみつけだし，里にいけ直し，9～10月ころ食用とする。近年の農薬使用・山野の荒廃と乱獲により，ハチの生息地がしだいに減少している。

　1995年に地域文化を広く紹介するという目的から，中川村にはハチ博物館が開設され，1997年には伊那市を中心に保護と増殖，愛好者の親睦を目的に，「伊那市地蜂愛好会」が組織された。また，ふるさとの自然と文化と人びとの心の結びつきを題材にした映画「こむぎいろの天使　すがれ追い」が，伊那市出身の映画監督後藤俊雄により，地域住民の協力を得て完成し，1999年に全国で上映された。

天竜川での真冬のザザ虫採取

の観音様」としても篤い信仰の場となってきた。

　本堂の外陣で雌雄で舞合わせる羽広獅子舞は，1613（慶長18）年に起源を持つ伝統芸能である。御開帳は60年ごとに行われてきたが，近年では仲仙寺開創1200年記念事業に併せ，2015年に開催された。

光前寺と上伊那南部の史跡

桜の町高遠とその周辺

④

南アルプスを背に，高遠町はサクラで知られ，ここから続く秋葉街道沿いの長谷は，ともに自然・文化の宝庫である。

高遠城跡 ㉗

〈M▶P.186, 217〉 伊那市高遠町東高遠 🅿
JR飯田線伊那市駅・伊那北駅🚌JRバス高遠線高遠駅🚶20分

サクラは町のシンボル
織田軍と武田軍の攻防の地

　伊那市高遠町は，三峰川と藤沢川が合流する河岸段丘上の突端につくられた高遠城の城下町である。高遠駅バス停から東へ1kmほどの高台に位置する高遠城跡（国史跡）からは，町並みがほぼ見渡せる。明治維新まで，伊那谷の政治・経済，さらには文化の中心地として栄えた。もともとこの地は，古くから諏訪氏の勢力圏にはいり，南北朝時代のころからは，その一族である高遠氏が支配していた。高遠氏は，天文年間（1532～55）に武田信玄の侵略にあい，1545（天文14）年に7代200年の歴史に幕をとじた。

　信玄は，この地が諏訪から伊那地域への門戸の位置にあり，駿府・遠江（ともに現，静岡県）への戦略上の要地でもあったため，1547年に城を拡張した。その後，1582（天正10）年，織田信忠が率いる織田軍5万と城将仁科盛信が率いる武田軍とが熾烈な戦いを繰り広げ，高遠城は落城するに至った。

　江戸時代にはいると，この地は徳川家康の信望を得た保科氏，その後は鳥居氏（2代53年間）の所領となり，1689（元禄2）年から2年間は幕府領，1691年に内藤氏が入封し，以後8代178年ののち，明治時代にはいり版籍奉還となった。

　城跡は，1875（明治8）年に筑摩県管内5公園の1つに指定され，高遠城址公園となった。正保年間（1644～48）の絵図で，当時の城の概要がわかるが，現在でも随所に当時の築城の技術をみることができる。

　この城址公園がもっとも賑わうの

高遠城址公園内の桜雲橋

216　文化の十字路伊那谷

高遠城跡周辺の史跡

は，タカトオコヒガンザクラが満開となる4月中旬から下旬にかけてのさくら祭りの時期である。城址公園内の石碑にきざまれた「天下第一の桜」にふさわしく，その数1500本余りの色彩は，県内外から訪れる花見客を魅了する。秋には通年型の観光化を目指しもみじ祭りが2002年から開催され，春の桜とひと味異なる風情にひたれる。

公園の北口をでて西に少しくだると，コヒガンザクラの古木におおわれた門がみえてくる。進徳館(国史跡)である。1860(万延元)年，高遠藩主内藤頼直は学問所設立の計画を進め，三の丸の空き屋敷をあてて，文武場とした。はじめは三の丸学問所とよばれていたが，のちの1872(明治5)年，進徳館と名づけられた。「北の松代，南の高遠」といわれ，ここで学んだ者は5000人をこえ，教育者，文化人を輩出した。2002(平成14)年に，信州大学教育学部所蔵の進徳館関係資料が「進徳図書」として貸与の形で町に戻り，西高遠交流センターで閲覧することができる。

〈高遠城跡の周辺をめぐる〉

進徳館から10分ほど歩くと，伊澤修二の生家に着く。修二は進徳館に学び，東京師範学校長(現，筑波大学)・東京音楽学校長(現，

桜の町高遠とその周辺

東京芸術大学)などを歴任，日本の近代教育の礎を築いた。弟の多喜男は，東京市長・貴族院議員などをつとめた。板屋根の生家は，そのまま当時の面影をとどめている。

修二の生家から東へ小路を歩くと，約5分で月蔵山麓にある桂泉院(曹洞宗)に着く。梵鐘(県宝)は，1582(天正10)年に織田信忠が武田征討に向かったおり，下伊那の名刹開善寺(飯田市)を焼き，この寺まで運んできたものである。寺院名にふさわしく，今でもカツラの木があり，近くから清水がわきでている。境内の位牌殿には，織田信忠との戦いに敗れ，自刃した仁科盛信ほか，諸士の位牌が安置されている。

さらに南には，峰山寺(曹洞宗)がある。本尊は不動尊で，城主鳥居氏関係の五輪塔や，高遠藩学をおこし広めた阪本天山・中村元恒らの墓もある。また近くには，保科家や内藤家の祈願所でもあった樹林寺(真言宗)がある。高遠城跡の南隣には信州高遠美術館，そこから高遠湖岸にくだると，高遠町歴史博物館と絵島囲み屋敷がある。美術館には中村不折・池上秀畝ら，高遠のうんだ芸術家の作品など約1200点が，収蔵・展示されている。1996(平成8)年に開館した歴史博物館には，1階に桜シアター・高遠の歩み・絵島コーナーなどがあり，2階には画家・書道家の作品などが展示され，企画展の会場ともなる。桜シアターでは，全国のサクラを観賞でき，観光スポットなどを検索できるコーナーもある。博物館の中庭に名君と言われる保科正之(1611〜1672)・生母お静像と顕彰碑が建立された。

絵島囲み屋敷は，1714(正徳4)年，江戸城大奥の大年寄絵島と歌舞伎役者生島新五郎の間柄がとがめられ，高遠へ遠流の刑となった絵島が幽閉された屋敷である。屋敷は，最初は非持村(現，伊那市長谷非持)におかれたが，5年後の1719(享保4)年の冬に，現在地の東高遠花畑に移された。絵島は高遠に28年間在所し，武士・足軽に見張られて61歳で没するまで，ひとりさびしい生活を送った。

〈高遠市街地をめぐる〉

高遠駅バス停から北に向かうと，すぐに商家・民俗資料館となっている旧池上家の案内板が目にはいる。池上家は近世における典型的な商家で，町内ではもっとも古い商家建造物である(見学には高

江戸時代各地で活躍した高遠の石工

コラム

全国に名をはせた石工
藩も石工の出稼ぎを奨励

　合併により伊那市となった旧高遠町・旧長谷村一帯は，かつて藤沢郷・入野谷郷とよばれ，石工を輩出した。この地域が高遠藩に属していたことから，高遠の石工とよばれ，元禄年間（1688～1704）ごろから，中部・関東・東北諸藩各地で活躍した。

　もっとも著名な守屋貞治は，1765（明和２）年，塩供村（現，伊那市）に生まれ，20歳から修業して技を磨き，68歳で亡くなるまでの間，石造物の制作は県下をはじめ，東は山梨・群馬・埼玉・神奈川，西は岐阜・三重・兵庫・山口の諸県におよび，みずから記録したものだけでも333体を数える。

　高遠石工が出稼ぎにでた江戸時代は，民間信仰の盛んな時代で，そのことが，礼拝の対象としての石造物の創作につながったといわれる。石工を輩出した背景には，とくに藤沢郷・入野谷郷が，標高800～1000mの高冷地で傾斜地が多く，農業生産の不利な土地柄ゆえ，出稼ぎに生計をたてる道を求めたこと。また，藩は出稼ぎ者に運上金という税を課し，それが藩財政の大きなささえになったため，出稼ぎを奨励したことが指摘されている。2015（平成27）年４月には高遠石工の調査研究を進め，広く魅力を発信しようと一般社団法人「高遠石工研究センター」を設立した。

遠総合支所に問い合せが必要）。そこから北側正面には，鉾持神社（祭神瓊瓊杵尊）の階段がみえる。721（養老５）年の勧請とされ，２月の「だるま市」，４月の鉾持祭りは「高遠ばやし」で知られる。

　神社の階段前を右折すると，200mほどで建福寺（臨済宗）に至る。1253（建長５）年に鎌倉（神奈川県）の建長寺を開山した大覚禅師が開創したと伝えられる。のちに高遠城主保科氏の菩提寺となった。寺には狩野興以の紙本墨画中観音左右龍虎図（国重文）のほか，四十数体からなる石仏群があり，なかでも高遠石工守屋貞治の逸品は必見である。このほか，仏足石や保科家の墓がある。

　建福寺から東に300m進むと，満光寺（浄土宗）に着く。1573（天正元）年開山の，旧藩主内藤家の菩提寺である。鐘楼をかねた重層の山門は，すべてシナ材で，巧妙な彫刻がほどこされ，壮大な観を呈している。1745（延享２）年の建立で，三州長篠（現，愛知県新城市）の菅沼定次の作である。1995（平成７）年に大改修された。山

桜の町高遠とその周辺　　219

門をはいったところにある「極楽の松」の枝ぶりは、参拝者の目をひく。また、墓碑のなかに高遠では最古の形式をもつ、保科左源太の五輪塔や国会開設建白書提出者の野木七郎の碑がある。

さらに、300m北東に進むと、家並みが途切れる辺りに、戦国時代にたてられた蓮華寺(日蓮宗)がある。ここには、高遠に遠流された大奥大年寄絵島の墓がある。「女人成仏」と記された立像が、1992(平成4)年に、スギの木立のなかにある七面堂の右脇に建立された。このすぐさきに、高遠では最古の寺とされる香福寺(真言宗)がある。建立は745(天平17)年である。

遠照寺 ㉘
0265-94-3799
〈M▶P.186〉伊那市高遠町山室2010 P
JR飯田線伊那市駅🚌JRバス三義線久保🚶すぐ

国の重要文化財が2つボタンの寺で有名

遠照寺は、JR高遠駅からJRバス三義線に20分ほど乗り、久保バス停で下車するとすぐ真近にある。バスの便数が少ないので留意したい。車では国道152号線の旧高遠町板山、旧長谷村の非持からいずれも5kmほどである。遠照寺は、820(弘仁11)年、現在の釈迦堂の位置に薬師堂がたてられたのがはじまりである。1233(天福元)年に天台宗の天福寺が開かれたが、1473(文明5)年身延山久遠寺(山梨県南巨摩郡身延町)の日朝上人によって日蓮宗に改宗。毎年7月25日に「日朝さま」の祭りがもよおされる。ここには釈迦堂があり、その堂内に、1502(文亀2)年制作の多宝塔がおさめられている(ともに国重文)。

釈迦堂は、和様主体の入母屋造に唐様・天竺様を加味した、京都以東では数少ない建築様式で、建築史上重要な建物である。多宝塔は、県内最古のもので、1955(昭和30)年に当時の文部省により堂内とあわせて解体修理がほどこされた。このほか、織田軍が残した陣太鼓と「美濃国」の銘のある鰐口が残っている。本堂

遠照寺多宝塔

220　文化の十字路伊那谷

裏の亀島庭園は江戸時代の中頃の造園といわれ，境内は5月中旬から6月上旬ごろに1500株のボタンが花開いて，訪れる人を魅了する。

　遠照寺から山室川沿いに北へ4kmほど，三義線の荊口バス停でおりると，バス停の近くには弘妙寺（日蓮宗）がある。寺の開山は1205（元久2）年で，本堂は天然のカラマツ材を用い，須弥壇の阿吽の竜は，1822（文政5）年諏訪の宮大工白鳥弥四郎の作である。天井絵は，山田東雲斉による江戸時代の大作である。

　この山室川流域には日蓮宗の寺院が多く，とくに「やまむらの谷」は，法華の谷ともよばれる。歴史のある古道をよみがえらせようと，高遠町芝平出身者が「法華道」の復元・整備を進め，2006（平成18）年道中の御所平に，2015年芝平口に石碑をたてた。

熱田神社 ㉙　〈M ▶ P.186〉伊那市長谷溝口1993-1　P
JR飯田線伊那市駅🚌25分，または伊那市駅🚌高遠線高遠駅乗換え🚌長谷循環バス杉島行伊那美和🚶12分（拝観は伊那市長谷教育振興課へ連絡）

伊那日光とよばれる溝口の人びとの浄財で建立

　国道152号線を三峰川沿いにあがり，長谷総合支所（旧長谷村役場）の標識に従って左折し，坂道を数百mのぼると，スギの木立に囲まれた熱田神社（祭神日本武尊）に着く。バス利用の場合は，美和バス停で下車し，南東へ約1km歩くが，バスの本数が少ないので留意したい。

　本殿（国重文）は茅葺き・入母屋造の覆屋のなかにあり，間口10尺6寸（約3.2m），奥行9尺6寸（約2.9m）の三間社流造である。1759（宝暦9）～63年の5カ年をかけて建立された。地元の高見善八が棟梁として建築し，上州（現，群馬県）の左甚五郎といわれる名匠の関口文次郎が，日光（栃木県）の流れをくむ精巧な彫刻をほどこしていることから，伊那日光とよばれている。日本武尊を信仰した溝口の人びとが，尾張国（現，愛知県）の熱田神宮の形影を迎え，産土神としてまつったことにはじまる。当時150戸ほどの溝口の人びとの浄財のみで宮をつくったといわれ，現在も篤く信仰されている。2004（平成16）年には覆屋が修復された。

　旧長谷村の市野瀬柏木地区には，「孝行猿の物語」が伝えられている。この話は，1918（大正7）年発行の「尋常小学校修身書」に教

街道を訪ねる──秋葉街道

コラム

信仰の道
南朝ゆかりの史跡も多い

天竜川左岸を南北につらぬく国道152号線は、秋葉街道とよばれる。江戸時代、火伏せの神として知られた秋葉権現（静岡県浜松市）への参詣路として賑わったことに由来する。

伊那地方から秋葉山まで片道2泊3日。秋葉講を組織し、年々講の代表者が秋葉山に詣でるならわしがあった。別に、飯田から小川路峠をこえてこの道に合流するルートもあり、これも秋葉街道とよばれた。

しかし、中央構造線上を走るこの道の歴史は非常に古い。古代には、海辺から山間地への塩の道として、鎌倉時代には鎌倉（神奈川県）や諏訪社への往来として利用された。南北朝時代には、南朝勢力がこの道を盛んに往来した。南朝の拠点だった諏訪から天竜川河口に南下、海路を経て桑名（三重県）から吉野（奈良県）へ至ることができたからである。戦国時代には、武田信玄が軍用路とした。

道は険しく、静岡と長野の県境の青崩峠は、その名のとおり地盤がもろく、国道は寸断されているが開通に向け工事中である。現在は草木トンネルを利用し、飯田市南信濃にはいる。村おこしイベント「峠の綱引き」がおもしろい。さらに北上し、地蔵峠・分杭峠・杖突峠を経て、茅野に至る。

途中の分杭峠（伊那市）は、標高1424m。中央構造線の真上に位置する。近年、ここに「気」（波動エネルギー）が発生する「ゼロ磁場」があるという説がだされ、脚光を浴びている。「波動水」とよばれる水を採取したり、「気」に触れることで健康を保とうという観光客が休日に多数訪れている。

街道沿いにはサクラの名所高遠があり、また大鹿村の農村歌舞伎、遠山郷の霜月祭りなど、民俗芸能の宝庫である。なかでも、大鹿村は南朝の皇子宗良親王が拠点をおき、大河原城主香坂尚宗の庇護をうけて、北朝方の守護小笠原貞宗に対抗した南朝ゆかりの地で、遺跡も多い。塩分を含む温泉もわく。秋葉街道の高遠町から静岡県の浜松市水窪町に至る間の古道の復活を掲げ、2009年2月に「秋葉街道信遠ネットワーク」（信州と遠州を結ぶと言う意味合い）を立ち上げ、広域マップの作成、古道の復元、交流会などのイベントを行っている。

分杭峠道標

復活した中尾歌舞伎

コラム 芸

村の若者たちが復活 「中尾座」で定期公演

　南アルプスの麓、伊那市長谷の中尾地区には、第二次世界大戦後に復活した中尾歌舞伎が伝承されている。中尾は、天竜川の支流三峰川と、黒川（小黒川と戸台川が合流）の合流点の南に広がる41世帯・100人（2016〈平成28〉年1月）ほどの小規模な集落である。

　この地に歌舞伎が伝わったのは、江戸時代の1767（明和4）年ごろ、旅芸人がきて、上中尾の山の神様をまつってある神社の前庭で演じたのが始まりとされる。山の神祭りは、当時の村人にとっては楽しみの機会でもあり、祭りにあわせ、歌舞伎が演じられるようになり、天保年間（1830～44）から明治時代にかけ、もっとも盛んとなった。

　しかし、アジア・太平洋戦争の戦火は村人から伝統芸能を奪い、また昭和30年代以降の過疎化と新しい大衆娯楽の普及のなかで、演じられなくなっていった。こうした集落と伝統芸能の衰退のなか、村の若者たちは、このようなときこそ先人の残した遺産を復活し、生命と集落の証を残そうと、歌舞伎の復活に向かい、その夢は1986（昭和61）年に実現した。

　1997（平成9）年3月には、「長谷村伝統文化等保存伝習施設―中尾座」が竣工、柿落には12代目市川団十郎が招かれた。以来、春・秋2回の定期公演が催されるようになり、現在演目は7つほどである。

　また、2008年には、伊那市出身の後藤俊夫監督により、地元市町村や住民の協力のもと、当地方の中尾・大鹿・下條歌舞伎を題材とした映画「Beauty うつくしいもの」が制作された。歌舞伎に魅せられた村人の心意気が、自然豊かな伊那谷の原風景を背景に、伝統芸能を後世に伝えていくことの大切さを映しだしている。

材として取りあげられた。自然と人びととのふれあいや心の大切さを説いている。市野瀬の杉島の橋のたもとから南へ坂道をのぼると、浦地区に至る。壇ノ浦で源氏に滅ぼされ、逃げのびた平家の落人たちが、身をひそめた場所と言い伝えられている。現在は、過疎と災害で戸数は激減したが、「先祖祭り」は続けられている。

　旧長谷村は南アルプスの西の玄関口にあたり、1979（昭和54）年には、当村から北沢峠まで南アルプス林道が開通した。交通規制条件により、一般車両の乗り入れが禁止され、4月から11月まで、伊那市営バスが運行されている。林道開設をめぐっては、自然保護運動が高揚し、各地の山岳道路の建設に大きな教訓と影響をおよぼした。

❺ 伊那北部を訪ねる

伊那街道沿いの箕輪町から辰野町にかけ、松島王墓古墳、上島観音堂、弥彦・小野神社などの史跡、古寺社などをめぐる。

箕輪町郷土博物館 ㉚
0265-79-4860

〈M ▶ P. 186, 224〉 上伊那郡箕輪町中箕輪10286-3
P
JR飯田線伊那松島駅 🚶 15分

町の全体像を知る格好の場所
貴重な出土品・生活用具などを展示

JR伊那松島駅から西へ約15分、箕輪町役場に隣接して箕輪町郷土博物館がある。役場とともに松島城跡にたてられた。館内には、郷土の民俗、自然、考古・歴史、美術の4つの展示室がある。考古・歴史室には、町内の遺跡からの出土品などが展示され、民俗室には、江戸時代の民家の復元模型や明治時代初期の生活用具が展示されている。美術室には、郷土の彫刻家山口 進・歌人藤沢古實らの作品や、明治時代に日常雑器として焼かれた古田焼などが展示されている。

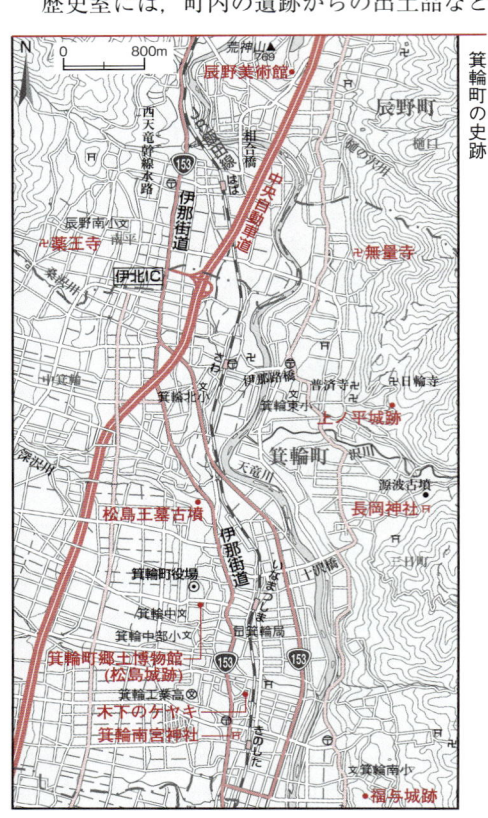

箕輪町の歴史は古く、縄文時代から近世に至る遺跡は200余りを数える。とくに、上の林遺跡・箕輪遺跡が代表的である。古墳時代には、上伊那唯一の前方後円墳の松島王墓がつくられた。平安時代にはいると、五畿七道の1つ東山道の深沢駅がこの地にあったと推

箕輪町の史跡

おさんやりと盆正月

コラム

盆のころの興味深い行事

　毎年8月16日夜に、上伊那郡箕輪町南小河内で、「おさんやり」という、若衆と子どもの行事が行われる。ササの葉などで大きくかざりつけた柴舟をつくり、若衆がかついでまわる。

　「おさんやり」はナラの木を切ったもので、子どもたちはそのおさんやりの1本を中心に全部をたてかけるようにして唄をうたう。柴舟は「おさんやり」のまわりをまわったあと、ころがしてこわしてしまう。

　人びとは舟の木片やササの葉をもち帰り、厄よけに玄関などにかざる。盆に行われるが、先祖祭りの要素は認めにくく、「さんやり」とは「災遣り」、つまり災難や厄を追いやる意味だろうといわれている。

　上伊那郡南箕輪村田畑の「盆正月」も興味深い行事である。毎年8月17日、盆休みがもう1日欲しいと、地区の若者たちが区三役や公民館役員宅にこっそり押しかけ、未明のうちに勝手に、正月同様、マツや注連飾り、鏡餅までもちだして門口にかざりつけ、「謹賀新年」などと張り紙までしたりする。さらに門口をバケツやビールケースなどで封鎖してしまう。とじこめられた区長は仕方なく電話などで各組長に「きょうは盆正月」との触れをだし、片づけは封鎖された役員自身がやらなければならない。

定されている。平安時代末期の上ノ平城跡、戦国時代の福与城跡の存在は、この地が戦略上重要であったことをうかがわせる。江戸時代になると、飯田城主脇坂氏が箕輪を統治するための木下陣屋、太田氏の松島陣屋がおかれ、さらに伊那街道の松島宿として栄えた。

　木下には、箕輪南宮神社（祭神建御名方命・八坂刀売命）がある。箕輪南宮神社は、祈年祭の奉納行事の山車飾や鹿踊りの神事でよく知られている。その近くの木下のケヤキ（県天然）の大木は、南宮神社に合祀された芝宮御射宮司社の神木で、樹齢およそ1000年を数え、県内有数の古木である。

松島王墓古墳 ㉛　〈M ▶ P. 186, 224〉　上伊那郡箕輪町松島　Ｐ
　　　　　　　　　JR飯田線伊那松島駅🚶20分

　JR伊那松島駅から国道153号線にでて北に向かい、追分の信号を左折すると、鬱蒼としたスギ木立に囲まれた松島王墓古墳（県史跡）

伊那北部を訪ねる　　225

に着く。天竜川右岸の第2段丘面の東縁に位置し、北側は深沢川の谷となっているので、ここからは伊那谷が一望できる。上伊那地域では唯一の前方後円墳で、西側の前方部は全長約60m、後円部の径は約30m、高さ7.7m。6世紀前半〜中頃(古墳時代後期)につくられたと思われる県内唯一の車塚型式の古墳といえる。出土遺物では埴輪片がもっとも多く、その大半が円筒埴輪である。数は少ないが、人物・動物などの形象埴輪片も確認でき、箕輪町郷土博物館に展示され、また、この地が松島神社の社領であったことから、神社にも保管されている。被葬者は、伊那谷の北部を統率した首長と考えられる。

> 上伊那唯一の前方後円墳 円筒埴輪が多数出土

福与城跡と上ノ平城跡 ㉜㉝

〈M▶P.186, 224〉上伊那郡箕輪町福与・南小河内 P
JR飯田線木ノ下駅🚶20分

> 現在もその形状をとどめる天竜川左岸の段丘面に築城

福与城跡(県史跡)は、JR木ノ下駅から東へ約1.3km、箕輪南小学校の南隣にある標高700m余りの天竜川左岸の小高い段丘面にある。城域は9haにおよび、本城・北城・南城の大きく三区分からなり、本城を囲んでいた空堀は、東側をのぞき、現在もその形状をとどめている。防御には好条件で、平山城の部類にはいる。

戦国時代に福与氏によって築城されたが、室町時代後期に藤沢谷に力のあった藤沢氏が伊那谷に侵出し、ここを居城とした。

1545(天文14)年、藤沢頼親は武田信玄勢と50日余りにわたる攻防戦を展開したが、敗北した。このとき、城に集結した伊那衆は100余騎・1500余人と伝えられている。遺跡の発掘と駐車場の設置などを含めた城域内の整備が、1998(平成10)年〜2002年に実施され、小学校の総合学習の場としての利用も試みられている。

福与城跡から、天竜川左岸の主要地方道伊那辰野線に沿って北に向かい、長岡をすぎ沢川を渡ると、南小河内に至る。この東方の丘陵の突端部に、上ノ平城跡(県史跡)がある。東西約450m・南北200m、主要部は南北に連なる五条の堀により区画されている。郭や堀などの跡は、現在でも形状を確認できる箇所が多い。清和源氏の末裔で、後三年合戦(1083〜87年)の戦功により、伊那郡司となった源為公が居館を構えたのが城のはじまりといわれる。この城跡

戦後復活した古田人形芝居

コラム
芸

伊那谷を代表する人形芝居 小・中学生も伝承をささえる

　伊那谷に伝わる人形座は，1882(明治15)年ごろまでは30座ほどあったが，現在は4座にすぎない。その1つが，箕輪町の西方の山塊に位置する上古田地区の人形浄瑠璃，古田人形芝居である。

　古田人形芝居は，安永年間(1772～81)，村に人形遣いが住みついたことから，盛んになったといわれる。明治時代にはいり，鑑札制度などによって低迷の時期が続いた。衰退していた芝居の復興のきっかけは，1974(昭和49)年，箕輪町郷土博物館の開館により，人形芝居の資料が収集されたこと，そして「ふるさとの心を大切にする教育」の柱として，1979年に箕輪中学校のクラブ活動に人形芝居が取りいれられたことによっている。中学校のクラブ活動で若い後継者が育成され，卒業後に保存会のメンバーとなり，次代の指導にもあたっている。

　また，下伊那地域の中学校の人形芝居クラブと交流，伊那谷人形中学生サミットなどを開催するなど，伝統あるクラブとして活動している。

　2015年には箕輪中学校と箕輪西小学校の古田人形芝居のクラブ活動は，それぞれ創部37年，24年を迎えた。町には2008年には有志により振興協力会が組織され，2013年度からは町の予算で整備交付金として頭などの整備を図るなど，「町の顔の一つ」として振興を図っている。

古田人形芝居を演じる中学生(左・右)

の近くには，普済寺(臨済宗)と日輪寺(真言宗)があり，前者は「普済寺文書」，後者は「上ノ平」の城主知久氏の祈願所として知られ，いずれもスギ木立に囲まれた景観は，浄域にふさわしい。

　2つの城跡の間に位置する長岡には，長岡神社(祭神誉田別尊ほか)がある。本殿は諏訪立川流初代宮大工の和四郎富棟の作。拝殿横のハリギリ(県天然)の老木は，県内でも希少な巨樹である。

　このすぐ北には，1987(昭和62)年に発掘調査された，6～7世紀初期の円墳の源波古墳がある。

伊那北部を訪ねる

無量寺 ㉞
0265-79-3051

〈M ► P. 186, 224〉 上伊那郡箕輪町東 箕輪4307 P
JR飯田線沢駅 🚶 30分,または中央自動車道伊北IC 🚗 10分

阿弥陀如来坐像は国重文 蕗原庄と関係すると推測される

JR飯田線を利用する場合最寄り駅は沢駅である。車の場合は中央自動車道の伊北ICでおり,国道153号線を北に向かい,すぐに北大出・原信号を右折し,天竜川にかかる東西橋を渡ると,まもなく

無量寺阿弥陀如来坐像・脇侍

東方の山麓に無量寺(真言宗)本堂の屋根がみえてくる。

境内にはいると,マツ林を背に,周辺はツツジに囲まれ,木造阿弥陀如来坐像(国重文)と脇侍を保存するために新しくたてられた方光殿がたっている。如来像は像高113.3cm,ヒノキの一木割矧造で,引き締まった頬,微笑をたたえた口元,おだやかな面相をもつ強い彫口の仏像である。像内の墨書には,造立年月日は記されていないが,寄進をした34人の名前が書かれ,その多くが藤原姓であったことから,この付近が藤原氏と関係の深い「蕗原庄」とよばれる荘園であったと考えられる。境内の宝篋印塔も目をひく。駐車場からサクラの枝越しに遠望すると,伊那谷の段丘と中央アルプスの景観がすばらしい。

辰野美術館 ㉟
0266-43-0753

〈M ► P. 186, 224〉 上伊那郡辰野町樋口2407-1(荒神山公園内) P
JR飯田線伊那新町駅 🚶 20分

町がうんだ芸術家の作品 周辺は町民憩いの公園

JR飯田線を利用する場合は,最寄り駅は伊那新町駅であるが,便からいえばJR中央本線・飯田線辰野駅から車がよい。駅から南東へ車で10分ほどで,丘陵地に開設された荒神山公園に着く。公園はスポーツ・宿泊施設などが整い,町民の憩いの場となっている。その一画に,3階建て寺院風の辰野美術館がある(冬季間閉鎖)。

辰野町は多くの芸術家を輩出しており,その作品を収蔵・展示し

蛍の町——辰野町

コラム

ゲンジボタルは町の特別シンボル
ホタルの乱舞は夏の風物詩

　毎年6月中旬になると、辰野町では「ほたる祭」が開催され、ホタルをみようと毎年全国から、16万人余りの観光客が訪れて賑わう。辰野駅から1kmほど北の天竜川畔の松尾峡付近が中心で、ゲンジボタルがこの辺り一帯に乱舞し、初夏の風物詩となっている。

　明治時代初期の『長野県町村誌』には、岡谷市から辰野町にかけての名勝の紹介のなかに、ホタルが特記されている。岡谷市付近の製糸業による天竜川の汚染の影響で、その生息地がしだいに下流に移動し、明治時代末期には、上平出地区や辰野地区が中心になったといわれる。大正時代にはいり、地元の人びとの熱意がホタルの愛護運動へと広がり、青年団や児童・生徒の協力で、1926(大正15)年には県の天然記念物となった。

　戦後、再び自然をまもりホタルを保護しようと「よみがえれ、ほたるの里」を合言葉に、町民の取り組みがはじまり町では養殖池を設置するなどし、1948(昭和23)年には「ほたる祭り」が復活した。しかし2010年には最多の13.7千匹程だったのが、2015年前後には5〜6万匹ほどに減少している。

　ホタルは、町づくりにとって大きな意味をもつこととなり、1985年には、ゲンジボタルが町の特別シンボルとなった。天竜川両岸には、ほたる童謡公園も開設し、整備を進めている。

ようとの町民の願いが結実し、1978(昭和53)年に開館された。なかでも、大正時代にフランスのマティスに学び、独自の油彩画の画風を築いた中川紀元、上伊那各地にその彫塑をのこした瀬戸団治、業なかばにして早逝した彫刻家中村七十らの作品が目をひく。このほか、朝鮮陶磁器のコレクションや、町内各地で発掘された土器や石器が展示され、縄文時代の仮面付土偶(県宝)は、ひときわ異彩を放つ。

　JR飯田線羽場駅から西へ2.5km、県道辰野与地線から少しはいったところの薬王寺(真言宗)には、本尊の木造薬師如来座像と、秘仏である本尊にかわる前立本尊として安置されている前立木造薬師如来座像(ともに県宝)がある。平安時代末期の作品が1寺に2体現存するのは珍しい。いずれもヒノキの寄木造で、ヒノキの2材をはぎつける割はぎ風の古い様式と造形力は、貴重なものである。この寺はもともと、近くの桑澤山の中腹にあり、1192(建久3)年に現在

伊那北部を訪ねる

地に移築されたと伝えられる。本尊は、アジア・太平洋戦争後、当地に移転された旧伊那富国民学校（現、辰野西小学校）の奉安殿のなかに安置されていた。4月8日の例祭には本尊が拝観できる。

JR辰野駅から国道153号線にでて北に向かい、宮所（みやどころ）の信号を右折して山道にはいり、2.8kmほどで七蔵寺（しちぞうじ）（真言宗）に着く。ここには、銅製御正体（みしょうたい）（県宝）がある。御正体とは神の本意の意で、表面に毛彫りにより阿弥陀如来像がきざまれた円鏡（えんきょう）（仏鏡ぶつ）で、平安時代末期の作といわれる。また懸仏（かけぼとけ）と鰐口も一見したい。

上島観音堂（かみじまかんのんどう） ㊱
〈M▶P.186〉上伊那郡辰野町上島2305
JR中央本線・飯田線辰野駅🚗7分、またはJR中央本線信濃川島駅（しなのかわしま）🚶10分

木造十一面観音立像は国重文　住民の熱意で保存・管理

JR辰野駅から国道153号線にでて、北へ向かうと上島地区に至り、伊那街道にはいると、まもなく普門院観音堂ときざまれた石柱が目にとまる。石柱脇の階段をあがると、小高い丘の上に上島観音堂がある。境内の耐震・耐火構造の収蔵庫には、木造十一面観音立像（じゅういちめん）（国重文）が安置されている。像内の墨書によれば、1323（元亨3）年仏師善光寺住僧妙海（ぜんこうじ）（みょうかい）の作で、この地の豪族宮所孫次郎（みやどころまごじろう）が願主、高野山の僧良禅（りょうぜん）が大勧進（だいかんじん）、と記されている。像高89.4cm、カヤの素地（きじ）のままに彫刻され、頭上には十一面の像がおかれている。衆生（しゅじょう）を救済する姿をあらわし、鎌倉時代の作の特徴がよくでている。国家安穏（あんのん）・民生安楽（みんせいあんらく）・子孫繁栄を祈願したことによる。

1924（大正13）・41（昭和16）年の大火の際は、住民の力で難をのがれ、今でも区が奉賛会を組織し、本尊などの保存・管理を行っている。毎年1月中旬と5月3日の例祭には、一般公開される。拝観を希望する場合は、辰野町教育委員会に問い合せが必要。

上島観音堂から北に向かうと、経（きょう）

上島観音堂木造十一面観音立像

神明神社の天狗祭り

コラム

山と里との交渉

　上伊那郡辰野町北大出の神明神社の祭礼は，現在は10月の第3日曜日に行われる。天狗と獅子の神事が興味深い。青竹の舟から3匹の天狗が順番に飛びだして境内を飛びまわり，大暴れを続けるが，演じる者は不思議に怪我をしないという。4頭の獅子が神社の入口をかため，そのうちに天狗に噛みつき，食い殺してしまう。西山山麓に展開するこの祭礼は，山の天狗と里の獅子という図式によって，山と里との交渉史を象徴的にあらわしたものかもしれない。神社にある天狗の面の裏には，「文久二(1862)年」の銘があり，それよりももっと古い面もあったという言い伝えもあって，歴史の古さがしのばれる。町の無形民俗文化財である。

　ヶ岳を源流とする横川川にさしかかる。そこを川沿いに西にさかのぼると，横川渓谷に至る。とくに紅葉の時期になると，目にまぶしいばかりの景観となる。途中に横川の蛇石(国天然)がある。粘板岩に変成岩が貫入してできた珍しい石で，そのさまが大蛇のようにみえることから蛇石とよばれている。近くには，滞在型農園を備えた農村公園「かやぶきの館」がある。

小野宿問屋 ㊲　〈M▶P.186〉上伊那郡辰野町小野952-1 P
JR中央本線小野駅 🚶10分

一本棟造で宿場の問屋 一般公開時は地元住民が応対

　国道153号線沿いに本棟造や横棟造建物がたち並び，今も伊那街道の面影を残す小野宿は，1601(慶長6)年，小野街道(初期中山道)が開かれて町割ができた。小野街道は，その後10年余りで廃され，宿場はそのまま伊那街道の宿場となり，明治時代初期まで続いた。
　宿場は幕末の1859(安政6)年に大火にあい，宿場の中心をなす小野宿問屋の建物も，このときの再建である。問屋の建物は，本棟造の宿駅民家で，代々伝蔵されてきた「問屋文書」も貴重である。建物と文書は，1991(平成3)年に所有者から辰野町に寄贈された。1994年に保存修理を行い，その後は春・夏・秋と年3回一般公開されている。公開日には，問屋に保存されている史料や押絵雛・道具類などが展示される(見学を希望する場合は，事前に辰野町教育委員会に問い合せが必要)。火炉のまわりで，応対係をつとめる地元有志の人びとの話を聞きながら，一時をすごすこともできる。なお，

ここの「旧小野家住宅及び土蔵」「小野家文書」の２件が，2004年に県宝に指定された。この建物のすぐ北側の空き地には，「南塩終点の地」ときざまれた石碑がたっている。

矢彦神社・小野神社 ㊳㊴

〈M▶P.186〉矢彦神社：上伊那郡辰野町小野八彦沢3267　P／小野神社：塩尻市北小野矢彦沢175　P
JR中央本線小野駅🚶10分

＊２つの神社が隣り合わせ７年ごとに御柱祭

　JR小野駅から国道153号線を北に200mほどいくと，塩尻市の標識がみえる。そこが辰野町と塩尻市との境で，1591(天正19)年に豊臣秀吉の裁定で，小野郷が二分された境界と伝えられている。そこから500m北にいくと，緑につつまれた，隣合せに位置する信濃国二之宮矢彦神社，小野神社に着く。

　緑深い矢彦・小野神社の社叢(県天然)は約3.6ha，そこには150種ほどの植物が繁茂して，古代から「憑の森」として地元の人びとに親しまれ，保護されてきた。両神社は塩尻市に位置しているが，矢彦神社は辰野町の管轄のため，境内は辰野町の飛び地である。

　手前が矢彦神社(祭神大己貴命・事代主命・建御名方命ほか)で，1782(天明２)年に建立された拝殿と左右回廊(ともに県宝)は，諏訪立川流初代宮大工の和四郎富棟の作，神楽殿(県宝)は，1842(天保13)年２代富昌の作である。江戸時代の諏訪神社系の建築を知るうえで，貴重なものである。また勅使殿(県宝)も古い形式を残しているが，17世紀後半のものと推定される。

　北に隣接する小野神社(祭神建御名方命ほか)は，拝殿の奥に本殿２社と八幡宮本殿・勅使殿の４棟(ともに県宝)がある。これらは松本藩主水野忠直によって，1672(寛文12)年に再建されたもので，造営は松本藩が直接実施した。また社宝の御正体残闕(県宝)は，神仏混淆を知るうえで貴重である。両社とも，諏訪大社の御柱祭の翌年，卯・酉年に，７年ごとに遷宮祭と御柱祭が行われる。

　小野駅から東へ３kmほどのところに，シダレグリ自生地(国天然)がある。クリをとる子どものために，弘法大師が枝をたらしたとの言い伝えがある。大小約800本の純林樹相は，天下の奇観といえよう。この地域は塩嶺王城県立公園になっている。

文化の十字路伊那谷

諏訪のくに *Suwa*

諏訪盆地をのぞむ

御柱祭(諏訪大社下社)

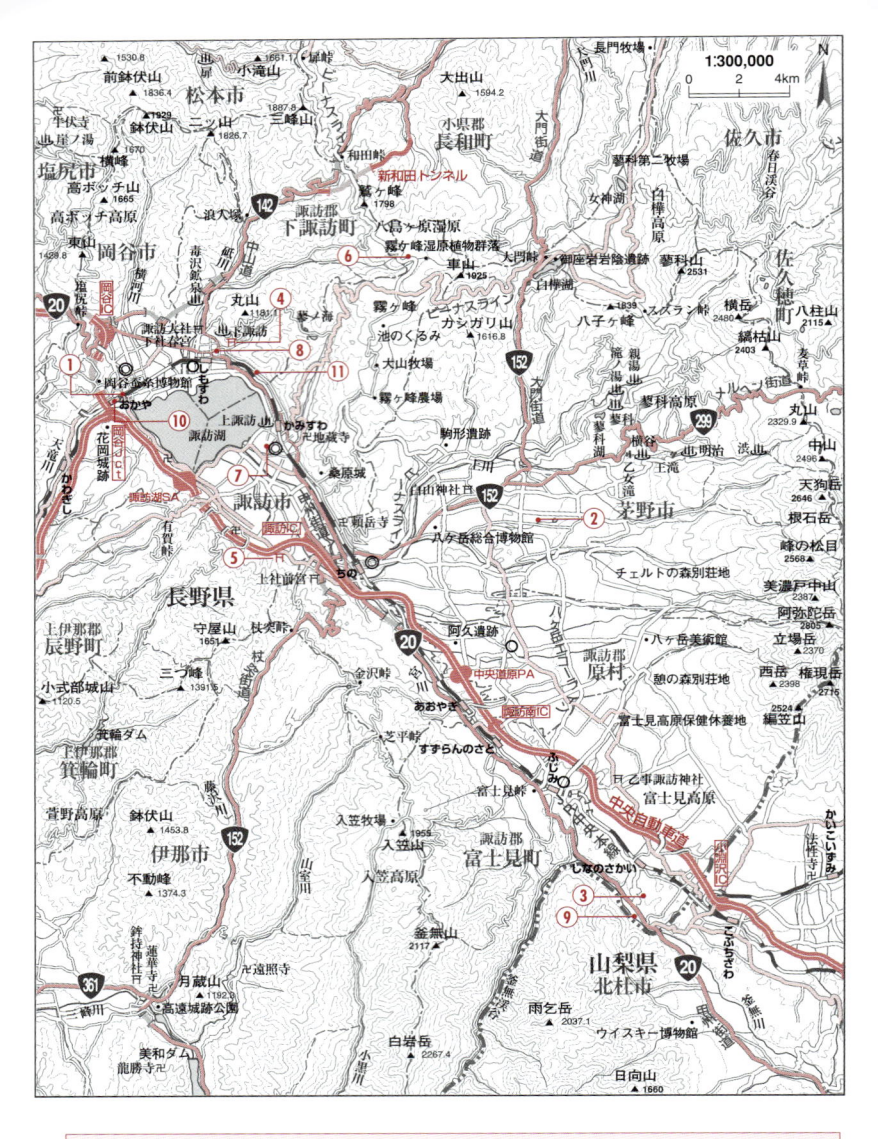

①岡谷美術考古館	③井戸尻考古館	⑥御射山遺跡	⑨蔦木宿
②茅野市尖石縄文考古館	④諏訪大社下社	⑦高島城	⑩旧林家住宅
	⑤諏訪大社上社	⑧下諏訪宿	⑪柿蔭山房

諏訪のくに

◎諏訪散歩モデルコース

考古学コース　　　JR中央本線岡谷駅 5 岡谷美術考古館 20 諏訪市博物館 30 尖石遺跡(茅野市尖石縄文考古館) 40 井戸尻遺跡(井戸尻考古館) 15 JR中央本線信濃境駅

諏訪大社散策コース　　　JR中央本線下諏訪駅 10 諏訪大社下社秋宮 5 諏訪大社下社春宮 5 万治の石仏 20 諏訪大社上社本宮 5 諏訪市博物館 5 諏訪大社上社前宮 40 乙事諏訪社 15 JR中央本線富士見駅

城下と宿場の散策コース　　　中央自動車道諏訪IC 10 諏訪市博物館 20 高島城 25 上原城跡・桑原城跡 40 下諏訪宿周辺 10 JR中央本線下諏訪駅

シルクの面影散策コース　　　JR中央本線岡谷駅 5 旧林家住宅 15 岡谷蚕糸博物館 20 下諏訪町立赤彦記念館 15 片倉館 5 JR中央本線上諏訪駅

縄文の王国と諏訪国への道

八ヶ岳の広大な裾野，一方で平坦部の大半を諏訪湖が占める諏訪盆地。そこには，星の数ほどと形容される多くの遺跡がある。

岡谷美術考古館 ❶　〈M ▶ P. 234, 255〉岡谷市中央町1-9-8　[P]
0266-22-5854　JR中央本線岡谷駅 [徒]5分

考古・蚕糸・美術　諏訪文化の凝縮館

　諏訪盆地の北は天竜川の源流にあたり，弥生時代にいち早く稲作文化を取りいれた地である。JR岡谷駅から北東に徒歩で約8分のところにある海戸遺跡は，縄文時代から平安時代にわたる諏訪盆地最大の遺跡として古くから知られている。

　海戸遺跡から北方約1kmの山麓にある梨久保遺跡（国史跡）は，縄文時代中期の梨久保式の標識遺跡であり，付近一帯は原始景観を意識した公園化が進められ，晴れた日には，諏訪湖とともに富士山も眺められる。最近の住居表示の変更で，梨久保の地番名も使われる。

　岡谷市内に戻る途中の長地小学校裏手に，整備の行き届いたスクモ塚古墳がある。この一帯は榎垣外遺跡に含まれ，多くの掘立柱建物が発見されて，郡衙の可能性を匂わせており，古墳との関係が興味深い。市内の遺跡出土品の多くは，岡谷駅北東300mほどの中央商店街通りに新装なった岡谷美術考古館でみることができる。注目されるのは，海戸遺跡出土の顔面把手付深鉢形土器（国重文）である。

　諏訪湖の北岸をまわって下諏訪にはいると，下社秋宮入口の宅地のなかに小高い森がある。長径57mの諏訪唯一の前方後円墳，青塚古墳（県史跡）である。7世紀の築造で，武装埴輪の出土が伝えられ，下社大祝金刺氏一族につながる人物が被葬者と考えられ，諏訪古代史の鍵を握る。さらに2kmほど東方，高木の山腹に縄文時代中期の殿村遺跡があり，復元家屋をみること

海戸遺跡出土顔面把手付深鉢形土器

236　諏訪のくに

諏訪市博物館内藤森栄一関係展示ができる。

そこから、諏訪湖岸に向かってくだると、承知川河口上諏訪寄りに下諏訪町立諏訪湖博物館があり、ここには町内の出土品や諏訪湖漁業関係の民俗資料がある。さらに湖岸を東に約2km進むと、右手に間欠泉がみえる。ここから約450m沖合いには、湖底に沈んだ曽根遺跡がある。また、約500m南にある片倉館は、諏訪の製糸全盛期につくられた片倉財閥の厚生施設であり、往時をしのぶことができる。このほぼ真東の山裾には高島小学校があり、その北方約200mにある桜ヶ丘市営住宅がたつ場所は、日本で最初に旧石器時代の磨製石斧が確認された茶臼山遺跡である。のちに、ここが旧高島城となった。

穴場遺跡出土蛇体文装飾付釣手土器（諏訪市博物館）

片倉館から諏訪湖岸を上社に向かう。約5kmほどで上社に着くと、その正面右手に細い散歩道があり、裏手の山につうじる。これを10分ものぼるとフネ古墳がある。フネ古墳は、5世紀前半の諏訪地方最古の古墳であり、蛇行剣をはじめ、豊富な副葬品（県宝）が出土した。上社に関係のある被葬者が想定され、北の青塚古墳とともに、諏訪の古代史のポイントである。上社正面の諏訪市博物館には市内からの出土品や、地元出身の考古学者藤森栄一の貴重な遺品をみることができる。

縄文の王国と諏訪国への道

茅野市尖石縄文考古館 ❷
0266-76-2270

⟨M ▶ P.234⟩ 茅野市豊平4734-132
JR中央本線茅野駅🚌奥蓼科渋の湯行尖石縄文考古館前🚶すぐ、または中央自動車道(以下、中央道と略す)諏訪IC🚗25分

遺跡公園と博物館 縄文世界へタイムスリップ

　八ヶ岳山麓の西麓から西南麓にかけての一帯は、「縄文王国」とよばれるように、縄文時代の多くの遺跡が存在する。茅野市尖石遺跡(国特別史跡)はその代表で、茅野駅から北西にバスで約20分のところにある。その名の由来となった、安山岩製の高さ1.1mほどの三角錐形の巨石は、摩滅痕があることから砥石とする見方もあるが、古くから地元の人たちに「とがりいし様」とよばれ、信仰の対象であった。

　1930(昭和5)年以降、当時、小学校教員の宮坂英弌は、戦前・戦中の困難な時期をこの遺跡の発掘にささげ、戦後は谷を隔てて北に接する与助尾根遺跡の調査を手がけた。尖石33軒・与助尾根28軒の竪穴住居から導かれた原始集落の復元成果は、今の縄文時代集落研究の原点となった。

　2000(平成12)年7月に新しく茅野市尖石縄文考古館が開館したのにあわせ、付近一帯は尖石史跡公園として整備し直され、6軒の復

縄文のビーナス　　　　　　　　　　　　　　　仮面の女神

諏訪のくに

元家屋もたてられた。考古館には貴重な遺物の数々が展示されているが、なかでも棚畑遺跡出土の土偶(国宝)で、いわゆる「縄文のビーナス」は完全無欠の姿で威風を放ち、2014(平成14)年国宝に指定された中ッ原遺跡の「仮面の女神」と双璧をなす。ここでは体験学習なども活発で、縄文文化に浸ることができる。

考古館をでて蓼科山麓沿いに、麦草峠にぬける道が国道299号線で、道沿いに大きな遺跡が点在する。考古館から約4kmほど東にあるのは駒形遺跡(国史跡)で、今でも黒曜石が畑一面に散らばり、石器の加工・搬出遺跡の観をいだかせる。近くには大泉とよばれる大きな湧水池があり、縄文人もこの水を使っていたと考えられる。さらに1kmほど東にいくと花巻にでる。その東に御柱らしき数本の柱に目がとまる。中ッ原遺跡である。「仮面の女神」が、墓とされる穴から出土した。その穴を中心に、わずかな面積ではあるが保存されて公園化されており、その土偶の出土状態が複製をもって復元されている。御柱状の柱は、発見された柱穴の状態から、かつて柱がたった様子を復元したものである。

再び車で東に走り、大門街道(国道152号線)を北へ1.8kmほど進むと、右手に上ノ段遺跡(国史跡)がある。縄文時代後期〜晩期の大遺跡である。さらにこの道を白樺湖に向かうと、柏原地区のさきの右手に、栃窪岩陰遺跡を示す看板がある。これを右手におれて音無川をわたると、その洞穴がある。入口は高さ5m・幅8m、奥行きは3mほどである。縄文時代早期から古代まで、継続的に約1万年の長きにわたって使われていたことがわかっている。

白樺湖に着くとその北西岸に、御座岩岩陰遺跡がある。湖のなかに浮かぶように顔をだす岩がそれである。やはり縄文時代早期から長期にわたって利用されていたことを出土遺物が物語る。遺物は、尖石縄文考古館に収蔵されている。

白樺湖には、北佐久・小県につうじる雨境・大門の2つの峠がある。とくに雨境峠は、関東から陸奥へつうじる古東山道にあたる。古くは峠の神をまつった、4〜5世紀の滑石製模造品などの祭祀遺物があり、また、8世紀には望月の貢馬がとおり、坂上田村麻呂も諏訪神社に、蝦夷征討の戦勝祈願をしたのちに通過したといわれ

る。

　茅野市からやや南下した原村の中央自動車道原パーキングエリア付近一帯に、縄文時代前期の阿久遺跡(国史跡)がある。直径120mほどの楕円形遺構の中央部には立石があり、その周辺に無数の石を集めた集石遺構が設けられている。1000年の長きにわたり、広範囲な地域から多くの人びとが集まり、死者を葬り祖霊をまつって崇拝した聖地といわれる。楕円形遺構内には、直径が1mほどもある16個の穴が規則正しく並ぶ遺構があり、方形柱穴列とよばれる。御柱とも掘立柱建物ともいわれ、議論されている。方形柱穴列は、住居跡群に囲まれるように8基発見された。

　1977(昭和52)年、調査のさなかにも、この遺跡の重要性が認識されて、保存運動が大規模に展開された。遺跡の大半は埋め戻され、中央道の下に眠ることとなったが、土盛りによってまもられ、1979年に国の史跡に指定された。付近一帯から出土した大量の遺物は、村の収蔵庫におさめられ、教育委員会で管理しており、八ヶ岳中央高原の八ヶ岳美術館でその一部をみることができる。

井戸尻考古館 ❸
0266-64-2044
〈M▶P.234〉諏訪郡富士見町境7053　[P]
JR中央本線信濃境駅🚶15分、または中央道小淵沢ICから信濃境方面🚗15分

＊縄文芸術と縄文農耕の神髄に迫る

　1972(昭和47)年、官製はがきのデザインとなった土器こそ、井戸尻遺跡群の一角、曽利遺跡から出土した水煙渦巻き把手付土器である。八ヶ岳南麓の扇状地状長尾根台地には、井戸尻・曽利・藤内・九兵衛尾根・唐渡宮など多数の遺跡が存在して、井戸尻遺跡群とよばれる。

　1958(昭和33)年から、初期には初代尖石考古館(現、茅野市尖石縄文考古館)館長宮坂英弌、のち諏訪考古学研究所所長藤森栄一を指導者として、多くの地元民が参加した熱心な調査が展開された。その後、1963年までの間に縄文時代の住居跡134軒のほか、多数の遺物が発見され、中部高地の縄文文化研究に多大な寄与をした。その成果は『井戸尻』(中央公論美術出版社、1964年)として刊行され、このなかには中部高地でははじめての詳細な土器編年や、集落・石器・祭祀遺物といった多岐にわたる研究成果が盛られ、総合的に縄

藤内遺跡出土品神像筒形土器

文時代の農耕の存在も含めた，高度に植物質食糧への依存によって発達した文化があったことが示された。

出土遺物は曽利遺跡にたてられた井戸尻考古館に並べられ，その質と量に圧倒される。曽利遺跡のパン状炭化物，大花遺跡の多数の土製耳飾，唐渡宮遺跡の出産絵土器など，ほかではみることのできない資料がある。さらに藤内遺跡出土品一括は，2002（平成14）年，国の重要文化財に指定された。また，坂上遺跡から出土して同館に展示されている土偶（通称バンザイ土偶）も，2015（平成27）年，国重要文化財に指定された。なお，この館は，縄文農耕の可能性を追及することと，複雑な縄文土器文様を解読するという2つのテーマで，独自でユニークな展示を行っている。

谷を隔てた東の尾根にある井戸尻遺跡は，公園化されて復元家屋もたつ。また一帯はハスの畑となっており，夏季には1万本ともいわれる大輪の花が，見学者の目を楽しませてくれる。

② 諏訪大社をめぐって

7年に1度の奇祭、御柱祭を司る諏訪大社は、全国に多数の分社をもつ総本社である。参拝者も多く宿場町をも形成した。

諏訪大社下社 ④
0266-27-8035（秋宮）・0266-27-8316（春宮）
〈M▶P.234, 242〉諏訪郡下諏訪町上久保5828（秋宮）・大門193（春宮） P
JR中央本線下諏訪駅 秋宮10分、春宮20分

古式神社の風格と古式神事の薫りただよう

信濃国の一之宮で、わが国最古の神社の1つである諏訪大社は、全国に分社1万社余りを数え、その総本社として広く人びとの崇敬を集める。祭神は建御名方神、妻神八坂刀売命である。諏訪湖の南に上社、北に下社があって対峙する。本来、神がたてまつられる本殿がなく、かわりに下社秋宮ではイチイの木を、春宮ではスギの木を神木とし、上社は御山を神体としてたてまつる。

下社秋宮

諏訪大社下社周辺の史跡

冬季の寒さで湖が全面結氷すると、上・下社を結ぶ方向に氷が膨張してせりあがる。これが御神渡で、上社の男神が下社の女神のもとにかよう道筋といわれる。この地方では、御神渡のでき方でその年の作柄を占う。また式年遷座行事として、十二支の申・

寅年に行われる御柱祭（県民俗）は，今では国民的な関心事となり，全国を熱狂のうずに巻き込むようになった。

下諏訪駅をでて直進すると，国道20号線である。これを上諏訪方向へ300mほど東進し，最初の信号を国道から離れて直進する道が大社通りである。このゆるやかな坂道のなかほどにある，おんばしらグランドパークとよばれる，いわば御柱のモニュメント公園を左手にみながらいくと，突き当りが諏訪大社下社秋宮である。鬱蒼とした森のなか，「根入りの杉」とよばれる神木があり，敬虔な雰囲気にひたれる。

正面，境内中央に神楽殿（国重文）がある。1835（天保6）年立川流2代立川和四郎富昌の作で，荘重な雰囲気をもち，その前面にかざられた注連縄の太さにも目を奪われる。両脇にある青銅製の2頭の狛犬は，日本一の大きさといわれる。

その奥が幣拝殿・左右片拝殿（いずれも国重文）である。1781（安永10）年立川流初代立川和四郎富棟の代表作で，四隅には御柱がそびえる。近くにある宝物殿には，下社関連の資料が展示され，大同年間（806～810）に，平城天皇から下賜されたという「売神祝印」のきざまれた銅印などがある。

大社の祭神は建御名方命，妻神八坂刀売命で，下社の八坂刀売命は，秋宮には2月から7月まで，そして8月から1月までは春宮に鎮座する，といわれる。したがって，それぞれ8月1日と2月1日が遷座祭となる。とくに地元では，8月に「お船祭り」という盛大な遷座祭が氏子たちによって行われる。また本来の農耕神の姿として，作物の吉凶を占う筒粥の神事が1月15日に，末社の御作田神社では，御田植神事が6月30日に行われる。

秋宮から旧中山道を北西に約1kmほどいったところに，諏訪大社下社春宮がある。鳥居をくぐって幅広い石畳の向こうに，幣拝殿・左右片拝殿（いずれも国重文）がある。1780（安永9）年，高島藩の御用大工大隅流の工匠伊藤長左衛門（のち柴宮長左衛門）の作で，軒の装飾彫刻はみごとである。立川流の秋宮の幣拝殿と時を同じくして請け負われ，二重楼門造という同じ図面をうけて腕を競いあったといわれ，大隅流の代表作となった。立川流より安く，そして

諏訪大社をめぐって

1年ほど早く完成したといわれる。

この春宮の正面参道では，不思議な造りの建物に目を奪われる。俗に「太鼓橋」とよばれる下社春宮下馬橋である。御手洗川にかけられた特殊な形の橋で，元文年間(1736〜41)の修造と伝えられる以外，詳細は不明である。

春宮の西に接して流れる砥川の対岸に細い橋があり，その橋を渡ると万治の石仏がある。高さ2m余りの，半球状の巨大な自然石に仏頭をのせた摩訶不思議な石仏で，古くから近隣の人びとは，浮島の阿弥陀様としてお参りをしていたようであるが，一般にはあまり知られてはいなかった。芸術家岡本太郎が，1974(昭和49)年の諏訪大社御柱祭に訪れ，一目みて絶賛し，以後，多くの人びとが訪れるようになった。胴体の「万治三(1660)年」の銘に由来してこの愛称でよばれるが，その建立や背景はまさに謎である。

諏訪大社上社 ❺
0266-52-1919(本宮)・0266-72-1606(前宮)

〈M ▶ P. 234, 244〉諏訪市中洲宮山1(本宮)・茅野市宮川2030(前宮) ᴾ
JR中央本線上諏訪駅🚌上社経由大熊行上社前🚶5分，または中央自動車道諏訪IC🚗5分

原風景のなかにたたずむ荘重な神社建築

諏訪大社上社は，諏訪湖の南側で諏訪市と茅野市にまたがる。本宮(祭神建御名方命)と前宮(祭神八坂刀売命)に分かれ，本宮は諏訪市，前宮が茅野市で，この間はすべて神域という広大さである。なお上社は，1582(天正10)年，織田信長の嫡男信忠の焼打ちにあい，その後，旧領に復した高島藩初代藩主諏訪頼水により復興されたものである。

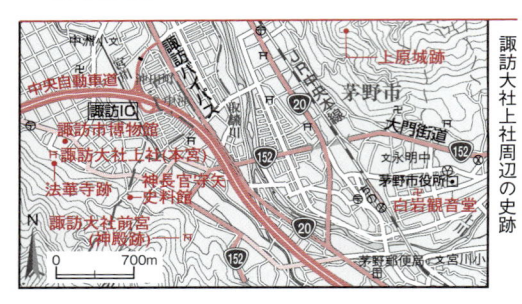

本宮は大社4つの社のなかでも，最大の規模を誇る。幣殿・拝殿，左右片拝殿(いずれも国重文)が横に並び，神体山である守屋山を背後にひかえる。これら

諏訪大社上社周辺の史跡

天下の奇祭「御柱」

コラム 祭

里にくだって「神」となる巨木

御柱祭とは、6年に1度、「本宮」「前宮」からなる諏訪大社上社(諏訪市・茅野市)、「春宮」「秋宮」からなる諏訪大社下社(下諏訪町)の4社の神社に、それぞれ4本ずつ、合計16本の巨木の柱を立て直す祭りである。寅の年と申の年とに行われるのだが、「7年目ごとに1度」などといわれるのは、御柱が行われたその年から数えはじめると、7年目で次回の御柱の年になるからである。

御柱祭で衆目を集めるものは、山をくだり、川を横切り、里を貫く巨大な柱である。「奥山の大木里にくだりて神となる」——この木遣りの歌詞によくあらわされているように、諏訪の御柱祭では、「山の神」が「里の神」になるという、神々の明白な動きがみてとれる。

巨木といえば、日本海沿岸には、出雲大社にあったと想定されている巨大な柱をはじめとして、点々と巨木文化の痕跡が認められる。その巨木文化と諏訪の御柱との関連が、改めて注視されている。

諏訪大社では、御柱年の前年に北安曇郡小谷村戸土において、スギの巨木に薙鎌を打ち込む。ここは信越の国境にあたり、また信濃国で唯一日本海をじかにのぞめるところでもある。

は立川流2代和四郎富昌による。富昌は、建築・彫刻の技を父から継いだうえ、豊かな才能に恵まれ、諏訪立川流の最高峰といわれる。とくに片拝殿にある「粟穂に鶉」の彫刻は、立川流代々のいわばお家芸となった。

東参道からはいると、正面に布橋とよばれる全長67mの屋根付回廊がある。この布橋を50mほどいくと左手に斎庭があり、それをくぐる門が1614(慶長19)年、徳川家康の寄進によってつくられたといわれる四脚門、別名勅使門(国重文)である。その両脇には東西宝殿がある。神楽殿はちょうど四脚門の反対側の一段下壇にある。上社では、年間111の神事が行われるという。下社の農耕的な神事とくらべ、蛙狩り・野出し・神使御頭(酉の祭りの神事)など、狩猟神的である。また、初代立川流和四郎富棟が、1774(安永3)年に手がけた、現存最古の白岩観音堂(県宝)が、茅野駅から東へ約300mの塚原にある。

本宮南側の裏手には、法華寺跡(臨済宗)がある。明治時代初期の

諏訪大社をめぐって　　245

廃仏毀釈までは、上社と縁深い宮寺の1つであった。織田信長の甲州征討では本陣とされたといわれ、吉良上野介の外孫で、養嗣子の吉良義周の墓もある。義周は赤穂浪士討入りの際、その場に居合わせたものの、武士らしくない働きぶりから、領地召上げのうえ高遠藩にお預けとなり、諏訪に送られてこの地ではてた。寺は、1999（平成11）年に火災にあって、今は山門が残るのみであるが、五重塔跡や鐘楼跡がある。

本宮から1.5kmほど南東、茅野市宮川に前宮がある。諏訪大明神第1の鎮座地といわれ、古来は本宮より栄えたようであるが、現在はほかの3つの社にくらべると規模も小さく、訪れる人も少ない。諏訪大明神の化身たる現人神を大祝とよぶが、その居館である神殿跡（県史跡）が残る。社殿や十間廊などもあるが、いずれも昭和時代の再建である。

前宮の前の県道をさらに南東方向に約200m進んだ右手にあるかわった建物が、神長官守矢史料館である。諏訪大社の祭祀を司った神官の守矢家に伝わる紙本墨書守矢家文書155点（県宝）や神使御頭（御頭祭）の資料がある。このほかにも、諏訪大社関係の貴重な資料が、本宮入口にある諏訪市博物館に展示されている。

御射山遺跡 ❻

〈M▶P.234〉諏訪市霧ヶ峰高原
JR中央本線上諏訪駅🚌霧ヶ峰行終点🚶40分

日本版中世オリンピアの声が聞こえる

上諏訪駅から、車で約40分東へのぼると、なだらかな山形を呈するアスピーテ型火山の典型、霧ヶ峰高原がある。標高1600〜1800mのこの高原には、夏から秋には、ニッコウキスゲやマツムシソウが一面に咲き誇る。車山・八島湿原からなる霧ヶ峰高層湿原植物群落（国天然）も有名である。また、冬はスキー、夏はハイキングやグ

御射山遺跡

どじょう流しの神事

コラム

行

ウナギやドジョウの放流

諏訪大社上社・下社では，8月26日に満1歳，数え年で2歳になった子どもを「御射山」へ連れていき，子どもの無病息災を祈ってウナギやドジョウなどを放流する行事を行う。上社は諏訪郡富士見町の御射山社で，下社は秋宮からおよそ4km奥にある御射山社で行われている。

下諏訪町では御射山までいかなくとも，毎年御射山で行われるのと同じときに，秋宮の境内の小川からすぐ横を流れる川にドジョウを流している。この地方の信仰生活のなかに位置づけられる，川の重要さをうかがわせる。

ライダー，そのほか各種スポーツ競技の練習や合宿で賑わう。

霧ヶ峰高原の八島湿原側に御射山遺跡がある。伝承では，昔人びとは，神様が八島湿原で稲を育てると考え，ここに神社をたてた。そして，自分たちの田に神をよびおろすために，下社春宮・秋宮をたてたといわれる。やがて平安時代になると，狩猟祭事である御射山祭が行われるようになった。狩りをし，獲物を神にそなえてまつるもので，とくに鎌倉幕府と諏訪社信仰の深い関係を，この祭りにみることができる。多様な武技のなかでも，諏訪武士は騎射の術にすぐれ，遠来の客将を驚かせたと伝える。その名技は，もっぱら諏訪明神の神威によるものと考えられ，参詣した大将たちはきそって諏訪社を自領に勧請したという。日本に7000余りといわれる分社ができた理由でもある。また，分社はこの御射山祭の日（旧7月27〜30日）を例祭とする社が多い。

祭りの舞台である御射山神社は，諏訪大社下社・上社のそれぞれにあった。下社御射山は，霧ヶ峰からビーナスラインを3kmほど，観音橋から3分ほどのところに開けた八島湿原の南端斜面一帯にある。弓技・射技などがきそわれた円形桟敷式の日本最古の競技場跡であり，今も残る古い石の祠を中心として，約370m×260mの規模をもつ。そこには桟敷席たる土段が残り，祭りの賑やかさがしのばれる。旧御射山といわれ，「旧御射山競技場跡」の石碑がたつ。下社の神事は戦国時代には衰退し，やがて下社に近い霧ヶ峰西麓に移された。これが新御射山である。その後も，旧御射山では8月26〜28日の3日間の祭儀だけは存続している。上社御射山はJR青柳

諏訪大社をめぐって

乙事諏訪社

駅から東方3kmほど，通称原山の一帯である。中世には神野とよばれた上社の所領で，ここで御狩野祭事が行われた。

2節で紹介した茅野市尖石遺跡周辺一帯は，平安時代の『延喜式』32牧の信濃16牧中，諏訪2牧の岡谷牧ともう1つの山鹿牧の一部といわれる。茅野駅から国道152号線を北西の蓼科方面へ約4km，山寺信号を左折したところにある白山神社は，牧にかかわる人びとがまつった社であるといわれる。白山大権現ともいい，本殿には千手観音菩薩立像が安置され，西隣の毘沙門堂には，毘沙門天立像がまつられている。牧に関係した人びとが，奉祭した神と伝えられる。

さらに南下して富士見駅東方2kmの乙事集落には，1617（元和3）年，桃山時代に建立された上社本宮の幣拝殿が，のちに現在の地に移されて，乙事諏訪社としてまつられていた。1930（昭和5）年に国宝の指定をうけたほどの名建築物であったが，1948年4月に火災にあい，のちに修復されて原形を今に伝えている。幣殿から階段を渡して拝殿と続いている。拝殿は，蟇股や正面の扉の透彫りをはじめとする随所に，名匠の技をみることができ，国の重要文化財に指定されている。

③ 高島藩と下諏訪宿

諏訪氏の城下町として賑わい、多くの寺院も藩の興隆を物語る。また、交通の要所で、宿場町としても発展した。

高島城とその周辺 ❼
0266-53-1173

〈M▶P. 234, 250〉諏訪市高島1-20-1 P
JR中央本線上諏訪駅🚶10分

諏訪氏の繁栄をうつす湖中の浮き城

諏訪氏の居城高島城は、上諏訪駅の西口から南へ徒歩約10分にある。現在、本丸跡が高島公園となり、サクラの名所としても知られ、天守台には3層3階の天守閣がそびえている。かつては本丸・二の丸・三の丸・衣之渡郭の4郭からなり、舟渡川・中門川・上川が周囲をめぐって堀の役目をなし、水中に城が浮きだした形から浮城の異名も得た。1598(慶長3)年から6年の歳月をかけて、日根野高吉によってつくられ、その後、諏訪頼水が1601年に帰城して諏訪氏の居城となる。天守閣は1875(明治8)年に撤去されたが、1970(昭和45)年外観は、築城当初の姿に復元された。また隅櫓・冠木櫓門・長塀・大手橋なども復元され、三の丸御殿裏門は、本丸川渡門跡に移築・保存され、往時の雰囲気をかもしだす。天守閣内では、諏訪氏代々の縁の品々を見学できる。諏訪氏は干拓政策を進め、その結果、今では周囲も水田となり、浮城の面影は消え、さらに現在は、住宅地に浮かぶ城となって、時代を反映する。

高島城を東へ進んでJR中央本線をこえると、甲州街道(現、国道20号線)に沿って、今の上諏訪商店街が並ぶ。この道の1本東に旧甲州街道がとおっているが、この一帯がかつての商人町や城下町で、酒蔵などにその面影を残す。そして多くの寺院も点在する。

上諏訪駅から国道20号線を南へ700mほど西にはいると、八剣神社(祭神日本武尊)がある。御神渡拝観をつとめとし、また高島の漁民の氏神であった。高島藩3代藩主諏訪忠晴が、

高島城

高島城周辺の史跡

領内の様子を描かせ、座右において治世の参考にしたといわれる六曲一双の御枕屏風は、ここに寄進された。300年前の諏訪の様子を知る好資料である（現在は諏訪市博物館に寄託）。その北が教念寺（浄土宗）で、絹本著色羅漢像（国重文）2幅がよく知られる。1801（享和元）年伊勢国（現，三重県）山田宝積院の義音上人が，本寺17代の卓門上人に贈ったものと伝えられ，鎌倉時代末期の大和絵の手法を残す。

　ここからまた東へ徒歩5分ほどのところに，西から貞松院（浄土宗）・高国寺（日蓮宗）・正願寺（浄土宗）と並ぶ。

　貞松院は高島藩2代藩主諏訪忠恒が，生母貞松院殿の遺志により再興した。徳川家康の第6子である松平忠輝の墓や遺品があるのは，大坂夏の陣に遅れたという理由で家康の怒りにふれ，高島に禁固となって生涯をおえたためである。鎌倉時代後期の絹本著色阿弥陀三尊来迎図（県宝）もある。

　高国寺は高島藩3代忠晴が生母のために開基し，10代藩主忠礼があたえた水墨画の白衣観音は，希有の一品といわれる。

　正願寺は，1562（永禄5）年，諏訪地方念仏信仰の基礎を築いた知恩院の高僧炎往上人により，中興・開山されたといわれる。正願寺には，上諏訪の高野家に生まれ，松尾芭蕉と奥の細道を同道した芭蕉門下十哲の1人である河合曽良の墓があり，笈を蔵する。3代忠晴の末女「円理院殿」供養の胴灯籠もみごとである。なお3000坪（約9900m²）にものぼる寺域には，四季折々の花々が咲き誇り，「花

250　諏訪のくに

のお寺」ともいわれる。諏訪出身の作家新田次郎もここに眠る。

　東脇を霧ヶ峰方向にあがる諏訪白樺湖小諸線をいくと，諏訪二葉高校前に，3代忠晴のときに藩の祈願寺となり，そのみごとな庭園で知られる地蔵寺（曹洞宗）がある。

　再び，旧甲州街道に戻って上諏訪駅をとおりすぎ，北東方向に徒歩約15分の東側山麓に温泉寺（臨済宗）がある。2代忠恒創建後，諏訪氏の菩提寺とされ，歴代藩主の墓がある。本堂は高島城の能舞台の移築で，梵鐘（県宝）は1582（天正10）年に，織田信忠軍が伊那の安養寺から招来したといわれる。銘文の摩滅は，その道程を引きずった証といわれる。下諏訪町慈雲寺のものとともに，諏訪郡内ではアジア・太平洋戦争の供出を免れた優品の2鐘である。

　諏訪市とその南に接する茅野市との境付近には，高島藩出現前につくられた山城や寺院が多い。上原城跡（県史跡）は，諏訪市街地の南東，茅野市上原の西方の諏訪盆地を一望する金比羅山頂にある。前方南には，上川や宮川を隔てて干沢城に対し，諏訪大社上社を見下ろす中世の典型的な山城である。室町時代後期，1466（文正元）年より戦国時代まで，諏訪氏一族がここを本拠にしたと考えられる。1542（天文11）年7月，頼重の時代に武田信玄に攻められ，頼重はすぐ北にある出城桑原城（県史跡）に逃げ込んだが，捕らえられた。その後，上原城は信玄の信濃経略の拠点となった。

　桑原城の眼下，諏訪市四賀に仏法紹隆寺（真言宗）がある。弘法大師の開山といわれ，坂上田村麻呂が諏訪明神の別当寺として，神宮寺村（現，諏訪市）に開基し，のち1559（永禄2）年，現在地に移ったといわれる。宝物館に安置される木造不動明王立像（県宝）は，運慶風として注目され，真作とする説もある。いずれにせよ運慶風のなかでは，とくに珍しい不動明王像である。鎌倉時代の木造普賢菩薩騎象像，絹本著色十六善神（ともに県宝）もある。

　諏訪湖の西，天竜川の水口の釜口水門を見下ろす高台に花岡城跡がある。諏訪氏の支族花岡氏の城といわれる。伊那口を押さえる軍事上の要衝でもあった。遺構の残りはよく，本丸・二の丸・帯曲輪・空堀・土塁などをみることができる。花岡公園として整備され，サクラの名所でもある。なお，かつて釜口水門沖には浜中島・弁天

島の２島があったが，幕末に水害をさけるために撤去されてしまって，今はない。

ここから北へ約４km，岡谷市長地には，江戸時代中期の農家を19世紀中ごろに武家屋敷に改築した，旧渡辺家住宅（県宝）がある。代々高島藩主につかえた武士の家で，現存する武家屋敷としては全国的にも貴重なものである。のちにこの家からは，渡辺千秋・国武・千冬の３人の大臣がでて，明治時代の国政の一翼をになったことでも注目され，関係資料も展示されている。

下諏訪宿 ❽ 〈M ▶ P. 234, 242〉諏訪郡下諏訪町　諏訪大社下社秋宮　P JR中央本線下諏訪駅🚶10分

甲州街道・中山道　往時をしのぶ癒しの宿場

下諏訪宿は，古くは東山道・鎌倉街道の宿駅，江戸時代には中山道・甲州道中との合流点となり，そのうえ，和田峠・塩尻峠と２つの困難な峠を前後にひかえ，諏訪大社下社や豊かな温泉に恵まれ，おおいに栄えた。

五街道の１つである中山道は，江戸の日本橋を起点に板橋から大津まで69宿駅131里11町をなした。1604（慶長９）年に一里塚が築かれたが，和田峠をこして下諏訪にはいり，やがて木曽路へと連なるまでの間では，53里の西餅屋村下，54里の樋橋村下，55里の下ノ原村下，56里の横川村下につくられた。やはり五街道の１つ甲州道中は，江戸の内藤新宿を第１宿として甲府につうじ，それがのびて下諏訪宿で中山道に合流した。なかでも53里の一里塚は，『和名抄』にみられる土武郷にあたる富部につくられ，48里の御射山神戸村の一里塚は，もっともよく古い姿を残すといわれる。

下諏訪駅から北東方向へ徒歩約10分，宿の業務をあつかう事務所である問屋場跡がある。湯田坂をのぼり詰めた甲州道中の終点で，中山道と合流する三差路にあたる。そして，諸大名や公家たちの宿泊施設，皇女和宮もここに泊まった旧本陣が，問屋場跡の東側の建物である。当時の庭園とともに残される。この一帯は，当時の面影をよく残して今に伝える。民家に紛れ込むようで見落としてしまいそうであるが，下諏訪歴史民俗資料館がこの一角にあり，宿場関係資料を展示する。旧本陣を北に進むと来迎寺（浄土宗）がある。和泉式部の幼少のころにまつわる伝説と，その守り本尊で最明寺

252　諏訪のくに

入道北条時頼が運んできたと伝えられる鋳焼地蔵尊があり、毎年4月に開帳供養が行われる。

ここから北西方向に、諏訪大社下社春宮をめざして進むと、その手前に慈雲寺(臨済宗)がある。1300(正安2)年、下社大祝金刺満貞が鎌倉五山の1つ建長寺の住職一山一寧を招いて開山した、臨済宗の信州筆頭である。武田信玄は熱烈な信者で、その伽藍を再興した。本堂の棟には、開基の金刺大祝の梶の葉紋と中興の武田信玄の武田菱とがつけられている。山門は伊藤長左衛門作で、鐘楼をかねる。その梵鐘(県宝)は「応安元(1368)年」銘をもつ優品である。墓地には、高島城を築城した日根野高吉を供養して、その子吉明が建立した「慶安二(1649)年」銘の諏訪郡最大の五輪塔がある。天桂の松もみごとである。入口の石段脇には、清水の落ちる竜の口といわれるみごとな石像があり、中山道をとおる旅人ののどをうるおした。なお、ここに学ぶ雲水(修行僧)は少なくなく、彼らのためにつくられたのが旦過寮で、そこにあった温泉が、今の旦過之湯(湯田町)である。

その北東の山手が水月公園で、諏訪盆地を一望できる、まさに景勝のこの地は、サクラの名所としてもその名を馳せる。中世には山吹城が築かれ、下社大祝金刺氏の居城になったが、のち、1518(永正15)年、上社諏訪氏に滅ぼされた。江戸時代には、高島藩3代藩主諏訪忠晴が逍遥亭を設けた場所であり、詩客に十景の詩を求めたとされる。花見新道から続くサクラのトンネルは1kmにもおよび、小道の脇には三十数基もの歌碑や句碑がある。

明治維新の悲劇を伝える塚が、この下諏訪に2カ所ある。まず、下諏訪駅から北へ5分、国道20号線を西に分かれた左側に、石塀に囲まれて整備された相楽塚がある。1868(慶応4)年の明治維新の混乱期、勅命と

相楽塚

高島藩と下諏訪宿　253

偽って強盗無頼の輩が徒党をくみ，良民に悪業を重ねた。人びとの反感を買うことをおそれた勤王官軍は，なんと身内に犠牲を求め，無実の9人を罪人として処刑した。その悲劇の犠牲者こそ東征軍先鋒の赤報隊相楽総三であり，以下8人がこの地で斬首されてしまった。相楽塚は，いわばその慰霊の塚として，1870（明治3）年，有志の寄付100両余りで建立された。維新の魁をした人びとをまつる意味で，魁塚ともいわれる。ここには，同志諏訪藩士石城東三もまつられ，今も追悼の祭りが続けられる。

　もう1つが浪人塚である。下諏訪駅から中山道を和田峠に向かって約6.5kmの樋橋の左側眼下にある。幕末，攘夷実行のため京都にのぼる武田耕雲斎に率いられた勤王の水戸天狗党に対し，撃墜の命をうけた高島・松本藩兵は，和田峠下でこれを迎え撃った。この戦いで，水戸勢14〜15人，高島・松本藩方で11人の討死者がでたが，彼らが葬られた塚がこれである。

蔦木宿 ❾ 〈M ► P. 234〉諏訪郡富士見町上蔦木 Ⓟ
中央道小淵沢ICより国道20号線を諏訪方面へ🚗5分

面影残すは鎌倉武士の旅の宿

　諏訪の宿では，下諏訪のほかにもう1つ，蔦木宿を忘れることはできない。鎌倉時代の政治の中心である鎌倉へつうじる鎌倉街道とよばれた古道は，諏訪氏が鎌倉につかえるために往復したり，鎌倉の大将方が御射山祭にかよった道である。こうしたなかで，古くから賑わったのがこの蔦木宿であった。

　本陣や問屋などは今はないが，桝形の家並みの一部や道しるべから，当時をしのぶことができる。蔦木宿から金沢宿までは3里6町，途中のJR中央本線すずらんの里駅近くの御射山神戸集落に，一里塚がある。日本橋から48里で，完全な形で残されている。

蔦木宿

諏訪のくに

④ 製糸の繁栄と諏訪の近代

諏訪の近代は製糸業の隆盛で大きく発展し、蚕都岡谷は世界に知られた。また、下諏訪町はアララギ派ゆかりの町である。

旧林家住宅 ⑩
0266-22-5854（岡谷蚕糸博物館）

〈M▶P.234, 255〉岡谷市御倉町2番20号 P
JR中央本線岡谷駅 🚶 5分

冬の長い諏訪にあって、農家のいわば副業としてはじめられた養蚕・製糸業は、やがて日本一の生産量を誇り、近代の一時期には、日本経済をささえ、「シルク岡谷」として世界にさえ、その名を馳せた。この発展は、信州の中心という立地が松本安曇・佐久・伊那か

旧林家住宅

蚕の吐いた金の糸　金糸の築いた栄華の象徴

らの集繭に適していたこと、豊富な水に恵まれていたこと、また諏訪人気質といわれる禁欲・勤勉によるところが大きい。製糸業の隆盛は、岡谷・諏訪の産業・交通・通信・文化面に多大な影響をあたえた。そして人口もふくらみ、1936（昭和11）年、当時の平野村は約5万人という、日本一大きな村となり、町制を経ずして、いきなり市制がしかれて岡谷市となった。

往時には、天竜川に沿って生糸揚げ返しの大きな水車が並び、製糸場や5～6階建てもある繭倉群が、岡谷の町並みを形づくっていた。その後、製糸業が精密業に取ってかわられてゆくなかで、1993（平成5）年春には、大製糸家の1つ吉田館の繭倉が取りこわされて、いっそうその面影は失われてしまった。

そのようななかで、JR岡谷駅から歩いて5分ほど西にいった住宅街の一角に、旧林家住宅が残り、当時をしのばせる。全盛期につくられた、贅を

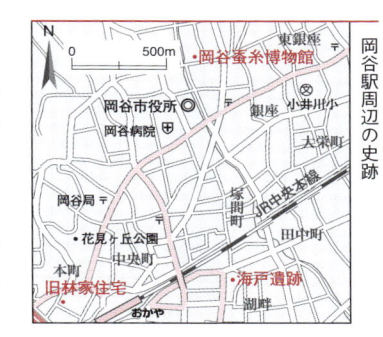

岡谷駅周辺の史跡

製糸の繁栄と諏訪の近代

つくした和洋折衷の建物である。とくに金唐紙とよばれる壁紙を張りめぐらした部屋は、はなやかさをかもしだすに充分である。2002年に国の重要文化財に指定された。

岡谷駅の北東約2kmには2014(平成26)年、リニューアルなった岡谷蚕糸博物館があり、必見である。シルク王片倉兼太郎のたてた、当時としては大変先進的な工女たちの厚生施設片倉館(諏訪市)の資料を中心に開館し、今では製糸研究の中心の１つとなっている。蚕糸業発展の契機となる、2011(平成23)年に機械遺産にも認定された座繰式機械や日本に２台しかないフランス式機械、蚕糸資料コレクション(県民俗)など、貴重な資料のほか、館内には(株)宮坂製糸所も併設して製糸全盛時と変わらぬ実稼動の様子を見学できてありがたい。その片倉館の建物は、現在も現役として使われている。一部は考古館・美術館として、また一部は温泉として、工女たちがはいった当時の趣をそのままに味わって入浴することができる。

なお、岡谷市の旧林家住宅をはじめ製糸にかかわる15件の産業遺産が、2007(平成19)年、経済産業省より『「上州から信州そして全国へ」近代製糸業発展の歩みを物語る富岡製糸場などの近代化産業遺産群』と認定された。時間の許す限りの見学をお勧めしたい。

製糸関係ではないが、製糸業の技術力や労働力をうけついで、その後に発展した精密産業の代表の１つである時計やオルゴール関係の資料を、下諏訪の秋宮参道脇にある儀象堂と奏鳴館でみることができる。その発達や技術をわかりやすく理解できて、楽しめる。

柿蔭山房 ⓫	〈M▶P.234, 242〉諏訪郡下諏訪町高木9180
	JR中央本線下諏訪駅🚗10分

諏訪湖のみえる高台のアララギ短歌の生誕地

正岡子規にはじまる近代歌壇の中心的結社、「アララギ」にちなむアララギ派の代表的歌人島木赤彦は、旧上諏訪村の出身である。教員生活ののち、伊藤左千夫の急死に伴って上京し、『アララギ』の編集にあたった。島木赤彦の生家跡と自宅が、それぞれ諏訪市と下諏訪町に残る。

生家跡は、上諏訪駅前を通過する国道20号線を500mほど南下し、元町交差点を霧ヶ峰方面に50mほどあがった右側の児童公園である。すでに生家はないが、赤彦の詩のきざまれた記念碑にわずかにその

面影がみられる。自宅は、下諏訪町高木の津島神社下に残る。塚原家から久保田家に養子入りした1897（明治30）年から1926（大正15）年に没するまで、ここで暮らした。赤彦が柿を好んだことから、「柿蔭山房」とよばれている。諏訪湖畔には、下諏訪町立赤彦記念館があって、その足跡を知ることができる。

また富士見町はアララギ派の聖地ともいわれるが、JR富士見駅の西方約1kmの原ノ茶屋には、伊藤左千夫みずからが設計したといわれる富士見公園がある。左千夫・島木赤彦・斎藤茂吉の歌碑が何本もたつ。富士山を眺めながら、至福の時を送ることのできる場所である。また富士見駅北側に、公民館・図書館などが一体となったコミュニティープラザがあり、そのなかに、文学博物館富士見町高原のミュージアムがある。アララギ派歌人の作品などを展示するとともに、ハイビジョン映像による高原の自然と文学を紹介している。

上諏訪湖畔、間欠泉の少し下諏訪寄りにある高床造の建物は、サンリツ服部美術館である。日本はもとより、広く東洋の古代から近代にいたる、絵画・書蹟・工芸など600点余りを収蔵する。なかには、本阿弥光悦が嫁にいく娘にあたえたと伝えられる白楽茶碗（国宝）・大和絵である佐竹本三十六歌仙絵断簡のうち、大中臣能宣像（国重文）など、国宝・重要美術品・重要文化財29点を所蔵している。

富士見駅周辺の史跡

柿蔭山房

製糸の繁栄と諏訪の近代　257

あとがき

　「全国歴史散歩シリーズ」として『長野県の歴史散歩』が出版されたのは，アメリカのベトナム侵略戦争に終止符が打たれて間もない1975年9月であった。「県下全域にわたる歴史散歩の案内書としては初めての試み」で，松本城を表紙にした手のひらに入る手ごろな歴史案内書であった。20年後の1994年4月に上梓された新全国歴史散歩シリーズ『長野県の歴史散歩』は，高度経済成長から経済大国になった日本が，石油ショック，バブル崩壊へと変化するなかで生じた地域社会の変動を，県史や市町村史の編纂による成果も取り入れながら描き，旧版に続きたくさんの読者を得てきた。3回目になる今回の改訂は，21世紀を迎えて新たな歴史を刻んでいる長野県の姿を，執筆者を一新して全面的に書き直したものである。

　この間，長野県は，1997年の長野冬季オリンピックに合わせて「長野は東京だ」のキャッチフレーズのもと，長野新幹線の開通による高速交通網の整備に伴う新たな地域開発が促された。さらに2000年10月には，「長野から日本を変える」や「脱ダム宣言」などを主張し，全国的に注目された田中康夫知事が誕生して，戦後築かれてきた地方と国の政治や地方自治，民主主義のあり方を考え直す機会になった。同じ時，小泉政権が誕生した。いわゆる「平成の大合併」により長野県が大きく変わったのは，この政権の時である。

　変容する長野県であるが，かつて大正デモクラシー期の青年たちは，「自己の生活をよりよくするために先ず最も近い社会生活の団体としての村を愛さねばならない。理解せねばならない。理解するためには知ることである。理解せしめるためには知らせることである」（『青木時報』創刊の辞，1921年5月25日）と主張して『時報』を発行した。同様の気持ちを込めて，自然や豊かな歴史遺産に恵まれ，新しい歴史を刻む長野県の姿の一端をここに記した。長野県を見聞する折りに，この案内書を携えていただければ幸いである。

　　　2006年9月

『長野県の歴史散歩』編集委員会代表

小平千文

【長野県のあゆみ】

長野県の特徴（地域性）

「木曽路はすべて山の中である」（島崎藤村『夜明け前』）と記されるほどに，信濃人のおもな生活舞台は，2000〜3000mの山々に囲まれた，標高350〜900mの平（盆地）や谷である。標高差とともに緯度差1度50分という全国一の南北差は，気候や植生の違いをうみ，人びとの生活文化に大きく影響をおよぼしている。とりわけ，筑摩山地と八ヶ岳連峰で隔てられた東・北信と中・南信の地域差は大きかった。

信濃は，日本列島における東西文化と南北文化との十字路的で境界的な位置にあり，東の馬耕と西の牛耕，年取り魚における東のサケと西のブリなど，境界領域ならではの生活文化が並存している。

信濃は，8世紀初めに「科野」と記されていた。「しなの」の語源については，科の木が多く自生していたからという説と，有力視されている賀茂真淵の「山国にて級坂あれば地の名となりけん」（『冠辞考』）にみえる，坂の多い山国という級坂説などがある。

古代の律令制下に，行政組織として信濃国がおかれ，中世・近世においても，信濃の枠組みはほぼ維持されたが，一方，中世における南北朝の対立，戦国時代における武田・上杉両氏の対立などで，各地の信濃武士は，それぞれの外部勢力に従ってたたかったこともあり，近世にはいってからも，なお11藩と幕府領が入り組む割拠支配体制が続いた。

信濃一国意識がうまれるようになったのは，江戸時代の中期以降，中馬などによって交通・運輸が発達し，商品流通が盛んになり，人びとが国外から信濃をみる機会がふえてきてからだった。

1876（明治9）年，筑摩県と長野県の統合で，ほぼ現在の長野県が誕生したが，県庁（長野町）が北にかたよって所在したため，移庁・分県運動が続いた。1899年に全県的な組織拡大をめざした信濃教育会と長野県師範学校（現，信州大学）は，小学校唱歌として「信濃の国」をつくり，南北対立をやわらげた（翌年作曲）。

おりしも，長野県の蚕糸業を中心とする産業発展，鉄道の発達などにより，県外から長野県をみる機会は一段と高まり，長野県民意識が醸成された。こうして，教員の全県的異動により広められた「信濃の国」は，県民の一体感を高める触媒的役割をにない，今なおうたいつがれ，県民にとっては身近な，愛唱歌的な歌になっている。1998（平成10）年の長野冬季オリンピックの開会式でも演奏され，全世界に発信された。

信濃の夜明け

約5万年から1万年前の間に，陸続きの大陸から渡ってきたナウマンゾウなどの大型獣を追って，人びとの暮らしがはじまった。野尻湖周辺（上水内郡信濃町），竹

佐中原・石子原遺跡(飯田市)にその足跡を残す。約2万年前のナイフ形石器や旧石器時代終末の細石器は，南北の特徴の違いを示して広がった。信州産黒曜石は，東日本全域に分布した。神子柴遺跡(上伊那郡南箕輪村)出土の大型石槍・局部磨製石斧(国重文)は，シベリアなど北東アジアの影響を示す。

　気候が温暖期へと転換する約1万3000年前，日本列島は大陸から離れ，動・植物相に変化が生じた。石小屋洞穴遺跡(須坂市)・中島B遺跡(岡谷市)・諏訪湖底曽根遺跡(諏訪市)から多量の石鏃が出現し，それは，環境の変化に対応した，漁労活動も含めた多様な生活の開始を示している。星ヶ塔遺跡(下諏訪町，国史跡)，鷹山遺跡(長和町)にある黒曜石の採掘坑には，想像をはるかにこえる組織的な採掘の様子が示されている。

華開く縄文文化

　食糧資源の増大は，人口の増加を促した。栃原岩陰遺跡(南佐久郡北相木村)にみられるように，居住地も洞穴から台地へと移り，集落の拡大を容易にした。縄文時代前期の阿久遺跡(諏訪郡原村，国史跡)は，120mほどの楕円を範囲とした中央部に立石，周辺部に集石遺構や掘立柱建物を設け，人びとが集い，死者を葬り，祖霊をまつり，崇拝した聖地であった。

　縄文時代中期になると，とくに豊富な植物質食料に恵まれた八ヶ岳西南麓は，「縄文王国」と表現されるにふさわしく繁栄した。尖石遺跡(茅野市)は，はじめてあきらかになった縄文時代の集落であり，また，縄文農耕論の論拠となった井戸尻遺跡(諏訪郡富士見町)，国宝指定となった縄文ビーナスを出土した棚畑遺跡(茅野市)は，その代表である。

　縄文時代後期以降，寒冷化が訪れて遺跡は激減したが，沖積地における遺跡から人びとの営みも明らかになった。約300体もの縄文人骨や385基の祭祀的配石遺構が発見された北村遺跡(安曇野市)はその1例である。

農耕社会と古墳造営

　北部九州に上陸した米作文化は，短期間に東進し，さらに天竜川をさかのぼった。初期稲作集団に特徴的にみられる土器で，籾様痕のある土器が，石行遺跡(飯田市)・御社宮司遺跡(茅野市)・経塚遺跡(岡谷市)などからみつかった。以後，押し寄せる米作文化の波は，北へまたは東へ伝播し，弥生文化が展開した。日本海側からの米作ルートも，伊勢宮遺跡(長野市)の渡来人的人骨，松節遺跡(長野市)の西日本的要素の木棺墓からうかがえる。

　弥生時代後期には，南と北の地域色が顕著となる。千曲川や犀川流域に，器面を赤く塗った土器・自然堤防上の集落・水稲耕作を特徴とする箱清水式土器文化圏があり，天竜川流域の河岸段丘には，畿内・東海地方の影響をうけた土器・打製石鍬での陸耕を特徴とする中島式土器文化圏が展開する。箱清水式土器文化圏に多い，富の象徴ともいうべき青銅器や鉄器は，のちのヤマト政権との強力なつながりのは

長野県のあゆみ

じまりを想定させる。また多数の集落が争う、ムラからクニへの過渡期的な状勢を、松原遺跡(長野市)に象徴される環濠集落にみることができる。

弥生時代の農耕社会の地域性は、4世紀中頃以降、ヤマト政権によって急速に統一化される。統一が必ずしも順調には進まなかった、いわば激動の時代を反映するかのように、統一前の3世紀後半ごろ、あたかも近畿への対抗的墳形とおぼしき前方後方形を示す弘法山古墳(松本市)が築かれた。4世紀なかばの県内最大規模の森将軍塚古墳(千曲市)からは、ヤマト政権とのつながりを示す三角縁神獣鏡の破片が出土した。5世紀以降、千曲川の対岸に川柳将軍塚古墳(長野市)、森将軍塚古墳の周囲に、土口・倉科・有明山将軍塚古墳(ともに千曲市)などの前方後円墳が築かれ、地方権力者が善光寺平へ定着したことが知られる。また渡来文化も影響し、大小の石を積みあげた朝鮮系の積石塚古墳も盛んにつくられた。県内最大の古墳は八丁鎧塚古墳(須坂市)で、大室古墳群(長野市)では500もの積石塚が群集する。

5世紀中頃、前方後円墳は善光寺平で姿を消すかわりに、伊那谷では馬具を副葬し、異例な密度でつくられる。下伊那には県内47基のうちの半数以上が分布し、軍馬の供給地を想定させる。ヤマト政権の勢力拡大に伴い、畿内から陸奥へと結ぶ古東山道(のちに律令時代の東山道)が、5世紀中頃には敷設され、神坂峠(下伊那郡阿智村)や雨境峠(茅野市)では、難所における安全祈願の祭祀も行われた。

信濃国の成立

中央政権とのつながりが強化された6世紀、国造として派遣された金刺・他田両舎人が、科野の地方豪族たる郡司勢力を2分して統率し、東国経営への拠点となった。大化改新以前からの科野は、8世紀初頭に信濃へと呼称がかわった。

近年の調査は信濃古代史に厚みを増した。千曲川流域の屋代遺跡(千曲市)の130点もの木簡中には、「信濃国」の記載があるものや、「国府木簡」もあり、これらは、埴科郡家・信濃国府・軍団にかかわる信濃国の中核的地域を示唆した。8世紀に上田国分寺(上田市)付近にあった国府は、9世紀後半には現在の松本市域に移転した。信濃国から諏訪国が独立した時期もあった。なお、律令制下におかれた信濃10郡の郡衙は、伊那が恒川遺跡(飯田市)、埴科が屋代遺跡にそれぞれ比定される以外、場所の特定に至っていない。

律令制下の信濃国は、東国経営への役割、中央政権への影響、条里景観の成立に特色をもつ。東国経営のために、信濃人の1割近くが蝦夷地に移住させられ、軍役・兵糧調達の拠点ともなった。諏訪大社の祭神建御名方神の無位から正一位への飛躍的な位階昇進は、東国政策上の信濃国の重要性を物語る。文武天皇の命で、700年信濃国をはじめ甲斐・武蔵・上野4国32牧(うち16牧が信濃国)が設置された。

信濃国の布と馬は、中央政府に貢納され、重用された。麻布の代表である信濃布は、11世紀前半には藤原道長のもとで、莫大に使用された。馬も律令制がゆるみ

はじめる10世紀以降に摂関家への進納が増加し，私牧化した牧の経営にあたる人びとも武装化し，やがて武士発生の基盤ともなった。

班田収授法のいしずえである条里制区画政策が，石川・川田条里遺跡（ともに長野市），更埴条里遺跡（千曲市）を典型として進んだ。やがて公地公民制の崩壊は，地元有力者を管理者とする初期荘園を出現させた。それは，筑摩郡の草茂荘（松本市下神遺跡）の，大型住居や倉庫状建物などに裏づけられる。これらはやがて中世的な荘園へと展開していった。

信濃武士の活躍

信濃の中世は源平の争乱からはじまる。1180（治承4）年，以仁王の令旨をうけて挙兵した木曽の源義仲の活躍により，平氏は都を追われ，さらに義仲が源義経らに敗れたのちの，1192（建久3）年，源頼朝が鎌倉に幕府を開いた。

信濃は有力御家人比企能員の支配するところとなったが，頼朝の死後，北条時政は，比企一族と2代将軍頼家を滅ぼし，覇権を握った。時政の子義時は，1221（承久3）年の承久の乱に勝利後，諏訪頼重らの北条氏家臣を重用し，北条氏一門を信濃各地に配した。とくに，北条義政らが支配した塩田平（上田市）は，のちに「信州の鎌倉」と称されるほど，鎌倉・禅宗文化が栄えた。

蒙古襲来以後，幕府支配が弱体化し，後醍醐天皇が倒幕計画を進めた。1333（正慶2・元弘3）年，足利高氏（のち尊氏）の六波羅探題攻撃に高井郡の中野家平ら，新田義貞の鎌倉攻めに布施氏や市村氏らが加わり，鎌倉幕府は滅亡した。

建武の新政に続く南北朝の動乱で，信濃の武将も北朝方と南朝方に分かれてたたかったが，北朝方が，南朝方の諏訪氏・滋野氏や大河原（下伊那郡大鹿村）を拠点とする宗良親王らを圧倒した。室町幕府3代将軍足利義満は，1399（応永6）年信濃守護に小笠原長秀を任命したが，反小笠原勢力の大文字一揆を中心とする北信濃の国人（在地武士）らが反発し，1400年大塔（長野市）で小笠原軍を倒した（大塔合戦）。義満の信濃平定により一時安定した信濃も，幕府と鎌倉府，鎌倉府と関東管領の対立が生ずるたびに騒然となった。

戦国時代の信濃

南北朝・室町時代の動乱を経て，信濃各地に戦国小領主が成長した。中信の仁科氏，府中松本の小笠原氏・木曽氏，南信の諏訪氏・松尾小笠原氏・知久氏，北信の高梨氏，東信の村上氏・真田氏・大井氏らであり，彼らは上杉・武田氏ら外部勢力と結び，あるいは離反して争った。それゆえ，他を圧する大きな戦国大名がでることがなく，むしろ外部勢力を信濃国内に引き込む歴史的役割を演じた。武田信玄と越後（現，新潟県）の長尾景虎（上杉謙信）は，善光寺平で5度におよぶ戦いを行い，とくに，1561（永禄4）年に川中島で激突したが，信玄の信濃支配は動かなかった。

1590（天正18）年豊臣秀吉が全国統一をはたし，武田・織田氏支配以後，上杉・

徳川・北条3氏の争奪戦場だった信濃も秀吉の支配下にはいった。太閤検地が行われ、兵農分離が進められた。家康配下の小笠原・諏訪・木曽氏らの武将は、関東へ移された。上杉景勝が会津(現、福島県)へ移封されるとき、北信の地侍は、主君に従って武士として生きるか、土着して百姓として生きるかの選択を迫られた。

かわって佐久郡に仙石秀康(秀久)、安曇・筑摩両郡に石川数正、伊那郡に毛利秀頼、諏訪郡に日根野高吉ら豊臣系の大名がはいり、田畑の生産力を米の収穫高でとらえる石高制を施行した。村高(村の石高)が決定し、以後、この村高に基づいて年貢の徴収や労役賦課が行われる、近世の村がうまれた。

近世の信濃

1598(慶長3)年に豊臣秀吉が死去した。徳川家康と石田三成が対立し、1600年、天下分け目の関ヶ原の戦いに勝利した家康は、徳川方大名を優遇し、石田方についた真田昌幸・信繁(幸村)父子は、高野山麓の九度山(和歌山県)に蟄居させられた。

関ヶ原の戦い以後の信濃は、初期にはすべて外様大名だったのが、譜代大名と幕府領・徳川一門が配置され、外様は松代・須坂・飯田3藩のみになり、11の小藩が分立した。また軍役をにない、領地を支配するために、平坦部の交通の要地に城下町が形成された。

1590(天正18)年にはいった石川数正とその子康長が、5層6階の大天守などをもつ松本城を築いた。松本城下町には、本町・中町・東町の3町を軸に、17世紀なかばすぎまでに、伊勢町・博労町・宮村町などがつぎつぎと形成された。松代・上田・小諸・飯山・飯田・諏訪・高遠なども、親町を軸に商工業者が集住し、街道沿いに城下町が発展し、領域経済の中心をになった。

戦国時代に武田信玄によって、善光寺本尊を奪われて衰微した善光寺も、徳川家康の保護を得て、本尊の帰還とともに復興がはじまり、1707(宝永4)年には現在の本堂が完成した。以後、全国からの参詣者も増加し、善光寺平の中心地として繁栄した。諏訪上社・下社の信仰も6年に1度の御柱祭で賑わった。

近世初期の村では、村に土着した戦国時代の小領主の系譜をひく大百姓が肝煎として村を支配していたが、やがて従属的な百姓が、未開発地の新田開発などで耕地を入手し、小百姓として独立するようになった。村政運営には、名主・庄屋、それを補佐する組頭・年寄、18世紀には百姓代などの役人もおかれるようになった。

農業技術も発展し、早稲・中稲・晩稲と稲の品種改良も進み、反当りの収量も増加した。肥料や灌漑技術の発達、江戸時代中頃以後の備中鍬や唐箕など農具の発達も大きく、新田開発や切り添えといわれる開墾も進んだ。米や雑穀以外に、タバコや紙などの商品作物もつくられ、とくに信濃各地では養蚕業が発達し、蚕種(カイコの卵)業・製糸業も盛んになった。

地場産業の発達により、商品流通が盛んになって、中馬とよばれる馬を利用し

た陸上輸送が発達した。1764(明和元)年には,中馬稼ぎの村と馬が信州全体で678カ村・1万8618頭にものぼっていた。

こうした民富の形成は,従来の身分制社会を動揺させ,百姓一揆や村方騒動を引きおこした。1686(貞享3)年の松本領加助騒動,新税制に反対する1761(宝暦11)年の上田領宝暦騒動などが百姓一揆として有名で,幕末・維新期の世直し一揆は,富の平均化を求める主張を含んでいた。

江戸時代は文書による支配が行われた。文書は,領内を支配するためだけでなく,民衆にとっても権利保障の重要な手段となり,さまざまな契約が文書でかわされるようになった。文字習得の需要が増加するとともに,近世中期頃から寺子屋が増加し,明治時代初期までに6163人もの寺子屋師匠がいたことが知られる。

文字の普及により庶民文化も高まり,俳諧などで小林一茶をうんだ。さらにより高い学問をめざすものも現れた。経済学では飯田出身の太宰春台,蘭学では松代藩の佐久間象山らが著名な学者である。幕末には農村の復興をとなえる平田派国学も伊那谷の豪農や神官らに浸透し,維新期に活躍する人材をうんだ。

民衆の年貢軽減や生活向上への日常的な営みが,支配層を財政難にする要因となり,文字学習による知見の拡大などは,人びとに変革意識をもたらし,幕藩体制を内側から揺り動かした。

近代のあゆみ

黒船の来航により,政局は動きはじめた。1858(安政5)年の日米修好通商条約調印による外国貿易の開始は,山国の信州に生糸の海外輸出を活発化させた。

維新変革を告げる最初の声は,赤報隊の相楽総三らによる年貢半減令だった。佐久市春日の桜井常五郎を中心に多くの農民が結集して,世直しに参画した。しかし,新政府は年貢半減を否定し,相楽や桜井らを処刑した。御一新への期待を裏切られた民衆は,世直し一揆を繰り返した。それらを押さえ込みながら,新政府は中央集権化を進めた。

新政府は1868(慶応4)年に,幕府領を没収し,府藩県三治制をしき,伊那県をおいて,統治を強化した。1869(明治2)年に版籍奉還がなると,その統治は強まった。1871年,廃藩置県により飛騨を含む筑摩県と東・北信の長野県の2県が成立した。1876年に筑摩県の飛騨をのぞいた筑摩・安曇・諏訪・伊那郡が長野県に併合され,現在に至る長野県が成立した。

このとき,県庁が長野町におかれたことから,以来戦前・戦後をつうじて,北にかたよった県庁を上田や松本に移せとする移庁運動や,分県を主張する分県問題をめぐる対立が続いた。こうした移庁・分県問題を,融和・統合へ向かわせようとした試みに,信濃教育会と長野県師範学校(現,信州大学)が制定した「信濃の国」があった。

上田・小県の蚕種の海外への輸出は,1874〜75(明治7〜8)年ごろに頂点とな

長野県のあゆみ

り、養蚕業を長野県全域に発達させた。生糸ののびは座繰製糸にかわる器械製糸の導入をもたらし、製糸業を発達させた。器械製糸は1872(明治5)年、上諏訪の深山田製糸場と1874年の埴科郡西条村製糸場(六工社)が最初であった。器械製糸による生糸生産量は、1889年に全国の約20％を占め、全国1位になった。製糸業の隆盛とともに桑園面積も拡大し、1928(昭和3)年には水稲面積をも凌駕し、1930年に最大の78万町歩余りを占めた。この蚕糸業の発展は、日本資本主義社会にさまざまな影響をあたえていくことになる。

新政府が誕生するやまもなく、国民の声を政治の場に反映させることを要求した国会開設や、不平等条約改正などを掲げた自由民権運動が発生し、自由と平等を求めた運動が活発に展開された。松沢求策らが結成した松本の奨匡社は、1881(明治14)年の国会開設要求署名2万2525戸分を集め、権利としての請願行動を展開し、政府に国会開設を約束させることに大きな影響をあたえた。

1884年、松方デフレ政策による農村不況は、養蚕農家を直撃した。埼玉県秩父の農民たちは困民軍を組織し、群馬・長野県の農民たちとともに、負債の延納などを要求する組織的な行動を展開し、政府は軍を動員して鎮圧せざるを得なかったほど、大きな衝撃を政府にあたえた。ほぼ1カ月後に発生した飯田事件を最後に激化事件は収束したが、民権運動は、明治20年代に大同団結運動として再発した。さらに明治30年代にはいると、全国に先駆けて、中村太八郎(東筑摩郡山形村出身)らによる、男子20歳以上に参政権の賦与を求めた、普通選挙実施運動がはじまった。

この間、日清戦争(1894～95年)・日露戦争(1904～05年)前後に、日本は産業革命をおえ、蚕糸業が日本の基幹産業となった。一方、労働問題・農民問題が深刻化し、社会主義思想が広まりはじめた。1910年、天皇暗殺を企てたという大逆事件で、明科町(現、安曇野市)の宮下太吉や屋代町(現、千曲市屋代)の新村忠雄らが逮捕され、社会主義の指導者幸徳秋水らも死刑となり、社会主義思想は押さえられた。

大正時代になると、自由主義教育や社会の改造、軍備縮小や男子20歳以上の普通選挙実施、部落解放運動や女性の地位向上をはかるなど、あらたな人権拡張運動などが青年層を中心に活発化した。1916(大正5)年の児童自由画・農民美術運動や、1920年の信濃黎明会・信濃同仁会、1922年の下伊那自由青年連盟の結成、大正時代中頃から昭和時代中頃までに集中して発行された『時報』の発行、また、1921年に上田で信濃自由大学がうまれたのを皮切りに、各地に自由大学運動が展開されたことなどは、その代表的なものである。

1927(昭和2)年、平野村(現、岡谷市)に山一林組争議が発生した。18日間にわたる、組合加入の容認・賃上げなどを求めた製糸女工らの闘いは、争議を指導した総同盟本部と製糸資本家の団体である製糸研究会との労使総対決の闘いになったが、会社側の工場閉鎖などによる争議つぶしで、女工らは敗北した。

1933年には、農村恐慌で生活が困窮するなか、生活権をかけた労農運動や、生

活に根ざした教育を求めた自由主義教育運動を進める教師ら608人が検挙される二・四事件が発生した。この事件をきっかけに，あらゆる社会運動が弾圧され，1931年に勃発した満州事変で，自由民権運動や大正デモクラシーでつちかわれてきた民主主義が抑圧され，戦時協力体制が強化された。

戦後の長野県

　1945（昭和20）年8月15日，アジア・太平洋戦争が終了し，無条件降伏をした日本にアメリカ軍が進駐し，民主化がはじまった。1947年4月，長野県民は，戦後初の知事公選で社会党の林虎雄知事を選出した。

　朝鮮戦争（1950〜53年）を前にしてはじまった民主化政策から再軍備政策（「逆コース」）への動きは，教育分野では長野軍政部教育部長ウィリアム・A・ケリーと県学務課長馬場源六とによる，教員組合活動の弱体化をはかる政治的・思想的不当人事（レッド・パージ）となってあらわれた（「ケリー旋風」とよばれた）。1951年のサンフランシスコ講和条約と同時に締結された日米安全保障条約は，1953年，アメリカ軍の浅間山山麓演習地化の計画を長野県にもち込んだ。200万県民が統一しておこした行動は，その計画を撤回させることになり，輝かしい歴史を体験した。

　昭和30年代の高度経済成長は，物質的な豊かさをもたらしたが，反面，公害などの環境破壊ももたらした。新田次郎が『霧の子孫たち』で警告を発したり，大石武一環境庁長官の視察で凍結されるなど話題となったビーナスラインの建設，さらに別荘開発，ゴルフ場の建設などが観光開発のもとに推進された。それに対し，1971年，「自然は人間生存の基盤である。澄み切った青空，緑の山なみ，清らかな水，信州の自然は，われわれが祖先からうけついだ貴重な共通の遺産であるにとどまらず，優れた国民的資産であり，これを保全して後代に伝えることは，われわれに課せられた責務である」という格調高い，自然保護条例制定に県民の声は結実した。

　戦後の長野県政では，林虎雄の3期12年のあと，西澤権一郎の6期21年，吉村午良の5期20年と，官僚知事が長く続いた。2000（平成12）年に県民の立場に立つ県政を主張した田中康夫が知事に当選し，新施策をつぎつぎと打ちだし，全国からも注目された。

　注目された一つ，2001年の「脱ダム宣言」により，中止された浅川ダムは，2006年8月の知事選で当選した村井仁県政により，穴あきダムとして着工することになった。2010年9月，田中康夫県政時の副知事であった阿部守一が当選し，県民参加の新しい事業仕分け方式が取り入れられたが，ダム建設事業は継続事業となった。

　2011年3月，東日本大震災に続き長野県北部地震が発生し，栄村は大きな被害を被った。豊かな自然に恵まれた長野県の生活舞台（財産）を生かした，安心・安全な未来図をどう描くかが問われている。

【地域の概観】

浅間山麓と千曲川流域

　甲武信ヶ岳(2475m)を源とする，千曲川の流域に広がる総面積2476.3km²におよぶ佐久盆地—南・北佐久郡と上田盆地—小県郡・上田市・東御市は，東信とよばれる地域である。主として前者は穀倉・牧地帯として，後者は養蚕地帯としての歴史をきざんできた。

　古代，奈良・京都の中央行政政策により，東山道領域圏の佐久郡には，官用の馬を育てた信濃国最大の望月牧(現，佐久市)のほかに，長倉牧(現，北佐久郡軽井沢町)，塩野牧(現，北佐久郡御代田町)の3牧が設けられた。上田には，信濃国内で水田開発がいち早く行われた先進地であったことから，信濃の国府がおかれた。

　鎌倉時代，執権北条義時の子重時が信濃国守護になった。その子義政は，塩田北条氏を名乗り，塩田平に3代60年間の勢力を誇り，鎌倉の仏教文化を導入したことから，この地は「信州の鎌倉」とよばれ，国宝安楽寺八角三重塔に代表される中世文化が華開いた。それは，高い生産力をもつ水田農業を基盤にしたものであった。

　上田・小県の地は，1600(慶長5)年の関ヶ原の戦いで，徳川軍を2度にわたり撃退し，その名をあげた東信の豪族真田一族発祥の地であり，その雄姿を上田城跡に残している。上田城主は，仙石，松平へとかわるが，松平は開明的な立場で藩政を進めた。

　近代日本の社会建設は，偽官軍とされた赤報隊が明治維新を先導した。長野県の主力部隊は，北佐久郡春日村(現，佐久市)の桜井常五郎ら農民たちであった。幕末から明治時代初期にかけて，ヨーロッパ市場から高く評価された小県郡塩尻村(現，上田市)の良質の蚕種は，1877(明治10)年ごろから国内需要に転じ，その生産を増した。蚕糸業の繁栄がもたらした富は，近代社会建設に大きな影響をあたえた。県内最初の洋風建築の旧中込学校をつくる資金に使われたり，キリスト教を導入したり，佐久の豪農による彰真社(のち，第十九国立銀行。現，八十二銀行)という長野県最初の金融機関や，長野県の倉庫業の嚆矢になる上田倉庫(現，諏訪倉庫)を創設するなど，各分野に先駆的な産業や文化を開花させた。

　大正デモクラシー期，上田・小県や佐久の青年たちが，山本鼎や吉野作造・土田杏村・高倉輝ら知識人とともに創出・実践した児童自由画・農民美術運動や信濃黎明会(東京帝国大学新人会綱領を模し，普通選挙・軍備縮小運動を展開)，自由大学運動，部落解放運動(信濃同仁会，長野県水平社)の展開は，個の尊重や自己変革，社会改造，人権尊重をいち早く県内外に発信し，大きな影響を地域社会にもたらした。

　アジア・太平洋戦争後，佐久盆地は農村医学の先進地となり，国内外から注目されるところとなった。静養地軽井沢は，アメリカ軍の浅間山山麓演習地化計画を，

200万県民の総意によって白紙にさせ，平和の大切さの発信源になった。のち，国際親善文化観光都市となり，個性的な地域開発を推進している。

1998(平成10)年2月開幕の長野冬季オリンピックにあわせて開通した長野新幹線は，高速交通網に対応した地域開発を迫った。それに，3市10町10村が4市7町4村になった「平成の大合併」が加わったこの地域は，あらたな産業や生活文化の建設がはじまっている。

善光寺平と北信濃

県北部の北信地域は，その中央を千曲川が貫流する。上田盆地から狭隘地をぬけた千曲川は，川幅を広げ，善光寺平へとはいり，長野市で犀川と合流する。中野市立ヶ花で再びせばまり，飯山以北へと流れていく。この地域の南部は善光寺平とよばれ，県内有数の穀倉地帯であり，北部は有数の豪雪地帯で知られる。

この北信地域に文明の足跡を残したのが，野尻湖から出土したナウマンゾウと旧石器・骨器である。弥生時代には，「赤い土器のクニ」として知られる箱清水式土器の文化圏が，古墳時代前期には，将軍塚とよばれる地域の首長級の前方後円墳が，ともに千曲川流域に形成された。積石塚古墳は，県内の多くが千曲川東部に集中しており，渡来系の人びととの文化交流もみとめられる。

古代より信仰を集めた善光寺や戸隠神社・小菅神社などは，中世にもいっそう発展し，その名を全国に広めていく。室町時代には，守護と対立する国人層が，大文字一揆を結び，大塔合戦(1400〈応永7〉年)へとつながった。その後，戦国時代に有力な大名があらわれなかった信濃は，甲斐(現，山梨県)の武田，越後(現，新潟県)の上杉両氏の争奪の場となり，村上・高梨氏ら北信地域の諸将は，上杉氏を頼った。川中島の合戦ののち，北信地域の多くは武田氏の支配となるが，飯山地域は上杉氏の支配となった。

豊臣秀吉の時代，太閤検地が他地域よりも徹底し，兵農分離が進んだ北信地域に，近世の村が姿をみせる。江戸時代にはいると生産力が向上し，南部の木綿・北部の菜種などの商品作物の生産や，山中紙・内山紙など特産品の発達がみられた。流通の活発化は文化の交流ももたらし，中野にきた漢詩人柏木如亭や，小布施にきた浮世絵師葛飾北斎らを核として，地域の文化サロンが形成された。

明治維新の変革の1つは，騒動となってあらわれた。1870(明治3)年に，年貢減免を求めて一揆・打ちこわしに発展した，松代騒動・須坂騒動・中野騒動である。その後，廃藩置県・県統合により長野県が誕生し，中央集権体制がつくられていく。

近代の長野をささえた製糸業の器械化は，北信にはじまる。明治・大正時代と，須坂を中心に器械製糸が盛んで，須坂の蔵にその面影が残る。

昭和時代にはいり，恐慌と農村不況のなか，その打開と称しての15年戦争へと，深みにはまっていく。アジア・太平洋戦争末期，大本営が松代につくられ，その付属として弾薬庫が中野につくられるなど，本土決戦に備えた施設が北信におかれた

が、実働せず敗戦を迎える。敗戦直前には長野駅などが空襲され、大きな被害がでた。

　戦後、高度経済成長を経て、地域の姿は一変し、都市型の生活が浸透した。さらに高速道路や長野新幹線の開通により、人・モノの交流が進み、いっそう地域の個性はみえにくくなった。善光寺を模した仏閣型駅舎の長野駅が、近代的駅舎にかわったことは象徴的であった。一方、小布施や須坂・松代・稲荷山・善光寺門前などのように、地域の特徴をいかした町づくりが住民参加のもとに進められ、身近な文化・風土を見直す気運が、各地で高まりをみせている。

松本平・安曇野・木曽路

　南北約150kmにおよぶ中信地域は、飛騨山脈東側を流れる梓川・高瀬川・奈良井川などの河川流域に広がる松本平・安曇野と、仁科3湖の、北から新潟県糸魚川に流れる姫川流域、木曽山脈西側を流れ伊勢湾に至る木曽川流域の木曽谷からなる。

　西に北アルプスから上高地・乗鞍岳(2026m)・御嶽山(3067m)が連なり、東に美ヶ原をのぞむ、豊かな自然とそこに営まれてきた人びとの生活は、北杜夫の『どくとるマンボウ青春記』や臼井吉見の『安曇野』、島崎藤村の『夜明け前』などの文学作品にも登場する。

　松本平・安曇野の歴史は、安曇族の開拓までさかのぼるが、積石塚古墳の分布から、古代朝廷が、渡来人系氏族をもって支配権確立をはかったことがうかがえる。松本には8世紀末に、上田から信濃国府が移され、9世紀後半には埴原牧も設置された。

　室町時代には、約200年間にわたって信濃国守護をつとめた小笠原氏が居城を構え、古代から中世にかけて信濃国の政治の中心地として発展した。安曇野北部の大町周辺地域は、中世に豪族の仁科氏が勢力を誇り、仁科神明宮など数多くの文化財を残している。

　戦国時代には、甲斐(現、山梨県)の武田信玄が侵攻して松本を信濃支配の拠点としたが、織田氏に追われた。江戸時代には、松本平・安曇野の大半が松本藩領となり、石川氏・小笠原氏・戸田氏・堀田氏・水野氏らの諸大名が藩主をつとめた。

　江戸時代、信濃国内に発達した馬による物資輸送である中馬の拠点でもあった城下町松本は、商都としても繁栄した。安曇野は、拾ヶ堰や矢原堰などの用水開削によって新田が開発され、豊かな穀倉地帯へと変貌をとげた。

　明治維新期、松本平には廃仏毀釈の嵐が吹き荒れ、多くの寺院が廃寺となった。松本には、当初、1871(明治4)年の廃藩置県で成立した筑摩県の県庁がおかれたが、1876年に長野県に統合され、以後、移庁・分県運動が、アジア・太平洋戦争後まで繰り返された。また中信地域は、奨匡社の松沢求策らの自由民権運動や、中村太八郎の普通選挙運動など、近代政治運動の先進地でもあった。

戦後, 1963 (昭和38) 年には, 松本・諏訪が新産業都市に指定され, 高度経済成長期には, 精密・電子分野を中心に機械工業が発展した。また, 松本空港の開港や長野自動車道の開通により, 物流や観光も大きく変化してきた。

木曽谷には, 8世紀に東山道から分かれた岐蘇山道が設けられた。美濃と信濃を結ぶ最短路だが, 山をこえ谷を渡る険しい道で, 掛け橋から谷底に馬とともに落下した信濃守藤原陳忠が,「受領は倒るる所の土をもつかめ」と叫んだ逸話が,『今昔物語集』に残されている。

12世紀には木曽で育った源義仲が平家追討に先駆け, 戦国時代には木曽氏が領国を維持した。江戸時代には御三家の尾張藩領となり, ヒノキをはじめ, 木曽五木の伐採は厳しく制限された。五街道の1つ中山道も整備され, 贄川宿から馬籠宿まで11宿の木曽路を, 参勤交代の大名をはじめ, 多くの旅人が通行した。

幕末維新期には, 和宮降嫁の行列や東征軍が, 時代の大きな転換を民衆に示しながらとおりぬけた。

中信地域は, 平成の市町村大合併で, 3市7町28村が4市4町11村となった。島崎藤村の出身地である旧山口村は, 岐阜県中津川市へ編入した。豊かな自然に恵まれた長野県の中央部を占める中信地域は, 時代の変革のなかで, その姿をかえつつある。

文化の十字路伊那谷

中央アルプスと南アルプスの3000m級の山々にはさまれ, 諏訪湖を源とする天竜川が, 深い渓谷を形づくりながら太平洋をめざす谷間を, 伊那谷とよぶ。中央構造線に沿う南北100kmの谷は, 100余りの峠によって閉ざされた地域だが, 政治的にも文化的にも東西交流の要衝の地であった。古代の幹線道路の1つであった東山道は, この伊那谷を北上し東国に至っていた。

伊那谷出身で, 柳田国男研究者として名高い後藤総一郎は「信州伊那谷は, 日本のみえる原風景である。その時々の日本の歴史の鼓動が, 東と西から, さらに南と北から伝わり, 吹きだまり, そして新しい芽を出し, この谷の貌を形成し」た, とのべた (『神のかよい路』)。

伊那谷の前方後円墳は県内最多で, 馬具埋葬を特徴とする。畿内との結びつきや軍事的性格の強い勢力の存在を想定できよう。都との活発な交流は, 伊賀良荘跡とされる飯田地方など, 伊那谷各地にすぐれた平安仏が残されていることからもうかがえる。また, 伊那谷中部の下伊那郡高森町からは, 日本最古の貨幣富本銭が出土している。

伊那谷の歴史に豊かな陰影をあたえているのは, 天竜川である。東西の文化は, この急流にはばまれ容易には融合せず, 右岸・左岸に独自の文化 (言語や習俗) を形成した。政治史上でも, 鎌倉時代に北条得宗家領として重要であった伊那谷は, 南北朝時代には, 右岸に守護小笠原氏がはいり, 左岸は南朝勢力の抵抗の拠点と

地域の概観　271

なる。なお，中野市柳沢遺跡出土の7本の銅戈と1個の銅鐸は，国家形成過程を考える上に大きな示唆を与えよう。

近世の伊那谷は，飯田藩と高遠藩・幕府領によって構成されたが，右岸では三州街道を中心に，近世交通史上に名高い民間運送業者中馬が活躍。また左岸は，秋葉神社（静岡県浜松市）への参詣者で賑わいをみせた。

繁栄する商都飯田を窓口に，伊那谷には上方の文化が広まった。この豊かさが幕末に平田国学門徒を輩出し，のちに，菱田春草・日夏耿之助らの文化人をうむ素地となる。また自由を求める激しさとなって，幕末に松尾多勢子らを輩出し，明治時代初期には，飯田愛国正理社に結集した農民たちによる，政府の転覆を計画した飯田事件がおきた。日本精神史上でも特筆すべき地域である。

伊那谷はまた，平和を考える谷でもある。昭和時代前期，1万人近い満州（現，中国東北部）移民者を送りだしたが，その多くが帰国をはたせなかった。戦時中，国策として遂行された平岡ダム建設現場では，中国人や朝鮮人が強制連行され，過酷な労働を強いられ，尊い命が失われた。伊那市では，陸軍の飛行場建設が進められていた。

宗教者たちにより招来された各地の民俗芸能がとどまり，独自の発達をとげたことも伊那谷の魅力であろう。霜月祭・雪祭・念仏踊り・農村歌舞伎・人形芝居など，天竜川をはさむ東西に民俗芸能が残る。「民俗の宝庫」とよばれるゆえんである。

諏訪のくに

四囲を八ヶ岳連峰・霧ヶ峰高原・南アルプス山系に囲まれる，小さな断層盆地の外界との交流は，わずかに天竜川や釜無川を窓口にするのみであり，これが諏訪気質といわれる人間性や文化に影響した。

日本列島に人類が登場した旧石器時代から，信州・諏訪産の黒曜石は，石器の材料として需要が広く，人とモノとの往来の激しい地となった。霧ヶ峰山塊の星ヶ塔・星糞峠・和田峠などは，全国で最大級の原産地である。この地の縄文時代の発展ぶりには多言を要せず，「縄文王国」と自他ともに認める。尖石（茅野市）・井戸尻（諏訪郡富士見町）・阿久（諏訪郡原村）遺跡はその代表で，棚畑遺跡（茅野市）の土偶「縄文のビーナス」や中ッ原遺跡（茅野市）の土偶「仮面の女神」は，最古の国宝としてその象徴となる。やがて稲作文化が天竜川をさかのぼり，弥生時代が進展し，やがて地域にも政治権力を発生させた。諏訪郡内最古のフネ古墳（諏訪市）や，諏訪唯一の前方後円墳である青塚古墳（諏訪郡下諏訪町）は，権力の象徴として諏訪湖の南・北に位置し，それぞれ諏訪大社上社・下社の支配基盤へとつながったようである。

奈良時代には，10年とはいえ，信濃国から諏訪国が分置独立した時期もあり，やがて平安時代には御牧がおかれ，諏訪神の位階が昇進するなど，東国支配の一翼をになう要地となった。

鎌倉幕府も，諏訪明神の神威や諏訪武士の騎射などの名技には一目をおき，御射山祭を重んじた。その後の南北朝動乱期では，諏訪もその渦中で大きく動く。戦国時代に諏訪大社上社・下社の内紛の末に上社が勝利し，国造時代からの名族，下社大祝金刺家は衰退した。

　1542（天文11）年，武田信玄に敗れた諏訪氏は，約半世紀にわたりその支配を譲ったものの，徳川家康に従い関ヶ原の戦い（1600〈慶長5〉年）ののちに高島藩3万石として旧領に復した。その後，高島藩は明治時代まで10代にわたって続く。この間，山浦地方の新田開発や産業奨励など，諏訪地方の発展に寄与し，一方，中央では，諏訪忠誠が老中職までつとめて幕府につくした。

　明治時代以降の一時期は，製糸産業が日本経済の根幹をささえたほど隆盛し，「東洋のスイス」といわれる精密機械工業の発展の土台となって，現在に至る。醸造業や高冷地農業も産業の骨格をなし，諏訪湖周辺から霧ヶ峰・蓼科高原にかけての観光開発も推進された。

　昭和50年代ごろよりはじまった，広大な圃場整備事業により，整然と区画された水田がつくりあげられたが，この平成の地形大改変の影響は，諏訪湖の水質悪化といった環境問題とともに，自然との調和をうたう諏訪にとって，大きな課題となっている。

| 【文化財公開施設】 | ①内容，②休館日，③入館料 |

長野県立歴史館　　〒387-0007千曲市屋代字清水260-6　TEL026-274-2000　FAX026-274-3996　①信濃の風土と歴史に関する史・資料，②月曜日，祝日の翌日，9月6～13日，年末年始，③有料

軽井沢町歴史民俗資料館　　〒389-0111北佐久郡軽井沢町長倉2112-101　TEL0267-42-6334　FAX0267-42-6334　①宿場関係などの歴史資料，考古・民俗資料，②月曜日，祝日の翌日，年末年始，③有料

追分宿郷土館　　〒389-0115北佐久郡軽井沢町追分1155-8　TEL0267-45-1466　FAX0267-45-1466　①追分宿関係の資料，民具・文学資料，②水曜日，祝日の翌日，年末年始，③有料

小諸市立郷土博物館　　〒384-0804小諸市丁221　TEL0267-22-0913　FAX0267-22-0913　①小諸の自然・歴史・文化に関する資料，②12～3月は水曜日，4～11月は無休，③有料

小諸義塾記念館　　〒384-0032小諸市古城2-1-8　TEL0267-24-0985　FAX0267-24-7788（小諸宿本陣主屋）　①学校および木村熊二関係資料，②12～3月は水曜日，4～11月は無休，③有料（小諸宿本陣主屋共通）

五郎兵衛記念館　　〒384-2104佐久市甲上原14-4-2　TEL0267-58-3118　FAX0267-58-3118　①五郎兵衛用水開発文書など，②土・日曜日（土・日曜日閲覧希望の場合は要予約），③無料

上田市立博物館　　〒386-0026上田市二の丸3-3　TEL0268-22-1274　FAX0267-22-1274　①歴史・考古・民俗・蚕糸関係資料，染屋焼など，②水曜日，祝日の翌日，③有料

サントミューゼ　上田市立美術館　　〒386-0025上田市天神3-15-15　TEL0268-27-2300　FAX0268-27-2310　①児童自由画・農民美術作品・山本鼎作品など，②火曜日，祝日の翌日，年末年始，③有料

信濃国分寺資料館　　〒386-0016上田市国分1125　TEL0268-27-8706　FAX0268-22-8706　①信濃国分寺跡の出土品，考古資料，②水曜日，祝日の翌日，年末年始，③有料

戦没画学生慰霊美術館「無言館」　　〒386-1213上田市古安曽山王山3462　TEL0268-37-1650　FAX0267-22-1651　①戦没画学生の作品，②12月第3月曜日から5日間，③志納

真田宝物館　　〒381-1231長野市松代町4-1　TEL026-278-2801　FAX026-278-1788　①真田（松代）藩主真田家家宝の武具・調度品など，②火曜日，年末年始，③有料

象山記念館　　〒381-1231長野市松代町1446-6　TEL026-278-2915　FAX026-278-1788（真田宝物館扱い）　①佐久間象山の遺墨・遺品・望遠鏡などの遺作，②火曜日（祝日の場合開館），年末年始，③有料

長野市立博物館　　〒381-2212長野市小島田町1414（八幡原史跡公園内）　TEL026-284-9011　FAX026-284-9012　①善光寺平の自然風土・歴史・民俗など，②月曜日，祝日の翌日，年末年始，7月第2週の月～金曜日，③有料

須坂市立博物館　　〒381-2212須坂市臥竜2-4-1　TEL026-245-0407　FAX026-245-0407　①須坂藩史，全国初の製糸結社「東行社」関係資料など，養蚕・製糸に関わる資料，②月曜日，祝日の翌日，年末年始，7月第1週の月～金曜日，③有料

高井鴻山記念館　　〒381-0201上高井郡小布施町小布施805-1　TEL026-247-4049　FAX026-247-4049　①江戸末期の豪農・豪商の書画，葛飾北斎のスケッチなど，②展示替

えの日(半日), 年末年始, ③有料

北斎館　　〒381-0201上高井郡小布施町小布施485　TEL026-247-5206　FAX026-247-6188　①浮世絵師葛飾北斎の肉筆画, ②年末年始, ③有料

中野市歴史民俗資料館　　〒383-0012中野市一本木495-6　TEL0269-22-2005　FAX0269-22-2005　①民俗・考古資料, 美術作品, ②月曜日, 祝日の翌日, 年末年始, ③特別展のみ有料

飯山市伝統産業会館　　〒389-2253飯山市飯山上倉1436-1　TEL0269-62-4019　FAX0269-62-4019　①伝統工芸品, ②月曜日(祝日の場合翌日), ③有料

一茶記念館　　〒389-1305上水内郡信濃町柏原2437-2　TEL026-255-3741　FAX0269-255-5505　①一茶の遺墨・遺品, ②5・6・9・10月の月末日, 12月1日〜4月4日, ③有料

野尻湖ナウマンゾウ博物館　　〒389-1303上水内郡信濃町野尻287-5　TEL026-258-2090　FAX026-258-3551　①野尻湖発掘の出土品, ②12月1日〜3月19日(冬期間に閲覧希望の場合は要連絡), ③有料

日本民俗資料館　　〒390-0873松本市丸の内4-1　TEL0263-32-0133　FAX0263-32-8974　①民俗・考古・歴史資料, 山岳関係資料など, ②年末年始, ③有料

重要文化財旧開智学校　　〒390-0876松本市開智2-4-12　TEL0263-32-5725　FAX0263-32-5729　①寺子屋資料・教科書・学校管理資料など, ②12〜2月までの月曜日(祝日の場合翌日), 年末年始, ③有料

日本司法博物館　　〒390-0852松本市島立2196　TEL0263-47-4515　FAX0263-48-0813　①司法関係資料, 法廷, 捕縛道具など, ②月曜日(祝日の場合翌日), 年末年始, ③有料

松本市文書館　　〒390-0837松本市鎌田2-8-25　TEL0263-28-5570　FAX0263-24-2110　①市史編さん資料・旧役場資料・地域資料など, ②祝日, 年末年始, ③無料

塩尻市立平出博物館　　〒399-8303塩尻市宗賀1011-3　TEL0263-52-1022　FAX0263-52-1022　①平出遺跡関係考古資料, 歴史・民俗資料など, ②月曜日, 祝日, 年末年始, ③有料

豊科郷土博物館　　〒399-8205安曇野市豊科4289-8　TEL0263-72-5672　FAX0263-72-5672　①安曇野の歴史・民俗資料, 高山チョウの資料, ②月曜日, 祝日の翌日, 年末年始, ③有料

碌山美術館　　〒399-8303安曇野市穂高5095-1　TEL0263-82-2094　FAX0263-82-9070　①荻原碌山の彫刻・絵画作品・書簡, ②月曜日, 祝日の翌日(5〜10月は無休), 12月21日〜1月4日, ③有料

井口喜源治記念館　　〒399-8303安曇野市穂高4312　TEL0263-82-5570　①研成義塾の関係資料, ②月曜日, 祝日の翌日, 8月, 年末年始, 12〜2月の土・日曜日・祝日は開館, ③有料

安曇野市穂高郷土資料館　　〒399-8301安曇野市穂高有明7327-27　TEL0263-83-8844　FAX0263-83-8844　①農耕具・ワサビ・天蚕柞蚕関係資料, ②月曜日, 祝日の翌日, 年末年始, ③有料

大町山岳博物館　　〒398-0002大町市神栄8056-1　TEL0261-22-0211　FAX0261-21-2133　①北アルプスの山岳関係資料, ②月曜日(祝日の場合翌日), 祝日の翌日, 年末年始, 7〜8月は無休, ③有料

塩の道博物館　　〒398-0002大町市八日町2572　TEL0261-22-4018　FAX0261-23-5575　①旧塩

問屋の母屋・塩蔵の復元,塩に関する資料,②5〜10月は無休,そのほかは水曜日,③有料

木曽漆器館　〒399-6302塩尻市木曽平沢2324-150　TEL0264-34-1140　FAX0264-34-3514　①全国一の漆専門の博物館,②月曜日(祝日の場合翌日),③有料

木曽福島郷土館　〒399-0001木曽郡木曽町福島城山5823-8　TEL0264-22-4058　①関所・宿場関係などの歴史・民俗資料,②不定期(町教育委員会に問合わせのこと),③有料

森林資料館　〒399-5600木曽郡上松町　赤沢自然休養林内　TEL0264-52-2083　FAX0264-52-2582(木曽森林管理所)　①木曽谷林業の歴史資料など,②11月上旬〜4月下旬,③有料

飯田市歴史研究所　〒395-0002飯田市上郷飯沼3145　TEL0265-53-4670　FAX0265-21-1173　①蚕糸業関係・満州移民関係資料など,②日・月曜日,祝日,年末年始,③無料

飯田市美術博物館　〒395-0034飯田市追手町2-655-7　TEL0265-22-8118　FAX0265-22-5252　①伊那谷の風土関係資料・郷土作家の作品・菱田春草の作品など,②月曜日,祝日の翌日,年末年始,③無料

上伊那郷土館　〒396-0021伊那市伊那3520　TEL0265-72-6066　FAX0265-72-6066　①上伊那の自然・芸術・文化財資料など,②水・日曜日,祝日,8月13〜16日,年末年始,③無料

伊那市立高遠町立歴史博物館　〒396-0213伊那市高遠町東高遠457　TEL0265-94-4444　FAX0265-94-4460　①高遠藩の地方資料・伊沢修二関係資料など,②月曜日,祝日の翌日,年末年始,③有料

飯島町歴史館民俗資料館(飯島町陣嶺館)　〒399-3700上伊那郡飯島町飯島2588-2　TEL0265-86-3111(飯島町役場)　①飯島陣屋・伊那県庁関係資料,考古・歴史・民俗資料,②土曜日(午後),日曜日,祝日,年末年始,③無料

岡谷蚕糸博物館　〒394-0021岡谷市郷田1-4-8　TEL0266-23-3489　FAX0266-22-3675　①蚕糸業関係資料,宮坂製糸場が併設,②水曜日,祝日の翌日,年末年始,③有料

下諏訪町立諏訪湖博物館・赤彦記念館　〒393-0034諏訪郡下諏訪町西高木10616-111　TEL0266-27-1627　FAX0266-27-9755　①漁具・スケートなど諏訪湖関係資料,島木赤彦関係資料など,②月曜日(祝日の場合翌日),年末年始,③有料

諏訪市博物館　〒392-0015諏訪市中洲171-2　TEL0266-52-7080　FAX0266-52-6990　①諏訪の自然,信仰関係資料など,②月曜日,祝日の翌日,年末,③有料

茅野市八ヶ岳総合博物館　〒392-0213茅野市豊平6983　TEL0266-73-0300　FAX0266-72-6119　①茅野の自然・歴史・産業,民俗関係資料など,②月曜日(祝日の場合開館),祝日の翌日(土・日曜日,祝日の場合開館),年末年始,③有料

茅野市尖石縄文考古館　〒391-0213茅野市豊平4734-132　TEL0266-76-2270　FAX0266-76-2700　①茅野の自然・歴史・産業,民俗関係資料など,②月曜日(祝日の場合開館),祝日の翌日(土・日曜日,祝日の場合開館),年末年始,③有料

茅野市神長官守矢史料館　〒391-0013茅野市宮川389-1　TEL0266-73-7567　FAX0266-73-7567　①諏訪大社の神長官守矢家の古文書など,②月曜日,祝日の翌日,年末年始,③有料

井戸尻考古館　〒399-0101諏訪郡富士見町境7053　TEL0266-64-2044　FAX0266-64-2787　①

井戸尻遺跡など，八ヶ岳南山麓遺跡の考古資料，②月曜日，祝日の翌日，年末年始，③有料

【無形民俗文化財】

国指定

雨宮の神事芸能　　千曲市雨宮（雨宮坐日吉神社）　4月29日（3年に1度）
新野の盆踊　　下伊那郡阿南町新野　8月14～16・24日
雪祭　　下伊那郡阿南町新野（伊豆神社）　1月14・15日
野沢温泉の道祖神祭り　　下高井郡野沢温泉村（野沢組）　1月15日
天竜村の霜月神楽　　下伊那郡天龍村神原坂部・向方・大河内（坂部大森諏訪神社）　1月4・5日
遠山の霜月祭　　飯田市南信濃　12月第1土・日曜日
跡部の踊り念仏　　佐久市跡部（西方寺）　4月第1日曜日

県指定

野辺の来迎念仏　　須坂市野辺町　春秋の彼岸・8月14日・11月下旬
大宮諏訪神社の狂拍子と奴踊り　　北安曇郡小谷村中土（大宮諏訪神社）　8月の最終日曜日
和合の念仏踊　　下伊那郡阿南町和合　8月13～16日
長谷及び越のドンドヤキ　　長野市篠ノ井塩崎長谷・越　1月15日
芦ノ尻の道祖神祭り　　長野市大岡　1月7日
箕作の道陸神祭り　　下水内郡栄村（栄村箕作区）　1月15日
小菅の柱松行事　　飯山市瑞穂小菅（小菅神社）　7月中旬の日曜日（3年に1度）
御影新田の道祖神祭り　　小諸市御影新田　1月2・7日
原のおかたぶち　　南佐久郡川上村　1月14日
草越の寒の水　　北佐久郡御代田町　1月20日
島立堀米の裸祭り　　松本市島立堀米（津島神社）　7月1日
田立の花馬祭り　　木曽郡南木曽町（五宮神社）　10月3日
式年薙鎌打ち神事　　北安曇郡小谷村戸士（大宮諏訪神社）　諏訪大社御柱祭りの前年の秋
諏訪大社の御柱祭　　諏訪市・岡谷市・茅野市・下諏訪町・富士見町・原村　寅・申の年の4月上旬～5月下旬
清内路村の手づくり花火　　下伊那郡阿智村（下清内路区）　10月上旬
五束の太々神楽　　飯山市豊田（健御名方富命彦神別神社）　5月5日
仁科神明宮の神楽　　大町市社（仁科神明宮）　9月15日
駒ヶ岳神社の太々神楽　　木曾郡上松町徳原（駒嶽神社）　5月3日・6月第3日曜日
湯原神社式三番　　佐久市臼田（湯原神社）　9月の最終日曜日
親沢の人形三番叟　　南佐久郡小海町親沢　4月3日
大鹿歌舞伎　　下伊那郡大鹿村　5月3日・10月第3日曜日
仁科神明宮作始め神事　　大町市社（仁科神明宮）　3月15日
刈谷沢神明宮作始め神事　　東筑摩郡筑北村（刈谷沢神明宮）　3月上旬
大島山の獅子舞　　下伊那郡高森町大島山（瑠璃寺）　4月第2土・日曜日
泰阜村南山の樽木踊り　　下伊那郡泰阜村南山　8月22日・10月9日
流鏑馬の神事　　大町市大町（若一王子神社）　7月29日
三郷の道祖神祭り　　安曇野市三郷　1月1・14日、8月14・15日

【おもな祭り】(国・県指定無形民俗文化財をのぞく)

おびんずる回し　長野市(善光寺)　1月6日
八日堂縁日　上田市(信濃国分寺)　1月7・8日
お筒粥の神事　下諏訪町(諏訪大社下社春宮)　1月14日の夜
戸沢のわら馬引き　上田市真田町　2月8日
山の神講　長野市戸隠(中社・宝光社)　2月9日
時又のはだか祭り　飯田市時又(長石寺)　旧暦初午に近い日曜日
かなんばれ　北相木村　3月3日
奉射祭り　安曇野市穂高(穂高神社)　3月17日
山寺のやきもち踊り　伊那市山寺(八幡社・白山社)　4月15日近くの日曜日
黒田人形　飯田市上郷黒田(下黒田諏訪神社)　4月第2土・日曜日
どぶろく祭り　茅野市(御座石神社)　4月27日
善光寺御開帳　長野市(善光寺)　丑・未の年の4月上旬〜5月下旬
里山辺のお船祭り　松本市里山辺(須々岐水神社)　5月5日
熊野権現の神楽(若葉祭り)　軽井沢町(熊野皇大神社)　5月15日
岳の幟　上田市別所温泉夫神岳　7月15日に近い日曜日
南宮神社の鹿踊り　箕輪町(南宮神社)　7月17日
水無神社のみこしまくり　木曽町福島(水無神社)　7月22・23日
お舟祭り　下諏訪町(諏訪大社下社)　8月1日
ぼんぼん・青山様　松本市　8月上旬
天伯社の七夕祭り　伊那市美篶　8月7日
長谷観音三十三献灯　長野市塩崎(長谷寺)　8月9日
望月の榊祭り　佐久市望月　8月15日
早稲田人形　阿南町(早稲田神社)　8月第4土曜日
鉾持神社の灯籠祭り　伊那市高遠町西高遠　9月23日
穂高神社のお船祭り　安曇野市穂高(穂高神社)　9月27日
浅間のたいまつ祭り　松本市浅間温泉　10月3日
今田人形　飯田市龍江(龍江大宮八幡神社)　10月15日
熊野権現の神楽(紅葉祭り)　軽井沢町(熊野皇大神社)　10月15日
北大出の天狗と獅子　辰野町北大出(神明神社)　10月第3日曜日
八幡の大頭祭　千曲市(武水別神社)　12月10〜14日
二十五菩薩来迎会　小諸市平原(十念寺)　随時(不定期)
上田獅子
　　常田獅子　上田市常田(科野大宮社)　随時(不定期)
　　房山獅子　上田市房山(大星神社)　随時(不定期)
古田人形　箕輪町上古田　随時(不定期)

【有形民俗文化財】

国指定

信濃及び周辺地域の灯火用具　上高井郡小布施町　日本のあかり博物館

染屋焼コレクション　　上田市二の丸　上田市立博物館
農耕用具コレクション　　松本市丸の内　日本民俗資料館
民間信仰資料コレクション　　松本市丸の内　日本民俗資料館
七夕人形コレクション　　松本市丸の内　日本民俗資料館
木曽塗の製作用具及び製品　　塩尻市　木曽漆器館
下黒田の舞台　　飯田市上郷黒田　下黒田諏訪神社
県指定
西宮の歌舞伎舞台　　東御市禰津(西宮区)　禰津健事神社
東町の歌舞伎舞台　　東御市禰津角屋(東町区)　日吉神社
蚕糸資料コレクション　　岡谷市本町　岡谷蚕糸博物館
諏訪湖のまるた舟　　下諏訪町

【散歩便利帳】

[県外の問合せ]

長野県東京観光情報センター　〒100-0006東京都千代田区有楽町2-10-1 東京交通会館2F　TEL03-3214-5651/5652

長野県名古屋観光情報センター　〒460-0008愛知県名古屋市中区栄4-1-1 中日ビル4F　TEL052-263-4118

長野県大阪観光情報センター　〒530-0001大阪府大阪市北区梅田1-3-1-800 大阪駅前第1ビル8F　TEL06-6341-8205

長野県九州情報センター　〒802-0018福岡県北九州市小倉北区中津口2-1-72 小倉紫水会館1F キャンプ・ツー小倉本店内　TEL093-541-0259

[県内の問合せ]

〈長野県〉

長野県教育委員会　〒380-8570長野市大字南長野字幅下692-2　TEL026-235-7487

長野県商工部観光課　〒380-8570長野市大字南長野字幅下692-2　TEL026-235-7201

信州観光情報センター　〒380-8570長野市南長野字幅下692-2 長野県庁2F長野県観光協会　TEL026-234-7165

〈東信〉

上田観光コンベンション協会　〒386-8601上田市大手1-11-16　TEL0268-22-4100

新幹線上田駅観光案内所　〒386-0025上田市天神1-1-1　TEL0268-26-5001

丸子地域自治センター　〒386-0492上田市上丸子1612　TEL0268-42-1048

小諸市観光案内所　〒384-0025小諸市相生町1-1-1 JR小諸駅内　TEL0267-22-0568

プラザ佐久観光あんない処　〒385-0021佐久市長土呂1488-5 JR佐久平駅内　TEL0267-68-7433

佐久市観光協会　〒385-0051佐久市中込3056 佐久市役所　TEL0267-62-2111

小海町観光案内所　〒384-1103南佐久郡小海町豊里57-1 小海町役場内　TEL0267-92-2525

野辺山観光案内所　〒384-1305南佐久郡南牧村野辺山　TEL0267-98-2091

軽井沢観光会館　〒389-0102北佐久郡軽井沢町軽井沢739(旧軽井沢)　TEL0267-42-5538

軽井沢駅内観光案内所　〒389-0102北佐久郡軽井沢町軽井沢1178　TEL0267-42-2491

〈北信〉

長野市観光情報センター　〒380-0825長野市末広町 JR長野駅東西自由通路内　TEL026-226-5626

財団法人ながの観光コンベンションビューロー　〒380-0928長野市若里3-22-2　TEL026-223-6050

戸隠観光協会　〒381-4102長野市戸隠豊岡1554 長野市役所戸隠支所内　TEL026-254-2888

鬼無里観光振興会　〒381-4302長野市鬼無里日影2750-1　TEL026-256-3188

須坂市観光協会　〒382-0077須坂市大字須坂1295-1 シルキービル2F　TEL026-215-2225

中野市観光協会　〒383-0025中野市三好町1-3-19 中野市役所内　TEL0269-22-2111

戸狩野沢温泉駅観光案内所　〒389-2413飯山市照里1287-2　TEL0269-65-2237

飯山市観光協会　〒389-2253飯山市飯山1110-1 飯山市役所内　TEL0269-62-3133

千曲市観光協会　〒389-0821千曲市上山田温泉2-12-10　TEL026-275-1326

| おぶせガイドセンター | 〒381-0201上高井郡小布施町小布施789　TEL026-247-5050
山ノ内町観光連盟　〒381-0401下高井郡山ノ内町平穏2987-1　TEL0269-33-2138
野沢温泉観光協会　〒389-2502下高井郡野沢温泉村豊郷9750-1　TEL0269-85-3155
信州新町観光協会　〒381-2405長野市信州新町新町1000-1　長野市役所信州新町支所内　TEL026-262-2200
信濃町観光案内所　〒389-1305上水内郡信濃町柏原2692-39　TEL026-255-3226
小川村観光協会　〒381-3302上水内郡小川村高府8800-8　小川村役場内　TEL026-269-2323
秋山郷観光協会　〒389-2703下水内郡栄村堺18281　TEL0257-67-2202
〈中信〉
浅間温泉観光協会　〒390-0303松本市浅間温泉2-6-1　浅間温泉文化センター内　TEL0263-46-1800
松本市観光案内所　〒390-0815松本市深志1-1-1　TEL0263-32-2814
大町市観光協会　〒398-0002大町市大町仁科町3177　TEL0261-22-0190
塩尻市観光案内所　〒399-0737塩尻市大門8-9-1　TEL0263-54-2001
豊科観光協会　〒399-8205安曇野市豊科4340　TEL0263-72-3111
穂高観光協会　〒399-8303安曇野市穂高6658　穂高総合支所内　TEL0263-82-3133
池田町観光協会　〒399-8601北安曇郡池田町池田4170-10　TEL0261-61-1755
北アルプス総合案内所　〒399-9301北安曇郡白馬村北城白馬町　JR白馬駅前　TEL0261-72-3000
木曽町福島観光協会　〒397-8585木曽郡木曽町福島5129　TEL0264-22-2001
木曽福島駅内観光案内所　〒397-0001木曽郡木曽町福島　JR木曽福島駅内　TEL0264-22-4144
上松駅前観光案内所　〒399-5603木曽郡上松町駅前通り　JR上松駅前　TEL0264-52-4820
妻籠宿観光案内所　〒399-5302木曽郡南木曽町吾妻2159-2　TEL0264-57-3123
〈南信〉
飯田観光案内所　〒395-0000飯田市上飯田　TEL0265-52-2946
飯田インター観光案内所　〒395-0152飯田市育良町1-2-1　TEL0265-28-1747
伊那市観光案内所　〒396-0011伊那市伊那部3050　伊那市役所内　TEL0265-78-4111
伊那市観光協会高遠支部　〒396-0211伊那市高遠町西高遠1806　TEL0265-94-2552
駒ヶ根市観光案内所　〒399-4117駒ヶ根市赤穂759-447　駒ヶ根ファームス１F　TEL0265-81-7700
辰野町観光協会　〒399-0493上伊那郡辰野町中央1　辰野町役場内　TEL0266-41-1111
阿南町産業推進センター　〒399-1502下伊那郡阿南町東条58-1　TEL0260-22-4053
〈諏訪〉
諏訪市観光案内所　〒392-0004諏訪市諏訪1-1-18　TEL0266-58-0120
茅野市観光案内所　〒391-0001茅野市ちの3506　モンエイトビル１F　TEL0266-72-2637
長和町観光協会（長門）　〒386-0603小県郡長和町古町2424-19　TEL0268-68-0006
下諏訪温泉観光案内所　〒393-0056諏訪郡下諏訪町広瀬町5317　JR下諏訪駅内　TEL0266-28-2231
富士見町観光案内所　〒399-0211諏訪郡富士見町富士見4654-224　TEL0266-62-5757

[定期観光バス観光案内所]
川中島バス株式会社　　〒381-2212長野市小島田町2131-1　TEL026-229-6200
千曲バス株式会社　　　〒385-0053佐久市大字野沢20　TEL0267-24-3300
草軽交通株式会社　　　〒389-0104北佐久郡軽井沢町軽井沢東8-1　TEL0267-42-2441
松本電気鉄道株式会社　〒390-0831松本市井川城2-1-1　TEL0263-28-3111

【参考文献】

『浅間山大噴火』　渡辺尚志　吉川弘文館　2003
『飯田城ガイドブック―飯田城とその城下町をさぐろう―』　飯田市美術博物館編　飯田市美術博物館　2005
『伊那谷物語』　久保田安正編　南信州新聞社出版局　1997
『上田自由大学とその周辺』　長野大学編　郷土出版社　2006
『岡谷製糸の展開　ふるさとの歴史　製糸業』　伊藤正和・小林宇佐雄・島崎昭典執筆監修　岡谷市教育委員会　1994
『回想・枯れた二枝』　猪坂直一　上田市民文化懇話会　1967
『改訂版　長野県の文化財』　長野県教育委員会監修　八十二文化財団　2005
『改訂版　松代大本営　歴史の証言』　青木孝寿　新日本出版社　1997
『街道の日本史25　北国街道―東北信濃と上越―』　古川貞雄ほか編　吉川弘文館　2003
『神のかよい路―天竜水系の世界観―』　後藤総一郎　淡交社　1990
『軽井沢散歩24コース』　軽井沢散歩の会編　山川出版社　2002
『軽井沢文学散歩』　軽井沢町編　軽井沢町観光協会　2000
『消された飯田藩と江戸幕府―飯田藩から近代史を見なおす―』　鈴木博　南信州新聞社出版局　2002
『原始集落を掘る・尖石遺跡』　勅使河原彰　新泉社　2004
『現場取材・信濃の古代遺跡は語る』　片岡正人　新泉社　1996
『黒耀石の原産地を探る・鷹山遺跡群』　長門町立黒耀石体験ミュージアム編　新泉社　2004
『五千年におよぶムラ・平出遺跡』　小林康男　新泉社　2004
『古代への旅に出かけよう　長野県の遺跡探検』　長野県埋蔵文化財センター　ボロンテ　2001
『子供たちの大正時代―田舎町の生活誌―』　古島敏雄　平凡社　1982
『小諸藩歴史散歩』　飯塚道重　櫟　1998
『佐久の史跡と名勝』　菊池清人　櫟　1992
『塩の道を歩く』　田中欣一　信濃毎日新聞社　1989
『信濃考古学散歩』　藤森栄一・桐原健　学生社　1968
『信濃史の諸問題と善光寺・戸隠』　米山一政　信濃毎日新聞社　1996
『信濃の手漉き和紙』　岩見光昭　信毎書籍出版センター　1969
『信濃百寺』　信濃毎日新聞出版部　信濃毎日新聞社　1980
『島崎藤村と小諸義塾』　並木張　櫟　1996
『下伊那のなかの満州―聞きとり報告集―』　満蒙開拓を語りつぐ会編　飯田市歴史研究所　2003-
『縄文「ムラ」の考古学』　川崎保編　雄山閣　2006
『信州学大全』　市川健夫　信濃毎日新聞社　2004
『信州休日の社寺巡り』東北信編　北沢房子・安藤栖州平　信濃毎日新聞社　2003
『信州女性史年表』　中村竜子編著　龍鳳書房　2002
『信州南北戦争―県庁争奪，百年の戦い―』　中村勝実　櫟　1991

『信州の鎌倉　別所温泉―歴史と文化―』　上田小県近現代史研究会編　上田小県近現代史研究会　1997

『信州の芸能』　信濃毎日新聞社編　信濃毎日新聞社　1974

『信州の大遺跡』　樋口昇一・桐原健・宮下健司編　郷土出版社　1994

『信州民権運動史』　信州民権100年実行委員会編　銀河書房　1981

『図説　御柱祭』　上田正昭監修　郷土出版社　1998

『諏訪大社　祭事と御柱』　信濃毎日新聞社編　信濃毎日新聞社　1992

『製糸労働争議の研究―岡谷・山一林組争議の一考察―』　松本衛士　柏書房　1991

『生徒たちのマツシロ大本営』　篠ノ井旭高校郷土研究班・土屋光男編　郷土出版社　1990

『善光寺史研究』　小林計一郎　信濃毎日新聞社　2000

『高遠風土記』　高遠町教育委員会編　高遠町教育委員会　2004

『千曲川』4巻　小宮山量平　理論社　1997-2002

『千曲川　石にきざまれた願い』　千曲川・犀川治水史研究会編　信濃毎日新聞社　2005

『千曲川の自然』　中村浩志編著　信濃毎日新聞社　1999

『秩父事件〈佐久戦争〉を行く』　上條宏之編　銀河書房　1984

『注釈　東国古道記―柳田国男のみた古道―』　飯田柳田国男研究会・柳田国男記念伊那民俗学研究所編　飯田柳田国男研究会・柳田国男記念伊那民俗学研究所　2003

『朝鮮戦争と長野県民』　新津新生　信州現代史研究所　2003

『定本　天竜川　母なる川　その悠久の歴史と文化』　小林正和・高橋将人ほか　郷土出版社　2001

『遠山の霜月祭考』　後藤総一郎・遠山常民大学編　南信州新聞社出版局　1993

『長野県教育史』総説編1－3　長野県教育史刊行会編　長野県教育史刊行会　1978-83

『長野県史』通史編，近世・近代史料編，考古資料編，民俗編，美術建築資料編，方言編　長野県編　㈳長野県史刊行会　1971-92

『長野県上小地方農民運動史』　上小農民運動史刊行会編　上小農民運動史刊行会　1985

『長野県政史』第1－3巻・別巻　長野県編　長野県　1965-73

『長野県の地場産業』　市川健夫・竹内淳彦編　信濃教育会出版部　1986

『長野県の百年』　青木孝寿・上條宏之　山川出版社　1983

『長野県の歴史』　古川貞雄ほか　山川出版社　1997

『長野県満州開拓史』総編　長野県開拓自興会満州開拓史刊行会編　長野県開拓自興会満州開拓史刊行会　1984

『避暑地　軽井沢』　小林収　櫟　1999

『氷河期を生き抜いた狩人』　堤隆　新泉社　2004

『文学作品に見る太平洋戦争と信州』上・下巻　井出孫六ほか編　一草舎　2005

『松沢求策ものがたり　自由と民権のさきがけ』　松沢求策顕彰会　信濃毎日新聞社　2001

『松代大本営』　和田登　岩波書店　1991

『満蒙開拓青少年義勇軍と信濃教育会』　長野県歴史教育者協議会編　大月書店　2000

『目で見る信州の祭り大百科』　長野県民俗の会監修　郷土出版社　1988

『夜あけの星』　小崎軍司　造形社　1975

※各郡市町村区史・誌，文化財は，基本文献として利用しているが，すべて省略した。

【年表】

時代	西暦	年号	事項
旧石器時代			野尻湖周辺に大型動物(ナウマンゾウ・オオツノジカなど)を捕獲し,生活する人びとが住んでいた
縄文時代		早期	洞窟で人びとが生活(栃原岩陰遺跡など)
		前期	広場を中心とするムラがつくられる(阿久遺跡など)
		中期	八ヶ岳山麓を中心に,高度な文化が栄える(縄文時代後期にかけて人口は急減)
弥生時代		中期	弥生文化が伊那谷・善光寺平に波及
		後期	このころ,千曲川流域と天竜川流域に,2つの文化圏が成立していたことが,土器の形式の違いなどからわかる
古墳時代		前期	弘法山古墳・森将軍塚古墳
		中期	伊那谷に小規模な前方後円墳が集中的に築造される
		後期	大室古墳群など群集墳が各地に築造される
飛鳥時代	665	(天智4)	「乙丑(665)年」の年紀が記された木簡が出土(屋代木簡)
	686	朱鳥元	天武天皇,「束間温湯」(松本市)に行宮造営
	691	(持統5)	持統天皇,須波神(諏訪郡)・水内神(水内郡)をまつる。「科野国」が成立していた(藤原宮出土木簡)
	704	慶雲元	国印が鋳造され,これにより「信濃」の表記が定まる
奈良時代	713	和銅6	美濃守笠朝臣麻呂らに命じ,吉蘇路を開く
	721	養老5	信濃国を分割し,諏方国を設置
	731	天平3	諏方国を廃止し,信濃国に合併
	741	13	聖武天皇,国分寺・国分尼寺建立の詔をだす。これに伴い,上田盆地に信濃国分寺・国分尼寺が建立される
平安時代	815	弘仁6	最澄,東国に布教。信濃坂(神坂峠)の往還に宿所がないため,広済・広拯2院を設ける
	842	承和9	建御名方富命(南方刀美神)・八坂刀売神に叙位
	866	貞観8	定額寺を定める(伊那郡寂光寺・筑摩郡錦織寺・更級郡安養寺・埴科郡屋代寺・佐久郡妙楽寺)
	888	仁和4	信濃国大水。このため更埴条里遺跡などが埋没
	938	天慶元	承平・天慶の乱が上田盆地の国分寺辺りに波及
	1108	天仁元	浅間山大噴火
	1140	保延6	光明寺木造薬師如来坐像できる
	1181	養和元	木曽義仲,横田河原(現,長野市)で平氏を破る
	1183	寿永2	倶利伽羅峠の戦い。義仲,京都にはいる
	1184	元暦元	義仲,近江粟津(現,滋賀県大津市)で戦死
	1185	文治元	源頼朝,信濃守に加々美遠光を任命
	1187	3	頼朝,善光寺再興のために信濃御家人や荘園公領の人夫を動員

時代	西暦	和暦	できごと
鎌倉時代	1203	建仁3	比企の乱。信濃守護職, 北条時政にかわる
	1246	寛元4	名越朝時, 善光寺金堂を建立
	1271	文永8	一遍, 越後国府から信濃にはいり, 善光寺を参詣
	1283	弘安6	知久敦幸, 文永寺に五輪塔を造営する
	1329	嘉暦4	得宗北条高時, 諏訪上社造営目録を制定。諏訪社の五月祭・御射山祭の頭役を14番編成にかえる
南北朝時代	1335	建武2	信濃守護職, 小笠原貞宗にかわる。北条時行, 諏訪頼重らとともに挙兵(中先代の乱)
	1356	延文元(正平11)	諏訪円忠, 『諏訪大明神絵詞』をつくる
	1366	貞治5(正平21)	諏訪直頼, 村上・香坂・春日・長沼氏ら北信濃の国人らとともに小笠原長基の軍を破る
	1387	嘉慶元(元中4)	村上・小笠原・高梨・島津氏ら国人一揆が善光寺で挙兵。旧守護の小笠原長基, 蜂起
室町時代	1399	応永6	小笠原長秀を信濃守護職に任命する。島津国忠, 長秀代官の信濃入部に反対し, 石渡合戦をおこす
	1400	7	守護小笠原長秀軍と国人一揆軍とが, 更級郡横田・四宮河原(ともに現, 長野市)で衝突(大塔合戦)
	1401	8	斯波義将, 信濃守護職に復職
	1425	32	小笠原政康を信濃守護職に補任。幕府の信濃直轄支配終了
戦国時代	1477	文明9	信濃守護職は上杉房定と小笠原政秀の2人とある(興福寺の記録)
	1484	16	大井氏, 没落
	1528	享禄元	武田信虎と諏訪頼満, 神戸境川(富士見町)にたたかう。信虎軍敗北
	1541	天文10	信虎・諏訪頼重・村上義清の連合軍, 海野棟綱を破る
	1542	11	武田晴信・諏訪頼継軍, 諏訪頼重を上原・桑原城におそい, 自害させる
	1545	14	晴信, 諏訪頼継を追放し, 藤沢頼親を攻める
	1550	19	武田軍, 深志城を築く
	1553	22	武田軍, 村上義清方の塩田城をおとす。義清, 長尾景虎をたより, 景虎軍, 出陣する(第1回川中島の合戦)
	1555	弘治元	武田信玄(晴信), 木曽に侵入。第2回川中島の合戦。駿河今川義元の仲介で和睦
	1557	3	第3回川中島の合戦
	1560	永禄3	信玄, 諏訪社造営のための諸役を信濃一国に課す。第4回川中島の合戦。信玄の弟信繁, 戦死
	1564	7	第5回川中島の合戦
	1565	8	信玄, 諏訪社神事祭礼再興を命じる
	1573	天正元	信玄, 伊那駒場(現, 阿智村)で死去

時代	西暦	和暦	事項
安土・桃山時代	1583	天正11	真田昌幸, 海ヶ淵城（上田城）を築城
	1590	18	豊臣方の大名らが信濃にはいり, 木曽は秀吉蔵入地となる
	1592	文禄元	石川康長, 松本城造営を続ける。日根野高吉, 高島城造営をはじめる
	1598	慶長3	豊臣秀吉, 甲斐より京都方広寺に迎えた善光寺如来を信濃に返す
	1600	5	真田父子, 関ヶ原の合戦に際し, 下野犬伏（現, 栃木県佐野市）で昌幸・2男信繁が石田三成方, 長男信之は徳川家康方に分かれることを決める。徳川秀忠軍, 上田城を総攻撃するが大敗
	1602	7	家康, 中山道の伝馬・駄賃の制を定める
江戸時代	1603	8	家康, 6男松平忠輝に北信4郡をあたえる（松代城に入部）
	1612	17	家康, 戸隠山に神領を寄進し, 法度を定める
	1615	元和元	大坂夏の陣で真田信繁, 家康本陣に深く攻め入り討死する
	1619	5	安芸広島城主福島正則改易, 高井郡高井野村（現, 高山村）に蟄居
	1622	8	真田信之, 上田から松代に, 仙石忠政, 小諸から上田に移される
	1630	寛永7	佐久の五郎兵衛新田開発はじまる
	1636	13	仁科神明宮本殿（国宝）できる
	1665	寛文5	尾張藩, 上松材木役所をおいて直轄し, 檜山を留山とする
	1680	延宝8	太宰春台, 飯田に誕生
	1686	貞享3	松本領で加助騒動（貞享騒動）おこる
	1688	元禄元	松尾芭蕉, 姨捨山を訪ねる
	1691	4	内藤清枚, 高遠に入封
	1694	7	中山道に助郷制をしき, 助郷村々を指定
	1696	9	権兵衛街道開通
	1702	15	牧野康重, 小諸に移封
	1704	宝永元	伊那郡今田村（現, 飯田市）で祭礼に人形芝居をはじめる
	1706	3	松平忠周, 上田に移封
	1707	4	善光寺本堂（国宝）, 完成する
	1717	享保2	本多助芳, 飯山に移封。松代町大火
	1721	6	信濃国の人口69万3947人（幕府による諸国戸口調査）
	1724	9	松本藩の『信府統記』完成
	1725	10	戸田（松平）光慈, 松本に移封
	1742	寛保2	善光寺, 御開帳をはじめる。千曲川水系, 大洪水（戌の満水）
	1761	宝暦11	上田藩領で全藩惣百姓一揆おこる
	1764	明和元	幕府, 中馬争論に裁許をくだし, 信州中馬を公認
	1780	安永9	立川和四郎富棟, 諏訪下社秋宮拝幣殿を, 柴宮長左衛門, 同社春宮拝幣殿を建築
	1783	天明3	高島藩で二の丸騒動。浅間山大噴火。天明上信騒動がおこる

	1790	寛政2	幕府, 千曲川通船を認可
	1793	5	松本藩, 藩校崇敬館を開設
	1795	7	小県郡大石村(現, 東御市)出身の雷電為右衛門, 江戸相撲で大関となる
	1812	文化9	小林一茶, 水内郡柏原村(現, 信濃町)に帰住
	1823	文政6	松代藩主真田幸貫, 藩政改革に着手
	1825	8	松本藩領安曇郡で赤蓑騒動おこる
	1828	11	念仏行者播隆, 槍ヶ岳に初登頂
	1832	天保3	松代藩, 産物会所設立
	1839	10	諏訪郡穴山新田村(現, 茅野市)の小林粂左衛門, 寒天製造をはじめる
	1840	11	伊那郡下黒田村(現, 飯田市)の人形芝居舞台(重文)できる
	1847	弘化4	善光寺大地震おこる
	1859	安政6	伊那郡南山郷36カ村の農民騒動(南山一揆)
	1861	文久元	和宮一行, 中山道を通過
	1862	2	伊那郡供野村(現, 豊丘村)の国学者松尾多勢子, 上京し, 尊王攘夷の運動に加わる
	1863	3	奥殿藩主松平(大給)乗謨, 佐久郡田野口村(現, 佐久市)で五稜郭の城を築きはじめる
	1864	元治元	佐久間象山, 京都で暗殺される。松本・高島両藩の兵, 水戸浪士軍と和田峠樋橋でたたかい, 敗北
	1866	慶応2	木曽騒動
	1867	3	飯田城下に「ええじゃないか」の御札が降り, その後北上
明治時代	1868	明治元	先鋒嚮導隊相楽総三ら, 偽官軍として, 下諏訪で斬首される。伊那県設置。伊那郡飯島村に県庁をおく
	1869	2	版籍奉還。信州各地に世直し一揆おこる(飯田騒動, 上田騒動, 会田・麻績騒動, 川西騒動)
	1870	3	伊那県を分割し中野県設置。信州各地に世直し一揆続く(松代騒動, 須坂騒動, 中野騒動)
	1871	4	中野県を長野県とあらため, 県庁を中野から長野村に移すと決定。東・北信地方を長野県, 中・南信地方を筑摩県(県庁松本城内)とする
	1872	5	深山田製糸場(信州初のイタリア式器械製糸工場), 上諏訪村に設立される。松本に信州初の新聞『信飛新聞』創刊。のちに民権派新聞『松本新聞』と改名
	1873	6	『長野新報』創刊。筑摩県地租改正に着手(長野県は明治8年から)。筑摩県, 第1回下問会議開く。松本城旧本丸内で博覧会開催
	1874	7	埴科郡西条村に六工社(フランス式器械製糸場)開設
	1875	8	長野県, 善光寺大勧進で博覧会開催。県内初の擬洋風校舎成知

	1876	明治9	学校(佐久市中込)できる
	1876	明治9	筑摩県下の伊那郡・諏訪郡の村で地租軽減運動おこる。擬洋風校舎松本開智学校開校。筑摩県を廃し長野県へ合併
	1877	10	初の県会開催
	1878	11	片倉兼太郎，諏訪郡川岸村(現，岡谷市)に垣外製糸場設置(片倉製糸のはじまり)。明治天皇，東・北信巡幸
	1880	13	自由民権結社奨匡社，松本で結成される。奨匡社代表松沢求策ら，太政官をつうじて国会開設請願書を天皇に提出。県庁移転にかかわり，分県論おこる
	1881	14	『信濃毎日新聞』創刊
	1883	16	松方デフレで，中野製糸場はじめ製糸場の倒産あいつぐ
	1884	17	秩父事件の困民党，佐久郡大日向村(現，佐久市)に侵入。飯田事件(愛国正理社の反政府武装峰起計画)失敗
	1888	21	イギリス人宣教師ショー，軽井沢に別荘をつくる。鉄道直江津線(直江津・軽井沢間)全線開通
	1893	26	碓氷峠アプト式鉄道完成，高崎・直江津間全線開通(信越線)。木村熊二，小諸義塾を開校する
	1897	30	松本で普通選挙期成同盟結成
	1898	31	長野電灯株式会社茂菅発電所ができ，長野市内に電灯がともる
	1905	38	中央東線岡谷まで開通
	1908	41	松本に歩兵第50連隊設置
	1910	43	官立上田蚕糸専門学校設立(信州大学繊維学部の前身)。宮下太吉・新村忠雄を爆発物取締罰則違反で逮捕。これが大逆事件のきっかけとなる
	1911	44	飯山事件おこる。中央本線全線開通
大正時代	1914	大正3	第一次世界大戦勃発により生糸相場が暴落。県蚕糸界は大打撃をうける
	1917	6	木崎夏期大学開講
	1918	7	県内各地で米騒動(長野・飯田・松本・須坂・飯山・上田など)
	1920	9	片倉製糸紡績株式会社設立
	1921	10	長野県連合青年団設立。信濃(上田)自由大学開講
	1922	11	下伊那自由青年連盟設立
	1924	13	信南(伊那)自由大学開講。長野県水平社創立
昭和時代	1927	昭和2	山一林組争議
	1933	8	『信濃毎日新聞』主筆桐生悠々，筆禍事件で退社
	1938	13	南佐久郡大日向村からの満州移民はじまり，満州分村(189戸)できる
	1944	19	松代地下大本営造営工事はじまる
	1945	20	アメリカ軍機，長野・上田などを空襲
	1947	22	林虎雄，初の民選知事に当選。木曽御料林，国有林となる

	1948	昭和23	分県意見書案不成立
	1950	25	国立信州大学・長野県短期大学開校
	1958	33	馬籠の越県合併紛争おこる
	1963	38	松本・諏訪地区，新産業指定都市に指定される
	1965	40	松代群発地震おこる(〜67年)
	1966	41	中央自動車道着工
	1968	43	「信濃の国」，県歌に制定される。旧中山道馬籠宿の町並み保存事業はじまる
	1971	46	長野県，自然保護条例公布
	1972	47	浅間山荘事件おこる。ビーナスライン美ヶ原計画，環境庁の方針で計画変更
	1978	53	やまびこ国体が開かれる
	1979	54	木曽御嶽山大噴火
	1981	56	中央自動車道全線開通
	1984	59	長野県西部地震で王滝村被害。死者・行方不明者29人，倒壊家屋87棟
	1985	60	長野市地附山で大規模な地滑りおこる
平成時代	1991	平成3	国際オリンピック委員会総会で，1998年冬季オリンピック開催地を長野市に決定する
	1992	4	長野県，県水環境保全条例・景観条例施行
	1993	5	長野自動車道全線開通
	1994	6	長野県出身初の首相(羽田孜)誕生。松本サリン事件おこる(死傷者多数)
	1995	7	縄文のビーナス(茅野市棚畑遺跡出土の土偶)，国宝指定
	1996	8	小谷村で大規模な土石流発生
	1997	9	長野新幹線開業。これに伴い，第3セクターの「しなの鉄道」発足。安房トンネル開通
	1998	10	長野冬季オリンピック開催
	1999	11	武陵地1号古墳(高森町)より富本銭出土
	2000	12	中ッ原遺跡(茅野市)より国内最大級の仮面土偶出土。作家田中康夫，県知事に当選
	2002	14	田中知事の不信任可決。出直し選挙で田中知事再選
	2003	15	千曲市誕生。これ以後2005年にかけて市町村合併進む
	2005	17	山口村，岐阜県中津川市に越県吸収合併。スペシャルオリンピックス冬季世界大会開催
	2006	18	豪雨災害(岡谷市・諏訪市・辰野町など)。死者・行方不明者11人。元衆議院議員村井仁，知事就任。権兵衛トンネル開通で伊那・木曽間大幅短縮。「平成の大合併」で市町村数は，120から81(19市25町37村)となる。馬籠(旧山口村)は岐阜県中津川市と合併

2007	平成19	県議会, 女性議員比率全国一(19%)。善光寺境内から白鳳時代と推定される古代瓦が大量出土。善光寺本堂再建300年記念大法要営まれる。旧制松本高校本館・講堂, 国の重要文化財に指定
2008	20	長野地裁で中国残留孤児79名の集団訴訟終了。国側は「厚労省としても新たな支援策を誠実に実行していく」と表明。県内の高齢化率25%突破
2009	21	全国10カ所の地域中核産学官連携拠点に長野県全域選定。文部科学省と経済産業省が公募した産学官連携拠点の地域選定制度に社団法人長野県経営者協会, 国立大学法人信州大学, 長野県が連名で応募, 選定された。国営アルプスあづみの公園, 大町・松川地区の開園。「森の中で遊ぶ, 学ぶ, 体験する」などの活動を通じて, 自然とふれあうことができる国営アルプスあづみの公園が開園
2010	22	波田町が松本市に編入合併。これにより県内77市町村へ(市19, 町23, 村35)。阿部守一氏知事当選。阿部氏は東京都出身で, 田中康夫県政時の副知事を務めた
2011	23	長野県北部地震(仮称)発生。長野県北部・新潟県との県境付近で発生した直下型地震。マグニチュード6.7。下水内郡栄村では死者3名, 負傷者10名, 損壊家屋は700戸にのぼった。大鹿村歌舞伎を扱った映画「大鹿村騒動記」全国公開。リニア中央新幹線の県内経路を南アルプスルートに決定
2012	24	長野電鉄屋代線(須坂－屋代)廃線。1924年建築で, 多くの映画ロケに使われた浦里小学校(上田市浦里)校舎全焼
2013	25	長野県の平均寿命男性80.88歳, 女性87.18歳でともに全国1位となる。満蒙開拓平和記念館(阿智村)が開館。薬師寺東塔から県内の小中学校名が刻まれた瓦344枚発見
2014	26	7月第4日曜日を「信州山の日」と制定。御嶽山が噴火し, 16都道府県の57名が死亡, 6人が行方不明となる。千曲市稲荷山伝統的建造物群保存地区が重要伝統的建造物群保存地区に選定される
2015	27	北陸新幹線金沢延伸。JR信越線から経営分離された信越線長野－妙高高原間は第三セクター「北しなの線」に

【索引】

—ア—

会田宿················143, 144
青塚古墳················236
青柳氏城館跡················148
青柳宿················145, 148
あがたの森公園················122, 129
秋葉街道················200, 208, 222
秋山郷民俗資料館················97
阿久遺跡················240
上松宿················165, 172
安坂将軍塚第1号古墳················147
安坂積石塚古墳群················147
浅間山················7-9, 15, 29
芦田宿本陣土屋家················32
畦地第1号古墳················205
熱田神社················221
安曇野市穂高天蚕センター················158
阿部家住宅················98
阿弥陀寺················196
阿弥陀堂・田村堂(東筑摩郡波田町)················141
雨宮坐日吉神社················63
雨宮の渡し跡················63
雨宮御殿跡················8-10
荒砥城跡(千曲市城山史跡公園)················56
有明山神社················158
有島武郎終焉の地の碑················6
あんずの里················62
安楽寺················45, 46

—イ—

飯島陣屋跡················210
飯田市考古資料館················201, 202
飯田市美術博物館················197
飯田城跡················196, 197
飯田市歴史研究所················206
飯沼雲彩寺古墳················206
飯山市伝統産業会館················93
飯山城跡················92
筏が峯の戸隠寺三院信仰遺跡················105
井川城跡················129
生島足島神社················49
井口喜源治記念館················156
池大神社················191
池田満寿夫美術館················66
沙田神社················135
伊澤修二の生家················218
石久磨神社················50
石子原遺跡················201
石塚重平碑················29
伊豆神社················192
一石栃の白木改番所跡················178
市場神社················209
市村記念館················8, 9
一茶ゆかりの里················83
井戸尻考古館················241
伊那街道(三州街道, 中馬街道)······136, 209, 225, 230
伊那市創造館(旧上伊那図書館)················213
伊那部宿················213
稲荷山宿蔵し館················59, 60
井上氏城跡················81, 82
今宮神社(諏訪社, 飯田市)················196
岩出観音堂················175
戌立石器時代住居跡················39

—ウ—

上杉謙信················55, 65, 92, 109
上田蚕種協業組合事務棟················36
上田城跡················34-36
上田市立博物館················35
上田原合戦場跡················50
上田藩主屋敷跡················36
上ノ平城跡················225-227
上ノ段遺跡················239
上原城跡················251
宇佐八幡神社················208
碓氷峠················4-7
臼田宇宙空間観測所················18

内堀館跡	91
美ヶ原高原美術館	128
海ノ口馬市場跡	25
海野宿	37-39

―エ―

永昌院	198
永昌寺	180
絵島囲み屋敷	218
恵端禅師旧跡正受庵	93
榎垣外遺跡	236
恵明寺	72
円満寺	13

―オ―

追分郷土館	12
追分分去れ	12, 33, 37
大井城跡	14
大河原城跡	208
大桑村歴史民俗資料館	175
大笹街道	81
大沢酒造民俗資料館	32
大鹿村中央構造線博物館	208
大平宿	199
大原幽学	29
大宮熱田神社	149
大宮熱田神社若宮八幡宮	149
大宮諏訪神社(北安曇郡小谷村)	163
大宮八幡神社(飯田市)	199
大深山遺跡	22, 23
大室古墳群	78
大山田神社	194
小笠原貞宗	129, 203, 222
小笠原資料館	200
小笠原秀政	116, 138, 143
岡谷蚕糸博物館	256
岡谷美術考古館	236
小川路峠	200, 222
荻原碌山の生家	156
御猿堂古墳	202
乙事諏訪社	248
小野家住宅	137
小野宿	231
小野神社	232
姨捨(田毎の月)	58
おぶせミュージアム	84
おぼろ月夜の館	96
麻績宿	145, 146
麻績城跡	145
麻績神明宮	146, 147
男女倉遺跡群	42, 43
遠照寺	220, 221
温泉寺	251
御嶽山	167, 180-183, 199
御嶽神社	182, 183

―カ―

開善寺(飯田市)	201, 202, 218
開善寺(長野市)	75
開田郷土館	184
開田考古博物館	184
海戸遺跡	236
覚音寺	162
風越山	196
笠鉾会館ドリームホール	80
片倉館	237, 256
家畜改良センター長野牧場	14, 15
葛尾城跡	54, 55
瓦塔仏教遺跡	142
葛山落合神社	103
鐘の鳴る丘集会所	158
叶里古墳群	145
釜井庵	139
上高地	149-151, 154, 155
上郷考古博物館	206
上島観音堂	230
唐沢岩陰遺跡	42
高鳥谷神社	213
刈谷沢神明宮	148
軽井沢町歴史民俗資料館	7-9
川田宿	79
川中島の合戦	55, 57, 63-65, 92, 148
官営明科製材所跡	142

寛慶寺	103
関西電力御岳発電所	183
観松院	162
岩松院	84
勘介山古墳	93
岩殿寺	147, 148
神之峰城跡	200
観音寺(塩尻市)	164
観音寺(長野市)	110
観音堂周辺石仏群	144
観龍寺	63

— キ —

魏石鬼の窟	158
木曽馬の里	184
木曽くらしの工芸館	165
木曽考古館	164
木曽駒ヶ岳	173
木曽漆器館	164
木曽桟跡	172
木曽福島郷土館	171
北相木村考古博物館	24
北田遺跡公園	200
北野美術館	79
北向観音	44, 45
北村遺跡	61, 142
木下尚江生家	134
義民慰霊之碑	32
旧小笠原家書院	200
旧開智学校	119-122
旧格致学校	56
旧軽井沢駅舎記念館	4
旧座光寺麻績小学校舎	204
旧制高等学校記念館	122
旧制松本高等学校	122
旧竹村家住宅	212
旧中込学校校舎	15
旧長野県師範学校教師館	103, 104
旧長野県庁本館	104
旧長野地方裁判所松本支部庁舎	118, 134
旧中村家住宅	162
旧林家住宅	255
旧三笠ホテル	6
旧山辺学校校舎(山辺学校歴史民俗資料館)	125
旧横田家住宅	71
旧陸軍伊那飛行場跡	214
旧和学校校舎(和学校記念館)	39
経蔵寺	206
教念寺	250
桐原城跡	127

— ク・ケ —

草津道	90
窪田空穂記念館	119, 135
熊野出速雄神社(皆神神社)	75
熊野皇大神社	5, 6
弘妙寺	221
倉科将軍塚古墳	62
栗林遺跡	87
黒田人形浄瑠璃伝承館	205
桑根井空塚古墳	77
桑原城	251
桂泉院	218
玄向寺	124
源智の井戸	123
建福寺	219
健命寺	95

— コ —

光岳寺	28
光久寺	143
高国寺	250
高山寺	111
工女宿宝来屋	135
豪雪の館	90
光前寺	212
興禅寺	170
広沢寺	130
光徳寺	177
郷原宿	138
香福寺	220
弘法山古墳	130, 131

光明寺	201
康楽寺	103
興隆寺	90
光輪寺	139
黒耀石器資料館	43
極楽寺	168
国立天文台野辺山太陽電波・宇宙電波観測所	25, 26
御座岩岩陰遺跡	239
小菅神社	93-95
古川寺	140
小林一茶旧宅・一茶記念館	107
牛伏寺	133
駒形遺跡	239
駒ヶ岳神社	173, 174
駒ヶ根郷土館	212
駒ヶ根シルクミュージアム	212, 213
小松家住宅	137
小諸義塾記念館	27
小諸高原美術館	28
小諸宿本陣跡	28, 29
小諸城址懐古園	27, 28
小諸市立郷土博物館	28
小山敬三美術館	28
維茂塚	44
五郎兵衛記念館	31
恒川遺跡群(伊那郡衙跡)	205
金台寺	16
ーサー	
犀川通船船着場跡	119
西敬寺	93
西光寺	99
斉田原古窯跡群	144
西念寺	13, 14
西方寺(佐久市)	19
西方寺(長野市西町)	103
西楽寺	74
坂城神社	54, 55
相楽塚(魁塚)	253, 254
佐久市立近代美術館	15
佐久市立望月歴史民俗資料館	31
佐久総合病院	18
佐久穂町立奥村土牛記念美術館	21
佐久間象山	63, 66, 68, 69, 76, 89, 90
桜ヶ丘古墳	125
座光寺古墳群	205
真田家墓所	76
真田氏本城跡	41
真田氏館跡	41
真田邸(新御殿)	65-67
真田信之	41, 64, 74, 76, 93
真田宝物館	41, 66, 67
真田昌幸	34, 39, 40, 55
真山家住宅	32
佐野遺跡	90
佐野神社	89
佐良志奈神社	57
サンリツ服部美術館	257
ーシー	
柿蔭山房(島木赤彦旧宅)	256, 257
慈雲寺	253
塩尻宿	136
塩尻市立平出博物館	138
塩尻短歌館	138
塩田城跡	47
塩の道	160, 163
塩原家住宅	140
志賀高原	90
鎮神社	166
地蔵寺	251
七蔵寺	230
拾ヶ堰	153
十石峠	20, 21, 25
実相院観音寺	41
科野大宮社	36
信濃国分寺跡	37
信濃諸牧牧監庁跡	132
信濃デッサン館	48
信濃宮神社	208
渋の地獄谷噴泉	89

島崎家住宅	137
清水屋資料館	180
下伊那教育会参考会館	198
下諏訪宿	252
下諏訪町立赤彦記念館	257
下諏訪町立諏訪湖博物館	237
下諏訪歴史民俗資料館	252
釈尊寺	28
樹林寺	218
正安寺	16
正願寺	250
ショー記念礼拝堂・ショーハウス記念館	4, 5
貞享義民社	152, 153
浄光寺	84
常光寺	137
象山大砲試射碑	62
定勝寺	174
盛泉寺	141
常法寺	163
常楽寺	45, 46
生蓮寺	60
盛蓮寺	158, 160
昭和橋	56
修那羅峠の石仏群	147
白岩観音堂	245
白鳥神社	38
白髯神社	111
新海三社神社	17, 18
信綱寺	41
真光寺	149
信州大学繊維学部講堂	36
信州高遠美術館	218
真正寺	140
神長官守矢史料館	246
神明社(北安曇郡白馬村)	162
神明神社(上伊那郡辰野町北大出)	231

―ス―

水月公園	253
瑞光院	192
水無神社	171
水明楼(木村熊二旧宅)	27
菅間王塚古墳	76
スクモ塚古墳	236
須坂市立博物館	80, 82
鈴岡城跡	203
須々岐水神社(松本市)	126, 127
鈴木鎮一記念館	121
須々岐水神社(千曲市)	60, 63
春原家住宅	39
須原宿	174, 175
須原発電所	175
諏訪市博物館	237, 246, 250
諏訪社(下伊那郡泰阜村ヤノ上)	194
諏訪社(諏訪郡富士見町乙事)	247
諏訪神社(飯田市上郷黒田下黒田)	205
諏訪神社(下伊那郡阿南町新野)	192
諏訪神社(下伊那郡天龍村坂部)	191
諏訪神社(中野市上今井)	91
諏訪大社(信濃国一之宮, 諏訪市・諏訪郡・茅野市)	89, 130, 163, 200, 232, 236, 242-247, 251-253, 256
諏訪頼重	251

―セ・ソ―

西岸寺	210
清水寺(長野市松代町西条)	74
清水寺(長野市若穂保科)	78
聖パウロカトリック教会	5
碩水寺	148
洗馬宿	136, 139
善光寺	16, 28, 55, 90, 92, 99-104, 133, 143, 144, 146, 230
前山寺	47, 48
善白鉄道	101
川柳将軍塚古墳	62
象山神社	65, 68-70
相馬愛蔵の生家	156
曽根遺跡	237
曽根原家住宅	157

―タ―

大英寺	76
大願寺	198
大蹟神社	209
大法寺	49, 50
大宝寺	166
大鋒寺	64
高井鴻山記念館	83, 84
高岡第1号古墳	205
高島城跡	249
高遠城跡	216, 218
高遠町歴史博物館	218
高遠山古墳	88
高梨氏館跡	86
高野辰之記念館	91
高浜虚子記念館・虚子庵	30
高森町歴史民俗資料館	206
高山村歴史民俗資料館	83
武居城跡	140
武井神社	103
竹佐中原遺跡	201
武田信玄(晴信)	13, 18, 33, 49, 50, 55, 64, 65, 77, 116, 130, 136, 148, 200, 203, 209, 216, 222, 226, 251, 253
竹ノ内家住宅	207
武水別神社	59, 60
建御名方富命彦神別神社末社若宮八幡神社	96
太宰春台の生家跡	198
多田加助宅跡	152
竜丘古墳群	202
龍岡城跡	17
辰野美術館	229
田中本家博物館	80
棚畑遺跡	238
ダニエル・ノルマン邸	103, 104
田ノ上観音堂	168
玉依比売命神社	76
弾誓寺	161

―チ―

千鹿頭神社	130
池口寺薬師堂	176
智識寺	56
秩父困民党散華之地の碑	22
茅野市尖石遺跡	238
茅野市尖石縄文考古館	238
茶臼山遺跡	237
忠恩寺(長野市)	110
仲仙寺	214
中禅寺	47, 208
長雲寺	60
長興寺	139
長谷寺	40
長国寺	41, 75
長福寺	49
長楽寺	58, 59

―ツ―

津金寺	33
塚原二子塚古墳群	202
筑摩神社	129
蔦木宿	254
妻籠宿	168, 177, 178
妻籠宿脇本陣奥谷(奥谷郷土館, 林家住宅)	177
妻科神社	103

―テ―

貞松院	250
貞祥寺	16, 30
鉄の展示館	56
手習神社	169
典厩寺	64
天正寺	161
天長院	175
天来記念館	32
天龍村の霜月神楽	191

―ト―

問屋場上問屋資料館(手塚家住宅)	165
等覚寺	176
洞光寺	144

東照寺	198
東漸寺	139
藤村記念館(島崎藤村宅跡・馬籠宿本陣,岐阜県中津川市)	180
藤村記念館(小諸市)	28
藤村旧栖地	30
遠山郷の霜月祭	188, 222
戸隠神社	103-106
徳運寺	128
徳音寺	168
土口将軍塚古墳	62
兎川寺	125-127
戸田家廟園	122
栃原岩陰遺跡	23
殿村遺跡	236
巴淵	168
伴野城跡	16
鳥居峠	165, 167

―ナ―

長岡神社	227
長倉の牧跡	10
中島遺跡	206
中曽根親王塚古墳	39
中田氏庭園	133
中ッ原遺跡	238
長野県水産試験場	143
中野県庁(中野陣屋)跡	84, 85
長野県松本深志高校	122, 134
長野県立歴史館	61
長野市立博物館	64
中山晋平記念館	88
梨久保遺跡	236
七瀬双子塚古墳	87
浪合関所跡	208
奈良井宿	164-167, 176
楢川歴史民俗資料館	166
南宮神社(上伊那郡箕輪町)	225
南宮神社(木曽郡木曽町)	169

―ニ―

新野の盆踊	193, 194
贄川宿	164, 166
仁科神明宮	146, 159, 161
仁科盛信	216, 218
西宮の歌舞伎舞台(健功神社)	39
日樹上人墓	196
日本浮世絵博物館	135
日本スキー博物館	95
日本土人形資料館	84
日本電信発祥地	70
日本のあかり博物館	84
日本民俗資料館(松本市立博物館)	118
若一王子神社	160, 161
若沢寺跡	141

―ネ・ノ―

寝覚ノ床	173
根塚遺跡	97
野尻湖ナウマンゾウ博物館	109
野尻宿	174, 176
野辺山高原	20, 21, 24, 25
野麦峠	135, 151, 152, 168

―ハ―

梅翁院	76
白山神社(飯田市上飯田)	196
白山神社(飯山市照岡)	96
白山神社(木曽郡大桑村殿)	175
白山神社(茅野市山寺)	248
柏心寺	198
橋倉家住宅	117
旗挙八幡宮(木曽義仲居館跡)	169
波多神社	141
八幡神社(飯田市上村程野)	188
八幡神社(佐久市蓬田)	31
八幡神社(下伊那郡阿南町富草古城)	194
八幡原史跡公園	64
八丁鎧塚古墳	82
鳩ケ嶺八幡宮	204
花岡城跡	251
鼻顔稲荷神社	14
埴原城跡	132
埴原牧跡	132

索引 299

馬場家住宅	119, 132
林城跡	130
針塚古墳	126

─ヒ・フ─

東町の歌舞伎舞台(日吉神社)	39
菱田春草の生家跡	198
日夏耿之介記念館	197
姫塚古墳	62
平出遺跡	138
平沢宿	164
深沢家住宅	164
深志神社	123
福王寺	32
福沢桃介記念館	176
福島宿(須坂市)	81
福島関跡(木曽町)	169
福島政則屋敷跡	82
福徳寺	208
福満寺	145, 146
福与城跡	225, 226
富士見公園	257
藤屋旅館(旧本陣)	100
藤原家住宅	178
仏法紹隆寺	251
文永寺	199

─ヘ・ホ─

平福寺	153
別所温泉	44, 45
放光寺	122
峰山寺	218
法住寺	43
法全寺	200
法蔵寺山門	153
宝輪寺	140
宝暦義民之碑	50
北斎館	83, 84
鉾持神社	219
星野温泉	10
菩提院	94
穂高郷土資料館	158
穂高神社	151, 154, 155
法華寺跡	245
北国街道(北国脇往還)	12, 28-30, 36-38, 40, 54, 55, 57, 60, 79, 81, 100, 107, 108
北国西街道(善光寺街道)	60, 117, 119, 136, 143-145, 148
保福寺	145
堀内家住宅	137
本学霊社	206

─マ─

馬籠宿	179, 180
馬籠脇本陣資料館	180
馬背塚古墳	202
松井須磨子の墓所	77
松尾寺	157, 158
松尾城跡(飯田市)	203, 204
松尾城跡(上田市)	40
松沢求策の生家(若松屋)	155, 156
松下家住宅	208
松島王墓古墳	225
松島城跡	224
松代城	64, 65
松代大本営	71-75
松代藩文武学校	66-68
松本カトリック教会旧司祭館	119, 121
松本市四賀化石館	144, 145
松本市時計博物館	119
松本市はかり資料館	119
松本市美術館	123
まつもと市民芸術館	123
松本城	116-121, 129, 152
松本市立考古博物館	119, 124, 131, 132
松本市立中央図書館	121
松本市立博物館(日本民俗資料館)	118, 119, 121
松本市歴史の里	119, 134, 135
松本民芸館	119, 124
丸子郷土博物館	42
満願寺	159
満光寺	219

万治の石仏	244
満泉寺	54, 55
万平ホテル	7

— ミ —

神坂峠	195
御射山遺跡	246, 247
水上布奈山神社	56, 57
三留野宿	176
南牧村歴史民俗資料館	24, 26
箕輪町郷土博物館	224, 226, 227
宮川資料館	168
宮ノ越宿	168, 169

— ム・メ・モ —

無言館	48
村上氏城館跡	54
無量寺	228
明徳寺	77
望月宿	31
本洗馬歴史の里資料館	139
元善光寺	204
本山宿	136, 139
桃介橋	176
百瀬陣屋跡	133
森将軍塚古墳	60-62
文殊堂(上田市)	43

— ヤ —

薬王寺	229
屋代遺跡群	61, 97
八ヶ岳美術館	240
八剣神社	249
矢出川遺跡	24
柳田国男館	197
柳又遺跡	184
矢彦神社(信濃国二之宮)	232
藪原宿	166-168, 176
山浦真雄宅跡	39
山家神社(白山寺跡)	40
山寺常山邸	70, 71
山家城跡	128
山村代官屋敷	170

山本勘助の墓	64

— ユ・ヨ —

ユニオンチャーチ(軽井沢合同基督教会)	5
湯原神社	19
湯福神社	103
吉田川西遺跡	61
義仲館	168
与助尾根遺跡	238
四柱神社	116
読書発電所施設	176

— ラ・リ・ル —

来迎寺	252
立石寺	200, 201
龍雲寺	13, 14
龍光院	47
龍興寺	20, 21, 25
林正寺	77
臨川寺	172
瑠璃寺	206

— レ・ロ —

霊松寺	162
霊泉寺	43
歴史民俗資料博物館(明科)	142, 143
蓮華寺	220
蓮香寺荒神堂	110
蓮乗寺	76
蓮台寺	79
浪人塚	254
碌山美術館	154, 155
ろくべん館(大鹿村郷土民俗資料館)	208
六工社跡	74

— ワ —

若宮八幡社(松本市)	129
早稲田神社	194
和田宿	43

【写真所蔵・提供者】(五十音順,敬称略)

安曇野市産業観光部商工観光課	高森町教育委員会
安曇市豊科郷土博物館	高森町歴史民俗資料館
阿南町産業推進センター	辰野町上島区
いいだ人形劇フェスタ実行委員会	辰野町教育委員会
飯山市観光協会	千曲市森将軍塚古墳館
井戸尻考古館	茅野市商業観光課
伊那市教育委員会高遠教育振興課	茅野市尖石縄文考古館
大原幽学記念館	東御市観光課
大町市観光課	戸隠観光協会
岡谷市教育委員会	戸隠神社
小布施町役場	長崎大学附属図書館
遠照寺	長野県東京観光情報センター
軽井沢町観光経済課	長野俊英高等学校
金台寺	中村実
西条秀夫	南木曽町観光協会
佐久市観光課	野沢温泉村役場商工観光課
佐久市教育委員会	福満寺
佐久総合病院	別所温泉観光協会
塩尻市経済事業部観光課	穂高神社
下諏訪町産業観光課	松本市商工観光部商工課
市立岡谷美術考古館	松本市総合支所安曇支所観光商工課
重要文化財旧開智学校管理事務所	松本市立考古博物館
諏訪市教育委員会	松本市立博物館
諏訪市博物館	南信州新聞社
諏訪市役所	箕輪町公民館
高遠町観光協会	無量寺

(2011年9月現在)

本書に掲載した地図の作成にあたっては,国土地理院長の承認を得て,同院発行の50万分の1地方図,20万分の1地勢図,5万分の1地形図,数値地図25000(空間データ基盤),数値地図2500(空間データ基盤)を使用したものである(平18総使,第78-3031号)(平18総使,第79-3031号)(平18総使,第80-3031号)(平18総使,第81-3031号)(平18総使,第82-3031号)。

【執筆者】(五十音順)

編集・執筆委員

青木隆幸 あおきたかゆき(長野県立歴史館)
青木歳幸 あおきとしゆき(佐賀大学地域学歴史文化研究センター)
市村勝巳 いちむらかつみ(長野県中野立志館高校)
大日方悦夫 おびなたえつお(元長野県中野立志館高校)
小平千文 こだいらちふみ(元長野県上田高校)
小山宥一 こやまゆういち(元長野県小諸高校)
塩原浩 しおはらひろし(長野県松本県ケ丘高校)
田澤直人 たざわなおと(長野県諏訪二葉高校)
田中雅孝 たなかまさたか(長野県飯田OIDE長姫高校)
仁科利明 にしなとしあき(長野県長野高校)
野口智敬 のぐちともたか(長野県豊科高校)
野村一寿 のむらかずなが(長野県諏訪清陵高校)
原良通 はらよしみち(長野県教育委員会)
巻山圭一 まきやまけいいち(長野県明科高校)
三上徹也 みかみてつや(長野県上伊那農業高校)
山口通之 やまぐちみちゆき(信濃史学会役員)

歴史散歩⑳
長野県の歴史散歩

2006年11月25日　1版1刷発行　　2016年3月30日　1版4刷発行

編者───長野県の歴史散歩編集委員会
発行者───野澤伸平
発行所───株式会社山川出版社
　　　　　〒101-0047　東京都千代田区内神田1-13-13
　　　　　電話　03(3293)8131(営業)　　03(3293)8135(編集)
　　　　　http://www.yamakawa.co.jp/　振替　00120-9-43993
印刷所───図書印刷株式会社
製本所───株式会社ブロケード
装幀───菊地信義
装画───岸並千珠子

　　　　　　　　　　　　　　　　　　　　　　　　　　　　＊

Ⓒ　2006　Printed in Japan　　　　　　ISBN 978-4-634-24620-1
・造本には十分注意しておりますが，万一，落丁・乱丁などがございましたら，
　小社営業部宛にお送りください。送料小社負担にてお取り替えいたします。
・定価は表紙に表示してあります。

長野県全図

都道府県界
市郡界
町村界
JR線
高速道路
有料道路
国道
県庁
1:850,000
0 7.5 15km
N
新潟県
糸魚川市
上越市
妙高市
十日町市
南魚沼市
津南町
湯沢町
群馬県
高崎市
安中市
富岡市
下仁田町
中之条町
東吾妻町
長野原町
嬬恋村
みなかみ町
富山県
富山市
朝日町
黒部市
立山町
飛騨市
長野県
長野市
松本市
上田市
中野市
飯山市
須坂市
千曲市
東御市
小諸市
佐久市
大町市
安曇野市
小布施町
飯綱町
上水内郡 信濃町
上水内郡 小川村
下水内郡 栄村
下高井郡 木島平村
下高井郡 野沢温泉村
山ノ内町
上高井郡 高山村
北安曇郡 白馬村
北安曇郡 松川村
小谷村
池田町
生坂村
麻績村
東筑摩郡 筑北村
埴科郡 坂城町
小県郡 青木村
北佐久郡 軽井沢町
北佐久郡 立科町
御代田町
小県郡 長和町
美ヶ原
草津町
草津白根山
浅間山
2568
浅間隠山
湯ノ丸山
2101
四阿山
2354
鳥甲山
苗場山
2145
仙ノ倉山
佐武流山
白砂山
岩菅山
榛名山
荒船山
1423
妙高山
2455
火打山
雨飾山
黒姫山
高妻山
戸隠山
飯縄山
白馬岳
2932
雪倉岳
五龍岳
2814
鹿島槍ヶ岳
剱岳
2999
立山
3015
奥大日岳
毛勝山
針ノ木岳
烏帽子岳
薬師岳
水晶岳
鷲羽岳
黒部五郎岳
2840
餓鬼岳
燕岳
大天井岳
有明山
常念岳
2857
槍ヶ岳
3180
笠ヶ岳
穂高岳
焼岳
2455
2034
2160
北陸本線
北陸自動車道
上信越自動車道
長野自動車道
関越自動車道
信越本線
飯山線
上越線
上越新幹線
吾妻線
大糸線
篠ノ井線
しなの鉄道
長野新幹線
上田電鉄
上信電鉄
松本電鉄
更埴Jct
佐久小諸Jct.
いといがわ
いいやま
ゆだなか
とよの
すざか
ながの
しののい
やしろ
はくば
しなのおおまち
まつもと
うえだ
べっしょおんせん
こもろ
かるいざわ
よこかわ
さくだいら
おおまえ
あんなかはるな
しもにた
えちごゆざわ
野尻湖
青木湖
木崎湖
田代湖
有峰湖
榛名湖
姫川
千曲川
犀川
高瀬川
梓川
吾妻川
中津川
高原川
8
18
19
41
117
141
142
143
144
145
146
147
148
158
254
292
353
403
405
406
471